KB144404

독해력과 공부력을 키우는
머리읽기 독서법

인문학부터 한국사, 세계사,
―― 교과 연계 독서까지 ――

독해력과 공부력을 키우는

머리읽기
독서법

꿈씨앗연구소 전수경 지음

BM (주)도서출판 **성안당**

　　논술 수업을 할 때 아이들이 책을 제대로 읽었는지 확인하기 위해 간단한 독서 퀴즈를 내주었습니다. 분명 책을 읽고 왔다고 했지만 몇몇 아이는 이 사건이 왜 일어났고 인물들 사이에는 어떤 갈등이 있으며, 작가가 무엇을 말하고자 하는지 등 중요한 사실들을 정확하게 파악하지 못했습니다.

　　처음에는 아이가 책을 건성으로 읽었기 때문이라고 생각했습니다. 그러다가 독해력 훈련을 지도하면서 글 읽는 방법을 모르는 아이가 의외로 많다는 것을 알게 되었습니다. 짧은 글을 읽고 주제와 관련된 문제를 푸는 수업이었는데, 방금 읽은 내용도 제대로 기억하지 못하고 핵심 내용도 알지 못했습니다. 글을 읽을 때에는 머릿속으로 내용을 구조화하며 읽어야 하는데, 글자만 흘려 읽었기 때문에 주제와 핵심 내용을 놓치고 만 것입니다.

　　글을 읽고 내용을 이해하는 과정은 생각보다 복잡해서 고도의 능력이 필요합니다. 문장과 문장 사이의 숨은 뜻을 이해하고, 글의 내용을 자신의 경험이나 지식과 연결하여 재구성하면서 읽어야 그 글을 제대로 이해한 것이라고 할 수 있습니다. 이러한 독해력은 단숨에 익힐 수 있는 것이 아니라서 평소에 다양한 분야의 글을 접하면서 반복적이고 체계적으로 훈련해야 합니다.

　　우리 아이는 책 읽는 것을 싫어해서 책을 멀리한다고 생각하는 부모님이 많으실 줄 압니다. 하지만 읽기 능력에 문제가 있어서 글을 읽어도 무슨 말인지 모르기 때문일 수도 있습니다. 어른도 전혀 지식이 없는 전문 서적을 읽으려고 하면 조금 읽다가 금방 덮어 버리게 됩니다. 이와 마찬가지로 아이들도 글을 제대로 읽지 못하면 책에 흥미를 갖지 못합니다. 가정이나 학교에서는 아이에게 책을 읽으라고만 했지, 어떻게 읽어야 하는지 실질적이고 구체적인 방법을 알려 준 적은 없을 것입니다.

읽기 능력인 독해력은 모든 학습의 기본이자 학교 성적까지 좌우하는 가장 중요한 능력입니다. 독해력이 뛰어난 사람은 핵심 개념과 원리를 잘 파악하기 때문에 똑같은 시간을 공부해도 더 빠르고 정확하게 이해합니다. 반면 독해력이 떨어지는 사람은 글자만 읽고 글의 문맥을 파악하지 못하기 때문에 그 안에 담긴 정보나 지식을 얻기 어렵습니다.

학년이 높아질수록 공부해야 할 내용도 어려워지고 학습량도 늘어납니다. 늘어난 학습량을 소화할 만한 수준의 독해력을 갖추지 못한다면 결코 좋은 성적을 얻을 수 없습니다. 독해력 수준이 결국 학습 능력까지 좌우하는 것입니다. 그러므로 독서를 통해서 발전을 이루려면 가장 먼저 책을 제대로 읽을 수 있는 독해력을 길러야 합니다.

독서가 좋다는 것도 독해력이 중요하다는 것도 알지만, 막상 본격적으로 실천하려고 하면 어떤 방식으로, 어떤 순서로 해야 할지 막막할 수 있습니다. 이 책은 읽기 능력을 기르는 독해력 훈련 방법부터 책을 통해 사고력을 확장하는 방법까지 구체적이고 현실적인 방법들로 설명합니다. 그리고 학년별 교육 과정과 맞물려 관련된 책을 소개하고 어떻게 활용하는지도 알려 줍니다. 어려운 고전이나 한국사, 세계사 등을 어떤 책으로 시작하여 어떻게 완성해야 하는지 명확하게 보여 줍니다. 독서 교육에 관심이 많은 학부모와 독서 지도사에게 실천 가능하면서도 명쾌한 해법을 제시합니다.

우리 아이들이 미래 사회가 요구하는 창의적인 인재로 성장하는 데 필요한 역량은 독서를 바탕으로 길러야 합니다. 독서가 제힘을 발휘하려면 부모의 회유나 강요에 의해서가 아니라 아이 스스로 책을 읽으려는 마음을 지니는 것이 가장 중요합니다. 아이가 책과 함께 성장하는 평생 독자가 되기 위해서는 부모의 많은 관심과 노력이 필요합니다. 함께 책을 읽고 이야기도 나누며 긍정적인 독서 경험을 많이 만들어 줄수록 아이는 평생 책을 가까이하며 즐기는 사람으로 성장할 것입니다. 독서하는 습관을 꾸준히 유지하는 것은 매우 어렵고 힘든 과정입니다. 부모가 곁에서 든든한 조력자 역할을 해야만 아이들이 이 힘들고 어려운 과정을 이겨 낼 수 있습니다. 이 책이 여러분이 이루고자 하는 목표에 작은 보탬이 되길 바랍니다.

끝으로 소중한 기회를 주신 성안당 최옥현 상무님과 정지현 과장님께 감사드리며, 항상 믿고 지지해 주는 가족들에게도 고마움을 전합니다.

저자 전 수 경

차례

1부 머리읽기로 독해력 키우기

2부 지식과 사고력을 넓히는 확장 독서법

1 지식과 사고력 확장하며 책 읽기

2 생각하는 힘을 키우는 '질문 독서법'

3 마인드맵으로 지식·사고력 확장하기

3부 성공적인 인문학 독서를 위한 로드맵

4부 공부력을 키우는 교과 연계 독서법

1부에서는 읽기 능력과 학습 능력에 큰 영향을 미치는 독해력에 관해 다룹니다. 머릿속으로 이해되는 만큼씩 의미 단위로 글을 읽는 '머리읽기'가 무엇이고, '머리읽기'를 어떻게 해야 하는지 설명합니다. 더불어 글에서 주제와 핵심어를 찾는 독해력 훈련법과 어휘력을 강화하는 구체적인 방법들을 제시합니다.

- 독서는 선택이 아닌 생존의 문제다
- 인지 능력부터 독서 능력까지 모든 학습을 좌우하는 독해력
- 독해력을 향상시키는 '머리읽기' 독서법
- 실전! 머리읽기로 독해력 훈련하기
- 사고력과 공부력을 결정짓는 어휘력 강화하기
- 원리 한자, 속담, 사자성어, 신문 사설로 어휘력 확장하기

머리읽기로
독해력 키우기

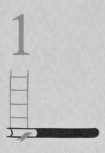

1

독서는 선택이 아닌
생존의 문제다

　　날마다 새로운 정보가 넘쳐나는 21세기에 지식과 정보를 얼마나 많이 알고 있는지는 더 이상 중요하지 않습니다. 아무리 많은 양의 지식과 정보를 배우고 익히더라도 인간은 컴퓨터의 정보 습득 능력을 따라갈 수 없습니다. 눈앞으로 다가온 4차 산업 혁명 시대에는 누가 세상의 변화를 빨리 읽어 내고, 필요한 정보를 빠르고 정확하게 찾아 활용할 수 있느냐가 더 중요합니다.

　　그렇다면 인간의 지적 능력까지 넘보고 있는 인공 지능(AI) 로봇과의 경쟁에서 살아남기 위해 무엇을 배우고 익혀야 할까요? 그것은 바로 다양한 경험을 융합적으로 활용하여 새로운 것을 창출하는 '창의적 사고'와 축적된 지식을 활용하여 합리적으로 문제를 해결하는 '지식정보처리 능력'입니다. 주어진 상황을 다양한 관점에서 분석하고 그것을 해결하기에 가장 적합한 방법을 찾아내는 능력, 여러 정보를 자신의 지식과 연결할 수 있는 능력, 정보와 지식의 조합을 통해 새로운 아이디어를 만들어 낼 수 있는 능력이 바로 미래 사회에 필요한 핵심 역량입니다.

　　이러한 역량은 지식을 암기하고 평가하는 주입식 교육으로는 절대 기를 수 없습니다. 미래 사회의 핵심 역량을 기르는 데 가장 중요한 것이 바로 '독서'입니다. 독서는 이제 선택이 아닌 생존의 문제입니다. 올바른 독서의 효과가 무엇이고, 어떻게 책과 친해질 수 있는지 알아보겠습니다.

📖 미래를 위한 준비, 독서가 답이다

차세대 산업 혁명 시대에 발맞추어, 바람직한 인재상 역시 '창의적 융합 인재'로 바뀌어 가고 있습니다. 창의적 융합 인재란 인문학적 상상력과 과학 기술 창조력을 갖추고 이를 융합하고 활용하여 새로운 결과를 도출해 내는 인재를 말합니다.

시대가 요구하는 바른 인성을 갖춘 창의적 융합 인재로 성장하기 위해서는 무엇보다 '독서'가 중요합니다. 올바른 독서를 통해 주어진 지식과 정보를 분석하고 조합하여 문제를 해결하는 인재, 빠른 변화에 주도적으로 대처할 줄 아는 통합적 사고력을 가진 인재로 성장할 수 있습니다.

그렇다면 올바른 독서를 통해 얻을 수 있는 것이 무엇인지 구체적으로 알아볼까요?

축적된 지식 속에서 피어나는 창의력

최근 들어 유튜버나 프로게이머를 장래 희망으로 꼽는 아이들이 많습니다. 많은 사람이 독서나 공부 대신 인터넷이나 게임을 잘해야 성공한다고 생각합니다. 하지만 재료가 풍부해야 그 속에서 새롭고 좋은 요리가 탄생하는 것처럼, 번뜩이는 아이디어를 생각해 내려면 '아는 것'이 많아야 합니다. 여기서 명심할 점은, 인터넷에 떠도는 단편적인 정보들만 가지고서는 결코 창의적인 생각을 이끌어 낼 수 없다는 것입니다. 그래서 어려서부터 독서를 통해 다양한 지식과 정보를 습득하는 훈련이 중요합니다.

거듭 강조하지만, 창의력이 중요하다고 해서 정보와 지식을 쌓는 일에 소홀해서는 안 됩니다. 기본적인 지식 체계가 갖추어져야 새로운 지식도 만들어 낼 수 있습니다. 창의력은 무(無)에서 창조되는 것이 아니라, 축적된 지식을 서로 연결하고 융합하는 과정에서 새로운 지식으로 재창조되는 것입니다. 따라서 독서를 통해 창의력의 기본이 되는 지식을 축적하고 새로운 개념으로 발전시키는 노력을 해야 합니다.

책 속 경험으로 문제 해결 능력 기르기

어린 시절에는 정해진 규칙을 지키고 할 일만 제대로 하면 살아가는 데 별문제가 없습니다. 그러나 성인이 되면 사정이 다릅니다. 사회에서는 자기 뜻대로 할 수 있는 것이

별로 없고, 항상 예기치 못한 다양한 문제에 부딪히기 마련입니다.

자녀에게 언제나 가장 좋은 것만 보고 느끼게 해 주고픈 부모의 마음과 달리, 세상은 동화처럼 항상 행복하기만 한 곳이 아닙니다. 그러니 자녀를 세상으로부터 보호한답시고 온실 속의 화초처럼 키울 게 아니라, 자녀가 살면서 맞닥뜨리게 될 여러 문제 상황에 현명하게 대처하고, 그로 인한 어려움을 이겨 낼 힘을 기를 수 있도록 도와주어야 합니다.

이러한 문제 해결 능력은 독서를 통한 간접 경험으로 기를 수 있습니다. 주인공이 겪는 모든 상황을 함께 겪고, 주인공처럼 생각하고 느끼며 때로는 주인공을 비판하는 과정에서 아이들은 생각하는 힘이 자랍니다. 다양한 독서로 얻은 풍부한 간접 경험을 통해 문제 상황에 적절하게 대처하는 판단력과 삶에 대한 깨달음을 얻을 수 있습니다. 이렇게 독서를 통해 얻는 능력은 장차 아이들이 사회에 나가서 부딪힐 많은 문제를 해결하는 데 큰 힘을 발휘할 것입니다.

더불어 함께 사는 데 필요한 사회성과 인성

각종 차별과 혐오, 집단 이기주의에 사람들의 감정이 메말라 가고, 도덕성의 부재가 큰 사회적 문제로 대두되고 있습니다. 이러한 차별과 혐오는 다른 사람에 대한 공감 능력이 부족한 데서 비롯됩니다. 공감 능력이 떨어지는 사람은 다른 사람의 감정, 상황 등을 판단하는 능력이 현저히 떨어지고 사람들과 어울리는 사회성도 떨어집니다.

책을 읽으면 타인에 대한 공감과 배려를 배울 수 있습니다. 독서 과정에서 아이들은 등장인물의 감정을 느껴 보고, 다른 사람의 삶을 간접적으로 경험할 수 있습니다. 자신이 겪지 못한 다양한 감정을 느껴 보면서 정서가 풍부한 사람으로 자라게 되는 것입니다.

어린 시절에 감명 깊게 읽은 책은 그 사람의 가치관을 형성하고 바람직한 성인으로 자라게 해 주는 밑거름이 됩니다. 이처럼 독서는 다양한 지식과 정보를 제공할 뿐만 아니라, 풍부한 삶의 경험을 통해 사회의 일원으로서 잘 적응할 수 있도록 바른 가치관을 심어 주고 바람직한 인성을 형성하는 데 기여합니다. 또한 사회의 다양한 모습을 경험하며 더불어 살아가는 사회성도 길러 줄 수 있습니다.

삶에서 공감 능력은 반드시 갖추어야 할 능력 중 하나입니다. 공감 능력이 높은 아이는 정서 안정과 더불어 인지 능력이 우수하며 그만큼 학습 의욕도 높습니다. 수준 높은 문학 작품을 접하게 해 줌으로써 아이의 공감 능력을 키워 주는 노력이 필요합니다. 다른 사람의 감정을 이해할 수 있다면 다른 사람을 배려하고 이해하는 능력도 가질 수 있습니다.

협업 능력을 높여주는 의사소통 능력

한 사람이 평생 직접 겪고 보며 들을 수 있는 것은 극히 제한적입니다. 하지만 책을 통해서는 다른 사람의 생각과 삶의 방식을 엿볼 수 있고, 공자나 소크라테스와 같은 위인들의 지식과 지혜도 배울 수 있습니다.

사회가 복잡해짐에 따라 다양한 분야의 폭넓은 지식이 요구되는 현대 사회에서 가장 중요한 역량은 바로 '협업 능력'입니다. 공통의 목표를 달성하기 위해 각자가 가진 지식과 재능을 하나로 모아 노력하는 것을 '협업'이라고 합니다. 이런 협업 사회에서 원활한 의사소통 능력은 꼭 필요한 역량입니다.

독서 경험이 풍부한 사람은 상황에 맞는 적절한 어휘와 지식을 사용하여 그 누구와도 막힘없이 대화할 수 있습니다. 그런데 아는 것을 적재적소에 풀어 놓고 상대방과 자연스럽게 대화할 수 있는 이러한 의사소통 능력은 단지 책을 읽는 것만으로 생기지 않습니다. 책을 읽고 나서 자기 생각과 의견을 표현하는 글쓰기, 토론 같은 다양한 독후 활동을 통해 향상될 수 있습니다.

📖 점점 떨어지는 읽기 능력, 위기의 독서 교육

앞에서 살펴본 것처럼 독서의 중요성은 점점 커지는데, 책을 읽는 아이들은 점점 줄고 있습니다. 문화체육관광부(이하 문체부)에서 조사한 '2019 국민 독서 실태 조사'에 따르면 1년 동안 읽은 독서량은 초등학생은 69.8권, 중학생은 20.1권, 고등학생은 8.8권으로 학년이 올라갈수록 급격하게 떨어집니다.

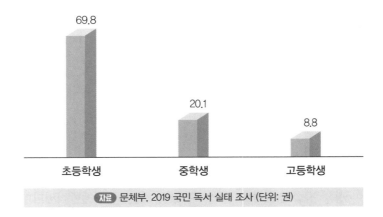

자료 문체부, 2019 국민 독서 실태 조사 (단위: 권)

독서량의 감소로 한국 학생들의 읽기 능력도 점점 떨어지고 있습니다. 경제협력개발기구(OECD)에서 조사한 '국제학업성취도평가(PISA)'에 따르면 읽기 능력에 어려움을 겪는 중학생들이 10년 사이에 3배 가까이 늘어난 것으로 집계되었습니다. 여기서 읽기 능력이란 단순히 글자를 읽는 것이 아니라 단어의 의미를 알고 문장을 이해하며 전체 주제까지 파악할 수 있는 독해력을 말합니다.

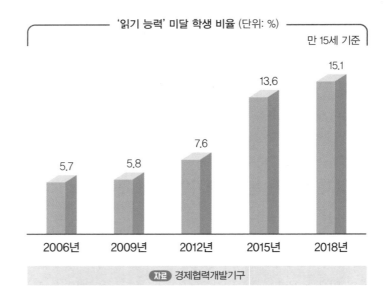

자료 경제협력개발기구

이처럼 읽기 능력이 떨어지는 가장 큰 이유는 점점 책을 읽지 않기 때문입니다.

스마트폰 사용이 일반화되면서 책보다 재미있는 놀거리가 많아지고 유튜브와 같은 영상 콘텐츠에 의존하기 때문에 학생들의 독해력이 떨어지고 있습니다.

평소 책 읽기를 어렵게 하는 요인을 살펴보면, '학교나 학원 때문에 책 읽을 시간이 없어서', '책 읽기가 싫고 습관이 들지 않아서'와 '휴대 전화, 인터넷, 게임을 하느라 시간이 없어서'가 큰 부분을 차지하고 있습니다.

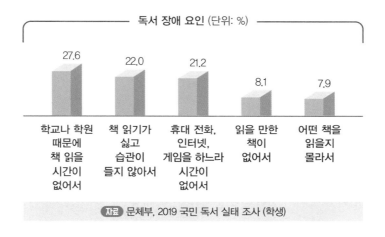

독서 장애 요인 (단위: %)

학교나 학원 때문에 책 읽을 시간이 없어서	책 읽기가 싫고 습관이 들지 않아서	휴대 전화, 인터넷, 게임을 하느라 시간이 없어서	읽을 만한 책이 없어서	어떤 책을 읽을지 몰라서
27.6	22.0	21.2	8.1	7.9

자료 문체부, 2019 국민 독서 실태 조사 (학생)

더 큰 문제는 미래가 훨씬 더 어둡다는 것입니다. 태어나면서부터 디지털 환경을 누리며 자라는 까닭에 '디지털 원주민'으로 불리는 유아와 어린이들은 한글을 익히기도 전에 스마트폰의 재미에 빠져 책과 멀어지게 됩니다.

이로 인해 책을 읽기는커녕 한글조차 정확하게 읽지 못하는 아이들이 점점 늘어나고 있습니다. 미래 사회에서 도태되지 않고 창의적인 인재로 성장하려면 읽기와 독서 능력은 필수입니다.

심각성을 인지한 교육부는 초등학생 저학년부터 한글 교육 개선, 기초 문해력 지원 등 국어과 교육을 강화하고 있습니다. 이러한 맥락에서 인문학적 소양과 소통 능력, 창의력, 꾸준한 독서 습관을 길러 주기 위해 도입한 것이 '한 학기 한 권 읽기'입니다. 이것은 수업 시간에 책 한 권을 온전히 읽고, 생각을 나누며 표현하는 수업 방식입니다. 그러므로 초등 저학년 때부터 한글을 유창하게 읽고 바람직한 독서 습관을 형성하는 것을 목표로 해야 합니다.

최소한 자기 학년의 교과서와 교과 연계 도서를 읽고 이해할 수 있는 정도의 언어 능력은 반드시 갖추어야 합니다. 글을 읽고 이해할 수 있어야 책을 통해 지식과 정보를 습득할 수 있기 때문입니다.

독서는 하지 않더라도 상관없는 '선택'이 아니라, 생존을 위해서 반드시 해야 하는 '필수'입니다. 독서를 통해 교양을 쌓는 사람만이 미래 사회에 꼭 필요한 인재가 될 수 있습니다.

📖 책과 친해지는 독서 습관 만들기

어떤 일이든 재미있어야 꾸준히 할 수 있습니다. "평안 감사도 저 싫으면 그만이다."라는 속담처럼 아무리 좋은 일이라도 당사자가 싫으면 억지로 시킬 수는 없는 노릇입니다. 그러므로 독서 교육에서는 책을 좋아하게 만드는 것이 가장 중요합니다. 부모는 조급함을 버리고 아이의 흥미와 수준에 맞는 책을 찾는 일에 힘을 써야 합니다. 책을 좋아하는 아이로 키우고 싶다면 부모가 함께 즐기면서 책을 읽는 것이 가장 좋은 방법입니다.

좋아하는 분야로 긍정적인 독서 경험 쌓기

독서 습관이 잡히지 않아 책을 싫어하는 아이의 경우, 좋아하는 분야의 책부터 읽게 함으로써 긍정적인 독서 경험이 점점 쌓이도록 합니다. 아이가 좋아하는 분야에서 책을 고를 때 지나치게 어렵고 생소한 내용이 많은 책보다는 아이가 알고 있는 내용이 많은 책부터 시작합니다. 책 속에 자신이 아는 내용이 나오면 관심을 더 많이 두고 집중해서 읽게 됩니다. 만약 특별히 관심 있는 분야가 없다면, 그 시기 아이들이 좋아할 만한 주제 중에서 재미 위주의 책을 골라 함께 읽도록 합니다.

쉽고 만만한 책으로 성취감 느끼기

책을 읽고자 하는 마음이 생기도록 하는 것이 무엇보다 중요하므로 아이에게 절대 부담을 주어서는 안 됩니다. 처음에는 쉽고 얇은 책으로 시작하여 아이가 한 권을 모두 읽었다는 성취감을 얻게 하고, 이러한 뿌듯함을 발판으로 또 다른 책에 도전하도록 합니다. 책을 읽는 습관이 어느 정도 형성되면 조금씩 수준을 높여 읽도록 합니다. 아이가 한 권 한 권 읽을 때마다 아낌없는 칭찬으로 성취감을 높여 줍니다.

미리 보기로 책에 대한 흥미 키우기

잘 만든 영화 예고편을 보면 영화를 보고 싶은 생각이 드는 것처럼, 아이가 책에 대한 흥미를 갖도록 책의 정보를 접하게 합니다. 책을 소개하는 서평을 읽거나 순서에 상관없이 흥미 있어 할 만한 부분부터 읽게 합니다.

그리고 사전에 배경지식이 필요한 책의 경우, 읽기 전에 이해하는 데 도움이 되는 정보를 알려 줍니다. 전혀 모르는 내용보다는 조금이라도 알거나 관심 있는 내용의 책부터 시작하여 독서 습관을 들이도록 합니다.

'몇 권을 읽느냐' 보다 '어떻게 읽느냐' 가 중요하다

'천 권 읽기', '이천 권 읽기' 등 독서량에 집착하다 보면, 자칫하면 책을 겉핥기식으로 대충 읽는 잘못된 독서 습관이 생길 수 있습니다. 무조건 많이 읽는 대신에, 한 권을 읽더라도 제대로 깊이 읽는 습관을 길러야 합니다. 몇 권을 읽었다는 '결과'보다는 아이 스스로 책을 통해 자신이 얼마나 성장했는지 느끼는 '과정'이 훨씬 더 중요합니다.

책을 읽지 않는다고 벌칙을 주는 것도 바람직하지 않습니다. 혼나지 않기 위해 억지로 책을 읽다 보면, 책의 내용을 이해하는 것에는 관심 없이 오로지 기계적으로 책을 읽는 나쁜 습관이 굳어지게 됩니다. 이렇듯 독서를 강요하는 것은 오히려 책을 점점 싫어하는 사람으로 성장하게 합니다. 아이가 독서를 즐기는 '평생 독자'로 성장하기를 원한다면, 맞춤형 칭찬과 격려로 책 읽는 즐거움을 맛보게 해 줄 필요가 있습니다.

2

인지 능력부터 독서 능력까지
모든 학습을 좌우하는 독해력

독서를 통해 지식과 사고력을 키우기 위해서는 먼저 책을 제대로 읽을 수 있어야 합니다. 여기서 제대로 읽는다는 것은 글자의 뜻을 이해하는 한글 해득 능력뿐만 아니라 글의 속뜻까지 이해하는 독해력을 포함하는 의미입니다. 최근 들어 책을 읽어도 내용을 제대로 이해하지 못할 정도로 독해력이 부족한 학생들이 늘고 있습니다.

독해력에 문제가 있는 아이는 학년이 올라갈수록 인지 능력, 학교 성적, 의사소통 등에 큰 어려움을 겪게 됩니다. 특히 초등 3학년부터는 교과목이 10개 이상으로 늘어나서, 배워야 할 교과 내용과 어휘량이 폭발적으로 증가합니다. 아이들 간에 학습 능력 차이가 서서히 벌어지기 시작하는 것도 이 무렵입니다. 그러므로 처음 한글을 배울 때부터 아이의 읽기 능력을 지속적으로 점검하고, 독서와 훈련을 통해 독해력을 쌓아 가야 합니다.

많은 부모가 우리 아이는 책 읽는 것을 싫어한다고 생각합니다. 하지만 실제로는 읽기 능력에 문제가 있어서 글을 읽어도 무슨 말인지 모르기 때문에 책을 멀리하는 경우가 많습니다. 이처럼 읽기 능력이 떨어져서 책을 싫어하게 된 경우, 부모는 물론 아이도 문제를 인식하지 못합니다. 따라서 부모가 관심을 가지고 꾸준히 관찰하면서 아이의 읽기 능력을 점검해야 합니다.

읽기 능력인 독해력은 모든 학습의 기본이자 학교 성적까지 좌우하는 가장 중요한 능력입니다. 똑같은 시간을 공부해도 독해력이 높은 학생이 낮은 학생보다 성적이 훨씬 우수합니다. 독해력이 뛰어난 사람은 핵심 개념과 원리를 잘 파악하기 때문에 더 빠르고 정확하게 필요한 정보를 얻습니다.

반면 독해력이 떨어지는 사람의 경우, 글을 읽을 때 글자만 읽지 문맥은 파악하지 못하기 때문에 어떤 정보나 지식을 얻기 어렵습니다. 학년이 높아질수록 학습의 난도는 높아지고, 학습량은 폭증하게 됩니다. 많은 학습량을 소화할 만한 수준의 독해력을 갖추지 못한다면 결코 좋은 성적을 얻을 수 없으므로, 독해력 부족이 결국 학습 부진으로 이어집니다.

그렇다면 공부의 효율을 높여 주는 독해력을 키우기 위해서는 어떻게 해야 할까요? 독해력을 떨어뜨리는 잘못된 독서 습관을 고치고, 글을 제대로 읽는 법을 배워야 합니다.

📖 독해력 저하의 대표적인 원인

독해력이 떨어지는 가장 대표적인 원인으로는 한글 학습이 제대로 되지 않은 경우, 어휘력이 또래 수준보다 현저히 떨어지는 경우, 기본 배경지식이 부족한 경우, 잘못된 방법으로 책을 읽는 경우 등이 있습니다. 어떤 문제든지 원인을 알면 해결책도 찾을 수 있기 마련입니다. 다음 내용을 읽으며 읽기 능력을 점검해 봅시다.

한글 유창성이 부족하다

현행 교육과정대로라면 초등학교 1학년 때 한글을 처음 배우는 게 맞습니다. 하지만 실제로 한글을 모르고 초등학교에 입학하면 수업을 따라가기 어려울 수 있습니다. 초등 1학년 때까지는 한글을 완벽하게 익히고 문장을 자연스럽게 읽을 수 있어야 합니다. 하지만 한글을 읽고 쓸 수 있다고 해서 실제로 읽고 쓸 줄 아는 언어 능력을 갖추었다고 보기는 어렵습니다. 한글을 깨우쳤다는 것은 글자를 해독하는 수준이지, 내용을 이해하는 수준은 아니기 때문입니다.

한글 유창성은 글을 정확하게 읽는 능력으로, 글자 자체가 아니라 문장이나 글의 의미를 파악하며 읽는 것을 뜻합니다. 한글 교육을 제대로 받지 못한 상태에서 고학년이 될 경우, 한층 어려워지는 교과 수업 내용을 이해하기 힘들기 때문에 학습 능력이 떨어지게 됩니다.

이런 문제를 해결하기 위해 교육부에서는 초등학교 1학년 때 모든 학생을 대상으로 한글 해득 수준을 진단하고 한글을 익힐 수 있는 수준별 맞춤 학습을 진행하고 있습니다. 또한 '읽기 유창성' 진단을 추가하여, 기본적인 어휘 지식을 갖추고 문장을 자연스럽게 읽을 수 있도록 돕습니다. 아이의 현재 한글 해득 상태를 확인하고 적절한 방법으로 지도해야 합니다.

한글 유창성이 떨어지는 아이의 특징

- ☑ 말하는 속도와 소리 내어 읽는 속도의 차이가 크다.
- ☑ 단어를 잘못 발음해서 읽는다.
- ☑ 글자를 빼고 읽거나 바꾸어 읽는다.
- ☑ 제대로 띄어 읽지 못한다.
- ☑ 읽던 줄을 건너뛰거나 생략한다.
- ☑ 자기 학년 수준의 책에서 모르는 단어가 많다.

아이와 함께 책을 읽어 보면, 아이의 한글 유창성 정도를 대략 짐작할 수 있습니다. 아이의 한글 해득 능력을 정확하게 알기 위해서는 전문 기관에서 만든 진단 검사를 해야 합니다. 다음 사이트에서는 한글 유창성을 무료로 검사할 수 있습니다.

웰리미 한글 진단 검사 (https://hg.mirae-n.com)

▶ 한글 해득 준비도, 음운 인식, 낱말 해독, 문장 청해, 글자 쓰기 등 한글의 기본 실력을 진단하는 검사입니다. 처음 한글을 배운 초등 1학년에게 적합합니다.

어휘력이 자기 학년 수준에 미치지 못할 만큼 빈약하다

언어의 기본 재료이자 독해력에서 가장 중요한 요소는 어휘력입니다. 글을 읽을 때 모르는 단어가 너무 많으면 글의 내용을 제대로 이해할 수 없습니다. 그리고 학년별로 알아야 할 필수 어휘가 부족하면 교과서에 있는 학습 용어를 이해하지 못하기 때문에 결국 학습 부진으로 이어집니다. 학년이 올라갈수록 교과서에는 전문 용어, 한자어, 외래어 등이 많이 등장하므로, 어휘력이 부족한 학생은 학교 공부에도 큰 어려움을 겪게 됩니다.

예를 들어 다음 글을 읽을 때 표시한 단어들을 모른다고 가정해 봅시다. 그러면 아무리 집중해서 읽어도 글의 내용을 정확하게 이해할 수 없습니다.

> **호황** 상태에서 경제 활동이 점차로 **위축**되어 나갈 때를 가리켜 경기가 **후퇴**한다고 한다. 경기 후퇴가 심해지면 경제는 **침체** 상태에 놓이게 된다. 침체가 심할 때를 가리켜 **불황**이라고 부른다. 경기 침체 상태에서 경제 활동은 위축되고, **실업률**은 높아지며, **성장률**은 낮아진다.

독해력을 키우기 위해서는 반드시 적절한 어휘 실력이 필요합니다. 이 책 〈1부〉의 57~83쪽에 어휘력을 높일 수 있는 구체적인 방법들이 설명되어 있습니다.

기본 배경지식이 부족하다

책과 관련된 배경지식이 풍부할수록 내용을 빠르고 정확하게 이해할 수 있습니다. 그리고 원래 알고 있던 배경지식과 책의 지식을 연결하여 새로운 자신만의 지식으로 재구성하는 것도 가능해집니다. 하지만 아주 기본적인 지식마저 없다면, 글의 의미를 파악하는 것조차 버거울 수 있습니다. 여기서 말하는 기본 지식은 해당 학년까지의 교과 과정을 모두 알고 있는 수준 정도를 의미합니다.

예를 들어 다음 내용을 정확하게 이해하기 위해서는 '지구 온난화', '해수면', '기상이변', '생태계' 등에 대한 기본 지식이 있어야 합니다. 다음 글에 나오는 내용도 모두 초등학교 5, 6학년 과학 교과에서 다루는 내용입니다. 책과 관련하여 배경지식이 부족할 경우, 다른 자료를 통해 먼저 배경지식을 형성하고 나서 책을 읽는 것이 좋습니다.

> **지구 온난화**는 기온과 물의 온도를 변화시켜 **해수면의 상승**, **강수량의 변화**를 일으키고 있다. 홍수와 가뭄, 태풍 등의 심각한 **기상 이변**이 일어날 수 있고, **생태계의 변화**를 가져와 생물종의 대규모 **멸종**을 일으킬 가능성도 지적되고 있다.

학교에서 배우는 교과 과정을 잘 따라서 공부했다면 대부분의 기본 배경지식은 자연스럽게 축적됩니다. 하지만 교과 과정 공부를 게을리하고, 책도 읽지 않았다면 해당 학년에 알아야 하는 기초 지식이 턱없이 부족하게 됩니다. 기본 배경지식을 쌓는 데 가장 효과적인 방법은 교과와 연결된 책을 읽는 '교과 연계 독서'입니다. 교과 연계 독서법은 4부에서 자세하게 설명하고 있습니다.

글을 제대로 독해하는 방법을 모른다

어휘력과 배경지식에 별다른 문제가 없고 책도 그런대로 읽는데도 독해력이 떨어지는 아이들이 많습니다. 대부분이 책을 제대로 읽는 방법을 모르는 채, 텍스트만 읽기 때문입니다.

글을 읽고 뜻을 이해하는 과정은 생각보다 복잡하고 어려운 능력을 요구합니다. 문장과 문장 사이의 숨은 뜻을 이해하고, 글의 내용을 경험이나 지식과 연결하며 재구성할 수 있어야 합니다. 이러한 독해력은 단숨에 배울 수 있는 능력이 아니므로 다양한 분야의 글을 읽으면서 반복적이고 체계적으로 훈련해야 합니다. 그러나 아이들은 글을 제대로 읽는 법을 배운 경험도, 배울 기회도 없습니다. 집이나 학교에서는 책을 읽으라고만 하지 어떻게 읽어야 하는지는 알려 주지 않습니다.

더구나 스마트폰과 같은 디지털 기기를 자주 접하다 보니, 짤막하고 직설적인 텍스트에만 익숙해져서 길고 복잡한 글을 읽고 이해하는 것을 어려워합니다. 문장 구조가 조금만 복잡해져도 이해하지 못하는데, 여러 문장이 모인 긴 글을 이해하기 힘들어하는 것은 당연합니다. 그러다 보면 결국 제대로 읽는 방법도 모른 채 아무 생각 없이 글자만 흘려 읽는 잘못된 읽기 습관이 생기게 됩니다.

아이의 독해력이 현재 어떤 수준인지 파악하기 위해서는 수시로 함께 책을 읽으며 책의 내용을 잘 이해하고 있는지 확인해야 합니다. 다음은 독해력이 떨어지는 아이의 특징을 소개하고 있습니다. 이를 참고하여 아이의 읽기 상태를 점검하고, 책에 설명된 독해력 훈련으로 연습시킵니다.

독해력이 떨어지는 아이의 특징

- ☑ 입으로 또는 마음속으로 발음하며 읽는다.
- ☑ 띄어쓰기나 단어 위주로 끊어 읽는다.
- ☑ 방금 읽은 내용을 잘 기억하지 못한다.
- ☑ 글을 읽는 데 시간이 오래 걸린다.
- ☑ 긴 문장을 읽으면 이해하지 못한다.
- ☑ 생각하는 것을 싫어한다.
- ☑ 글에서 원인과 결과를 찾지 못한다.
- ☑ 자기 학년 수준의 책을 어려워한다.

다음에 소개하는 사이트와 같은 독서 능력 프로그램을 통해 자녀의 객관적인 독서 능력을 확인할 수 있습니다. 아이가 어휘력이 부족한지, 이해력이 떨어지는지 등을 파악하는 데 도움을 얻을 수 있습니다.

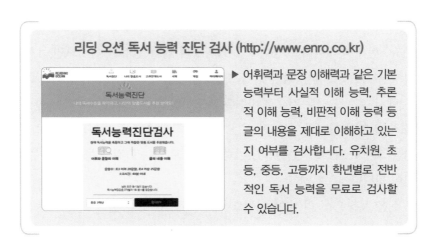

리딩 오션 독서 능력 진단 검사 (http://www.enro.co.kr)

▶ 어휘력과 문장 이해력과 같은 기본 능력부터 사실적 이해 능력, 추론적 이해 능력, 비판적 이해 능력 등 글의 내용을 제대로 이해하고 있는지 여부를 검사합니다. 유치원, 초등, 중등, 고등까지 학년별로 전반적인 독서 능력을 무료로 검사할 수 있습니다.

📖 독해력을 떨어뜨리는 잘못된 독서 습관

같은 이야기책을 읽어도 어떤 아이는 책의 내용을 순서대로 말할 뿐만 아니라 작가가 말하고자 하는 의도까지 완벽하게 이해하는 반면, 주요 사건조차 기억하지 못하는 아이도 있습니다. 심지어 독서량이 상당한 아이인데 독해력이 떨어지는 경우도 종종 볼 수 있습니다.

그렇다면 왜 이런 차이가 생기는 걸까요? 독해력을 떨어뜨리는 잘못된 독서 습관에는 어떤 것이 있고, 어떻게 책을 읽는 것이 바람직한지 알아보겠습니다.

소리 내거나 속으로 발음하는 읽기 습관

책을 또박또박 소리 내어 읽는 것이 내용을 이해하는 데 도움이 된다고 생각하는 사람이 많습니다. 하지만 소리 내어 읽는 방식은 전화번호와 같이 간단한 정보를 외우거나 맞춤법을 확인할 때, 시를 암송할 때 등과 같이 특정한 상황에서만 도움이 됩니다.

독해력은 자신이 읽은 내용에 담긴 정보를 뇌에서 얼마나 빠르고 정확하게 처리하느냐에 의해 결정됩니다. 정보 처리 능력이 뛰어날수록 책을 더 빠르고 정확하게 읽을 수 있습니다. 그런데 책을 소리 내어 읽으면 이러한 정보 처리 능력이 떨어져, 오히려 독해력이 저하됩니다.

처음 한글을 배워 책을 읽기 시작하면 글자와 발음 간의 관계를 익히기 위해 소리 내어 읽습니다. 그러다가 글자 읽는 일에 어느 정도 능숙해지면, 소리 내지 않고 눈으로 읽게 됩니다. 현재 우리나라 초등학교 교육과정의 읽기 단계를 살펴보면, 1학년 때는 한글 유창성에 집중하고 본격적인 읽기는 2학년 때부터 시작합니다. 그러므로 소리 내어 읽는 것에서 눈으로 읽는 것으로 바뀌는 과도기인 초등 2학년 때부터는 한글을 능숙하게 읽을 수 있어야 합니다. 하지만 많은 아이가 고학년이 된 뒤에도 속으로 발음하며 읽는 습관을 그대로 가지고 있습니다. 이렇게 속으로 읽는 습관은 독해력을 떨어뜨리는 주요 원인이 됩니다.

짧고 쉬운 문장은 소리 내어 읽어도 이해할 수 있지만, 길고 복잡한 문장은 소리 내어 읽게 되면 이해력이 떨어집니다. 소리 내어 읽을 때는 발음하는 속도 이상으로 독해 속도를 높일 수 없습니다. 문장에 있는 단어들을 하나하나 인식하며 발음하는 과정에서 글을 이해하는 데 쏟아야 할 집중력을 빼앗기게 됩니다. 발음을 통해 단어와 그 의미를 인식하는 중간 과정을 없애고, 글을 읽는 동시에 뇌에서 정보가 처리된다면 읽기 속도가 빨라지고 이해력도 높아집니다.

기계적으로 흘려 읽는 독서 습관

언제부터인가 독서 습관을 길러 주기 위해 거실 벽면을 수백 권의 책으로 채우고, '천 권 읽기', '이천 권 읽기'에 도전하는 것이 유행처럼 번졌습니다. 가정에서는 아이에게 읽힐 수십 권의 전집을 정기적으로 사 주고, 학교에서는 '독서왕' 선발을 통해 다독을 권장합니다.

물론 책을 많이 읽는 것은 아이에게 정서나 인지 발달에 긍정적인 영향을 줍니다. 하지만 잘못된 다독 습관은 두뇌 발달에 지장을 주어 오히려 난독증을 초래할 수도 있습니다. 단순히 많이 읽는 것만을 목표로 하는 '양적인 독서'는 책에 담긴 의미를 깊이 생각하지 않고 기계적으로 읽게 만듭니다. 기계적으로 읽는다는 것은 책 속의 글자들을 빠르게 흘려 읽으며 줄거리만 대충 읽는 것을 말합니다. 기계적으로 책을 읽는 습관이 굳어지면, 나이가 들수록 어려운 글을 읽고 이해하는 데 어려움을 겪게 됩니다.

몇 권을 읽었는지만 중시하는 '양적인 독서'에서 한 권을 읽더라도 제대로 읽을 것을 강조하는 '질적인 독서'로 독서의 방향을 수정해야 합니다. 특히 책을 많이 읽는 아이의 경우, 부모가 자녀의 독해력에 문제가 있다는 사실을 미처 발견하지 못하여 바로잡을 시기를 놓치기 쉽습니다. 초등 저학년 때부터 깊이 생각하며 책을 읽는 습관을 기르지 않는다면, 중학교와 고등학교에서 학습 부진을 겪을 수 있습니다. 부모는 다독에 대한 집착에서 벗어나 제대로 책을 읽는 습관을 들이도록 도와주어야 합니다.

지나치게 천천히 읽는 독서 습관

일반적으로 글을 천천히 꼼꼼하게 읽는 것이 내용을 더 잘 이해할 수 있다고 생각합니다. 하지만 지나치게 천천히 읽는 습관이 오히려 글을 이해하는 데 방해가 될 수도 있습니다.

글을 읽고 그 의미를 제대로 이해하려면, 문장을 구성하는 모든 단어의 뜻을 순간적으로 파악하고 그 의미들을 연결함으로써 글이 말하고자 하는 바를 포착할 수 있어야 합니다. 하지만 지나치게 천천히 읽다 보면, 앞에서 읽었던 내용을 잊어버리기 때문에 글 전체를 이해하기 어렵습니다. 그리고 책을 끝까지 읽고 나서도 자신이 읽은 내용을 기억하지 못합니다.

우리가 어떤 문장을 읽으면 그 내용은 단기 기억에 일시적으로 저장됩니다. 이 과정에서 정보의 양이 많아지면, 우리 뇌는 그보다 앞서 저장된 기억을 지워서 저장 공간을 확보합니다. 따라서 글을 지나치게 천천히 읽으면 앞의 내용을 제대로 기억하지 못하고 일부분에만 집중하게 되어, 전체적인 글의 맥락을 이해하지 못하게 됩니다. 되도록이면 글을 빠르게 읽으면서 전체적인 맥락을 파악하는 훈련을 해야 하는 이유는 이 때문입니다.

흥미 위주의 단순한 책만 읽는 독서 습관

초등 저학년 때 책에 대한 흥미를 갖도록 역사, 과학, 수학 등 어려운 과목을 학습 만화로 시작합니다. 하지만 학습 만화는 그림과 의성어 중심의 이야기로 풀어낸 책으로 깊이 있는 수준의 독해 능력을 기르는 데 한계가 있습니다. 독해력은 결코 단시간에 생기는 능력이 아니므로 초등 저학년 때부터 여러 장르의 책을 읽으며 차곡차곡 쌓아야 합니다. 그리고 학년이 올라감에 따라 책의 수준도 높여야 독해력이 향상됩니다. 기본적인 독서 능력이 생기면 흥미 위주의 단순한 책에서 벗어나 과학, 환경, 사회 등 다양한 분야의 지식 정보책으로 독해력을 쌓아 가야 합니다.

독해력을 향상시키는 '머리읽기' 독서법

많은 사람이 글을 읽을 때 띄어쓰기나 단어 단위로 쪼개어 읽습니다. 뇌에서는 한 단어를 하나의 정보 처리 단위로 인식합니다. 그러므로 단어 개수가 늘어나면 뇌에서 처리해야 할 정보 단위도 많아져서 정보 처리 속도가 느려집니다. 그 결과 뇌가 기억할 수 있는 작업 용량이 초과되어 앞의 내용을 기억하지 못합니다. 단어들을 처리하느라 글의 내용을 분석할 여유가 없기 때문입니다. 결국 문장이나 글이 길어질수록 독자는 전체 내용을 제대로 이해하기 어렵습니다.

독해력을 키우려면 최대한 한 덩어리 의미로 묶으며 읽는 '머리읽기' 방식으로 글을 읽어야 합니다. 머리읽기란 의미 단위로 글을 읽으며 글의 내용을 자신이 가지고 있는 지식이나 경험과 연결하여 해석하며 읽는 것을 말합니다.

아무리 쉬운 책이라도 생각 없이 텍스트만 읽는다면 책을 다 읽어도 머릿속과 마음속에 남는 게 아무것도 없습니다. 책을 제대로 읽으려면 글쓴이의 의도, 사건의 인과관계, 등장인물의 특징 등을 생각하며 읽어야 합니다.

머리읽기는 눈으로 읽은 내용을 뇌의 정보 처리 과정과 논리적 사고를 거쳐 새로운 정보와 지식으로 재해석하며 읽는 방법입니다. 머리읽기를 독서에 적용하면, 글의 대략적인 줄거리만 파악하는 것이 아니라 목차나 일부 내용만 보고도 술술 말할 수 있는 수준으로 이해할 수 있습니다.

머리읽기로 글을 읽는 방법은 다음과 같이 크게 다섯 가지로 볼 수 있습니다. 어떤 방법들인지 간단히 알아보고 하나씩 자세하게 설명하겠습니다.

머리읽기로 글을 읽는 방법	
의미 단위로 머리읽기	한 번에 이해하고 기억할 수 있는 범위만큼 읽기
개념 통합하며 머리읽기	문장과 문장, 문단과 문단을 통합하며 읽기
이미지로 시각화하며 머리읽기	글의 내용을 구체적인 이미지로 시각화하며 읽기
숨은 뜻 추론하며 머리읽기	행간에 숨어 있는 뜻을 파악하며 읽기
도식화, 구조화하며 머리읽기	개념이나 정보를 압축해서 표현하며 읽기

📖 의미 단위로 이해하는 머리읽기

머리읽기의 기본은 글을 의미 단위로 읽는 것입니다. 의미 단위란 완전한 의미를 가지는 최소의 단위로, 글을 읽을 때 머릿속으로 이해되는 만큼씩 의미를 생각하며 읽는 것을 말합니다. 한 단어씩 읽으면 문장의 구조와 의미를 파악하기 어려우므로, 빠르게 읽으면서 하나의 의미로 묶을 수 있는 만큼 최대한 넓게 끊어 읽습니다. 다시 말해, 글을 구성하는 단어들을 연결하여 하나의 의미로 통합하며 읽는 것입니다.

읽기가 미숙한 아이일수록 글을 읽을 때 단어 단위로 짧게 끊어 읽습니다. 단어 하나하나에 집중해 읽다 보면, 읽는 속도가 느려지고 글의 맥락이나 주제를 제대로 파악하기도 힘듭니다. 그러므로 단어 단위로 끊어 읽기보다는 최대한 이해할 수 있는 범위까지 하나의 의미로 묶어 '의미 단위'로 끊어 읽어야 합니다.

그럼 지금부터 의미 단위로 글을 읽는 방법을 예를 들어 설명하겠습니다. 우선 다음 문장을 한 글자씩 소리 내어 읽어 보세요.

> 방∨선∨균∨은∨실∨처∨럼∨생∨긴∨가∨지∨가∨서∨로∨연∨결∨된∨형∨태∨를∨
> 띤∨세∨균∨의∨한∨종∨류∨이∨다.

한 글자씩 끊어 읽으면 무슨 내용인지 정확하게 이해하기 어렵습니다. 이번에는 단어 단위로 끊어서 읽어 봅니다.

> 방선균은∨실처럼∨생긴∨가지가∨서로∨연결된∨형태를 띤∨세균의∨한 종류이다.

한 글자씩 읽는 것보다는 이해하기 쉽지만, 문장 전체를 기억하거나 핵심 내용을 파악하기는 어렵습니다. 이번에는 머릿속으로 이해되는 만큼씩 의미를 생각하며 읽습니다.

> 방선균은∨실처럼 생긴 가지가 서로 연결된 형태를 띤∨세균의 한 종류이다.

'방선균은 이러이러한 특징을 가지고 있는 세균의 한 종류구나.'처럼 의미를 생각하며 읽으면 됩니다.

이번에는 조금 더 긴 문장을 의미 단위로 읽어 보겠습니다. 이해되는 범위만큼씩 끊어 읽습니다.

> 새로운 방선균의 발견과∨그것의 활용 방안에 대한 연구는∨방선균의 활용 가치를 높이는 데∨기여할 것이다.

점점 의미 단위를 확장하여 읽어 봅니다. 사람에 따라 한 번에 읽을 수 있는 의미 단위의 길이가 다르지만 꾸준한 훈련을 통해 이를 점차 늘려 갈 수 있습니다.

> 새로운 방선균의 발견과 그것의 활용 방안에 대한 연구는∨방선균의 활용 가치를 높이는 데 기여할 것이다.

의미 단위로 읽는 머리읽기의 핵심은 단어에서 구로, 구에서 절로, 절에서 문장으로, 한 번에 처리하는 이해의 범위를 점점 넓혀 가며 읽는 것입니다. 주의할 점은, 이해도 되지 않았는데 억지로 의미 단위만 넓히지 말고 반드시 완전히 이해한 범위만큼씩 머리읽기를 해야 한다는 것입니다. 사람마다 기억할 수 있는 용량이 다르므로 연습을 통해 최대한 많이, 최대한 오래 기억하도록 훈련해야 합니다. 이처럼 의미 단위의 머리읽기는 글에 대한 이해력과 기억력을 높여 줄 수 있습니다.

📖 개념 통합하며 읽는 머리읽기

복잡하고 어려운 문장을 이해하려면 문장의 구조를 고려하여 머리읽기를 해야 합니다. 맨 먼저 문장에서 가장 핵심인 주어와 술어를 찾습니다. 아무리 길고 어려운 문장이라도 주어인 '무엇이(누가)'와 술어인 '어떻다(어찌하다)'를 찾으면 핵심 내용을 알 수 있습니다.

문 두드리는 소리에 잠을 깬 동구는 반쯤 감은 눈으로 문을 열었다.

⬇

동구는 〔누가〕 + 문을 열었다 〔어찌하다〕.

'문 두드리는 소리에 잠을 깬 동구는 반쯤 감은 눈으로 문을 열었다.'라는 문장의 핵심 내용은 '동구는 문을 열었다.'입니다. '누가=동구는, 어찌하다=문을 열었다'가 핵심이고, '문 두드리는 소리에 잠을 깬'은 '동구를'을 꾸며 주고, '반쯤 감은 눈으로'는 '문을 열었다'를 꾸며 줍니다.

글의 표면적인 의미뿐만 아니라 행간에 숨어 있는 속뜻을 파악하기 위해 문장을 분석하며 읽어야 합니다. 그러기 위해서는 단어와 단어, 문장과 문장을 연결하여 하나의 의미 덩어리로 통합하며 읽어야 합니다. 이번에는 조금 더 복잡한 구조의 문장을 머리읽기로 읽어 보겠습니다.

먼저 문장에서 핵심 내용인 '무엇이(누가)'와 '어떻다(어찌하다)'를 찾습니다. 주어인 '방선균은'과 술어인 '세균의 한 종류이다.'가 핵심 부분입니다. '실처럼 생긴 가지가 서로 연결된 형태'는 '세균'을 꾸며 주는 내용입니다.

방선균은 ᵛ 실처럼 생긴 가지가 서로 연결된 형태를 띤 ᵛ 세균의 한 종류이다.
   ①   ②   ③

머리읽기로 읽기

① 설명하려는 대상이 '방선균'임을 짐작한다.
② 방선균의 모양을 상상하며 읽는다.
③ 방선균이 세균의 한 종류인 것을 안다.

각각의 어절이나 문장을 따로 생각하지 않고, 앞의 내용과 통합하며 의미를 확장하여 머리읽기 합니다.

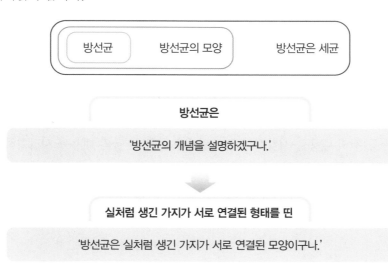

방선균   방선균의 모양   방선균은 세균

방선균은

'방선균의 개념을 설명하겠구나.'

실처럼 생긴 가지가 서로 연결된 형태를 띤

'방선균은 실처럼 생긴 가지가 서로 연결된 모양이구나.'

세균의 한 종류이다.

'방선균은 실처럼 생긴 가지가 서로 연결된 모양인데, 세균의 한 종류구나.'

따옴표 안의 내용은 글을 읽을 때 머릿속으로 앞의 내용과 통합하며 의미를 확장해 가는 과정을 표현한 것입니다. 이런 방식으로 개념을 통합하며 머리읽기를 합니다.

📖 이미지로 시각화하며 읽는 머리읽기

글로 된 정보보다는 그림으로 접한 정보가 이해가 잘됩니다. 그러므로 글을 읽을 때 내용을 구체적인 이미지로 시각화하며 머리읽기를 하면 훨씬 쉽게 이해하고 오래 기억할 수 있습니다.

『책과 노니는 집』(이영서 글/김동성 그림, 문학동네어린이, 2017)의 일부를 예로 들어 보겠습니다. 다음은 책방에서 일하는 주인공 '장이'가 심부름으로 전달하려는 주머니 속 물건이 궁금해 열어 보는 부분입니다. 인물의 행동이나 시선을 따라 영화의 한 장면처럼 떠올리며 읽습니다.

> 가회방 입구에 있는 회화나무 아래 다다르자 장이는 가슴팍에 찔러 넣은 비단 주머니를 더듬었다. 혹여 지나가는 사람들에게 들킬세라 주위를 두리번거렸다. 장이는 보는 사람이 아무도 없는 것을 확인하자 주머니를 끌렀다.

장이가 주머니를 더듬는 장면, 주위를 두리번거리는 장면, 조심스럽게 주머니를 여는 장면 등 책의 내용을 시각화하며 읽습니다. 이렇게 글의 내용을 시각화하며 읽게 되면 인물의 감정과 상황에 대한 공감과 이해의 폭이 훨씬 넓어집니다.

또한 모든 감각을 총동원하여 글을 입체적으로 읽어야 합니다. 글을 읽으면서 꽃향기를 맡을 수 있고, 달콤한 맛이나 부드러운 감촉도 느낄 수 있어야 합니다.

📖 숨은 뜻 추론하며 읽는 머리읽기

글을 제대로 이해하려면 행간에 숨어 있는 뜻을 알아야 합니다. 행간이란 글의 줄이나 행 사이를 가리키는 말로, 글에 직접 나타나지는 않지만 글쓴이가 실제로 드러내고 싶어 하는 숨은 뜻을 말합니다. 예를 들어 의사가 보호자에게 '마음의 준비를 하십시오.'라고 말한 것의 진짜 의미는 환자의 병증이 심각해 오래 살기 어렵다는 속뜻을 포함하고 있습니다.

모든 사람을 이해시키고자 세세하게 서술하다 보면 분량도 많아지고 재미도 없어지므로 최대한 함축해서 글을 쓰게 됩니다. 함축된 글 속에 담긴 진짜 속뜻을 이해하고 추론하며 읽어야 글을 제대로 이해할 수 있습니다.

다음은 이효석의 단편 소설 「메밀꽃 필 무렵」(1936)의 마지막 부분입니다.

> 나귀가 걷기 시작하였을 때, 동이의 채찍은 왼손에 있었다. 오랫동안 아둑시니같이 눈이 어둡던 허 생원도 요번만은 동이의 왼손잡이가 눈에 띄지 않을 수 없었다.

이 부분은 표면적으로는 동이가 왼손잡이라는 점을 말하고 있습니다. 하지만 거기에는 동이가 왼손잡이인 허 생원과 서로 부자 관계라는 암시가 담겨 있습니다. 이렇듯 문맥에 담긴 의미를 추론하며 읽지 않고 단지 글자로만 뜻을 파악하면 문학 작품을 제대로 감상할 수 없습니다.

행간에 숨어 있는 뜻을 알기 위해서는 글쓴이의 목적을 파악하는 것이 가장 중요합니다. 무엇을 말하고자 이 글을 썼는지, 어떤 주장을 하려는 것인지 등을 추론하며 읽어야 진짜 의도를 알 수 있습니다.

직접 예문을 통해 추론하며 머리읽기 하는 방법을 알아보겠습니다. 관광 산업의 변화 과정과 생태 관광 산업의 필요성을 설명하는 다음 글에 함축된 내용을 추론하면서 읽어 보세요.

> 기존의 관광 산업이 좋은 영향을 준 것만은 아니다. ①관광 산업이 발달하면서 필요해진 인력을 주로 일용직, 계약직으로 채용하다 보니 ②고용이 불안정해지는 상황이 만들어지기도 했다. 또한 ③문화유산이 훼손되는가 하면, ④생태계 파괴 및 환경 오염이라는 심각한 부작용이 나타나기도 했다.

글자 그대로 읽으면 내용을 이해하기 어려워서 흘려 읽게 되고, 기억하기 위해서는 무조건 외우려고만 합니다. 각각의 밑줄 친 부분을 어떻게 추론하며 머리읽기 하는지 구체적으로 설명하겠습니다.

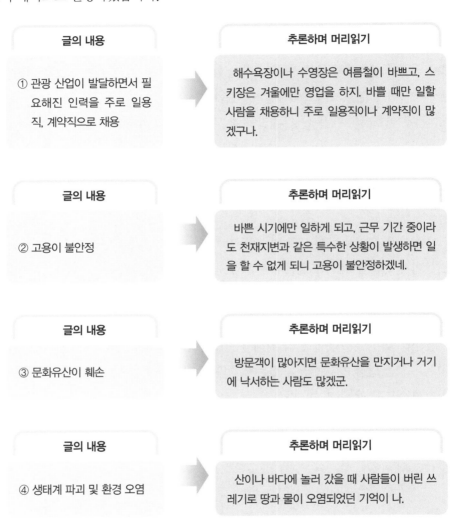

글의 내용

① 관광 산업이 발달하면서 필요해진 인력을 주로 일용직, 계약직으로 채용

추론하며 머리읽기

해수욕장이나 수영장은 여름철이 바쁘고, 스키장은 겨울에만 영업을 하지. 바쁠 때만 일할 사람을 채용하니 주로 일용직이나 계약직이 많겠구나.

글의 내용

② 고용이 불안정

추론하며 머리읽기

바쁜 시기에만 일하게 되고, 근무 기간 중이라도 천재지변과 같은 특수한 상황이 발생하면 일을 할 수 없게 되니 고용이 불안정하겠네.

글의 내용

③ 문화유산이 훼손

추론하며 머리읽기

방문객이 많아지면 문화유산을 만지거나 거기에 낙서하는 사람도 많겠군.

글의 내용

④ 생태계 파괴 및 환경 오염

추론하며 머리읽기

산이나 바다에 놀러 갔을 때 사람들이 버린 쓰레기로 땅과 물이 오염되었던 기억이 나.

📖 도식화, 구조화하며 읽는 머리읽기

글을 읽다 보면 앞의 내용이 어렵고 복잡해서 기억하기 힘들 때가 있습니다. 특히 어떤 대상에 대한 개념이나 정보를 설명하는 글의 경우, 기억해야 할 정보가 더 많습니다. 읽은 내용을 기억하고 글의 흐름을 잃지 않기 위해서는 중간중간 읽은 내용을 되짚으며 머릿속으로 구조화할 필요가 있습니다. 이때 글이 어떤 순서로 어떻게 전개되는지를 생각하면서 최대한 압축해서 표현해야 합니다. 도식화, 구조화 과정을 거치면 글의 내용을 보다 확실하게 이해하고 오래 기억할 수 있습니다.

시는 인간의 마음속에 떠오르는 생각이나 감정을 함축적이고 운율이 있는 언어로 표현한 문학입니다. 시의 종류는 형식에 따라 일정한 운율적 형식에 맞추어 쓴 '정형시', 형식에 얽매이지 않고 자유롭게 쓴 '자유시', 행과 연의 구분이 없이 산문처럼 쓴 '산문시'로 나눌 수 있습니다. 그리고 내용에 따라서는 주관적인 생각이나 느낌을 쓴 '서정시', 역사적 이야기나 영웅에 관해 쓴 '서사시', 희곡의 대화 형식으로 쓴 '극시'로 나뉩니다.

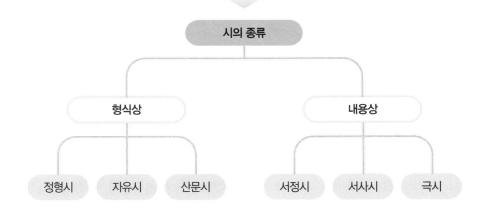

4

실전! 머리읽기로
독해력 훈련하기

수준 높은 독해력은 나이가 든다고 저절로 생기는 능력이 아니라 체계적이고 꾸준하게 훈련을 해야 길러집니다. 독해력이 뛰어난 아이들은 점점 더 수준 높은 책을 보게 되는 반면, 독해력이 부족한 아이들은 항상 제자리이거나 점점 책과 멀어지기 쉽습니다. 그러므로 어릴 때부터 지속적인 훈련을 통해 독해력을 길러야 합니다.

독해력은 글을 읽고 이해하는 능력으로, 좀 더 포괄적인 의미의 독해력은 글의 핵심을 파악하고 본질을 꿰뚫는 능력까지 포함합니다. 독해력이 뛰어난 사람은 글을 이해하는 수준을 넘어 사물의 이치를 깨닫고 현상의 본질까지 꿰뚫어 볼 수 있다는 뜻입니다. 독해력 훈련을 통해 이러한 높은 수준의 독해력을 기르는 방법을 알아보겠습니다.

어떤 책으로 독해력을 기를 수 있을까

독해력은 단순히 책을 많이 읽느냐가 아니라 '어떤' 책을 '어떻게' 읽느냐에 따라 결정됩니다. 별 어려움 없이 술술 읽히는 글만 읽기보다는, 다소 힘이 들더라도 어려운 글을 읽어 내려 노력할 때 독해력이 길러집니다. 아이들이 좋아하는 만화책이나 읽기 쉬운 흥미 위주의 책들은 독해력 향상에 그다지 도움이 되지 않습니다. 동화책이나 소설과 같이 이야기 위주의 책 역시 앞으로 전개될 내용을 예측할 수 있어 독해력 훈련에 적합하지 않습니다. 그렇다면 어떤 책을 읽어야 독해력이 향상될까요?

그것은 바로 어떤 분야에 관한 정보나 지식을 얻을 수 있는 인문, 사회, 과학 등의 비문학 서적입니다. 비문학 서적에서 얻은 새로운 정보를 자신이 가지고 있는 지식과 경험으로 재해석하여 새로운 지식으로 확장하는 훈련을 통해 독해력이 향상됩니다.

그러므로 초등 저학년 때부터 다양한 비문학 서적을 읽고 글의 핵심을 파악하며 재해석하는 독해력 훈련을 해야 합니다.

공부력을 키우는 독해력 훈련

최근 수능에서는 어려워진 국어 영역이 승패를 가르는 핵심으로 떠오르고 있습니다. 특히 수험생들이 가장 많이 틀린 문제가 '독서' 영역에 몰려 있습니다. '문법'이나 '문학' 영역에서는 국어 지식을 묻지만, 읽기 역량을 평가하는 '독서' 영역의 경우 비문학 지문을 읽고 관련 문제를 통해 해당 지문을 제대로 이해했는지 확인합니다. 따라서 수능 국어 영역에서 좋은 성적을 거두려면 독해력을 길러야 합니다.

수능 국어 영역은 지식을 확인하는 것이 아니라 주어진 시간에 해당 지문을 얼마나 잘 이해했는지 확인하는 시험입니다. 관련 분야에 배경지식이 없더라도 지문을 정확하게 분석한다면 높은 점수를 받을 수 있습니다. 그러므로 빠르고 정확하게 지문을 분석하는 독해력을 키우는 것이 중요합니다.

80분 안에 주어진 지문들을 읽고 45문제를 풀어야 하는 만큼, 하나의 지문을 두 번 이상 볼 시간적 여유가 없습니다. 따라서 처음 읽을 때 최대한 집중력을 발휘하여 정확하게 이해해야 합니다. 이렇게 짧은 시간에 정확하게 글을 읽어 내는 독해력은 체계적인 훈련을 통해서만 길러집니다.

아이의 독해력은 부모에게 달려 있다

한글만 배우면 책을 척척 잘 읽고 독해력도 길러질 것이라고 기대하지만, 글을 제대로 읽는 방법은 따로 배워야 합니다. 아이가 올바른 독서 습관을 형성하고 '평생 독자'로 성장하는 것은 부모에게 달려 있습니다. 누군가 대신해 주거나 아이 스스로 알아서 하길 바라는 것은 지나친 욕심입니다.

책을 읽는다는 것은 어렵고 힘든 과정입니다. 부모가 옆에서 든든한 조력자 역할을 해야만 아이는 이 과정을 이겨 낼 수 있습니다. 부모 입장에서는 귀찮고 번거롭더라도 아이가 장차 세상을 살아가는 데 큰 도움이 될 것으로 생각하며 이겨 내야 합니다.

📖 비문학 지문으로 독해력 훈련하기

한 페이지를 제대로 읽을 수 있어야 책 전체도 쉽게 읽을 수 있습니다. 그러므로 다양한 분야의 글을 소개하는 신문 사설이나 독해집 등으로 짧은 글을 독해하는 훈련을 해야 합니다. 단, 독해집을 문제 푸는 목적으로만 사용해서는 안 됩니다. 독해집의 다양한 글을 읽고 중심 문장을 찾아 요약하는 과정을 통해 독해 능력이 길러지기 때문입니다. 지금부터 비문학 지문을 읽고 분석하는 독해력 훈련을 시작하겠습니다.

흙 속의 미생물, 방선균

흙 속의 미생물에서 감기약 성분을 얻는다면 믿을 수 있을까? 놀랍게도 과학자들은 흙 속의 미생물인 방선균에서 그 성분을 얻고 있다. 방선균은 실처럼 생긴 가지가 서로 연결된 형태를 띤 세균의 한 종류이다. 방선균은 흙, 식물, 동물의 몸, 하천, 바닷물 등에 사는데 그중에서도 흙 속에 가장 많이 산다.

방선균은 우리 생활에 많은 도움을 준다. 먼저 방선균은 식물이 사는 데 꼭 필요한 질소를 공급해 준다. 그래서 농사에 도움이 된다. 또한 방선균은 유기물을 분해하기 때문에 퇴비를 만드는 데 쓰인다. 화장실, 정화조 등의 악취를 없애고 가정의 하수 등을 정화하는 데에도 이용된다. 무엇보다 방선균의 가장 큰 특징은 곰팡이나 병원균을 파괴하는 항생 물질을 만들어 내는 것이다.

방선균이 만들어 내는 항생 물질은 의약품을 만드는 데 널리 이용된다. 우리가 사용하는 의약품 중 약 70%가 방선균이 만들어 낸 항생 물질을 원료로 한다. 감기약이나 안약, 피부 질환에 바르는 연고에서부터 암이나 결핵을 치료하는 약에 이르기까지 방선균의 쓰임은 다양하다.

과학자들은 계속해서 방선균 연구에 힘쓰고 있다. 최근에는 흙 속에 있는 방선균뿐 아니라 바다에 있는 방선균에 대한 연구가 새롭게 진행되고 있다. 새로운 방선균의 발견과 그것의 활용 방안에 대한 연구는 방선균의 활용 가치를 높이는 데 기여할 것이다.

비문학 지문의 독해 과정

글을 독해하려면 다음과 같은 순서와 방법으로 읽습니다.

제목에서 내용 예측하기	제목 읽으면서 내용 예측하기
핵심어와 중심 문장 찾기	문단마다 중요한 단어와 문장 찾기
중심 문단 찾기	문단 중에서 주제가 있는 문단 찾기
주제 파악하기	글쓴이가 말하려는 주제 찾기
구조화, 요약하기	글 전체를 도식화, 구조화, 요약하기

제목에서 내용 관련 단서 찾기

제목은 글에 대해 가장 많은 단서를 담고 있습니다. 제목을 읽으면서 무엇에 대한 글인지, 어떤 내용으로 전개될지도 예측해 봅니다. 이렇게 미리 내용을 예측하고 읽으면 글을 훨씬 빠르게 이해할 수 있습니다.

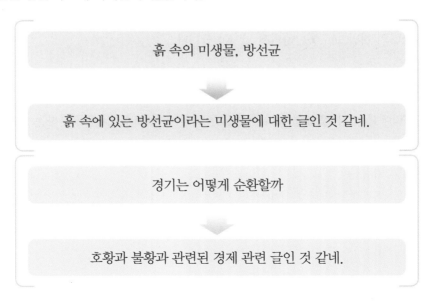

흙 속의 미생물, 방선균

흙 속에 있는 방선균이라는 미생물에 대한 글인 것 같네.

경기는 어떻게 순환할까

호황과 불황과 관련된 경제 관련 글인 것 같네.

📖 한 문장부터 정확하게 독해하기

단어가 모여 문장이 되고, 문장이 모여 문단이 되고 문단이 모여서 글이 완성됩니다. 전체 글을 제대로 이해하려면 우선 한 문장부터 제대로 독해할 수 있어야 합니다.

모든 문장은 문단 속에서 각자 맡은 역할이 있습니다. 다음 문단의 첫 번째 문장은 독자의 흥미를 유발하기 위해서 신선한 질문을 던지는 것으로 시작하고 있습니다.

> 흙 속의 미생물에서 감기약 성분을 얻는다면 믿을 수 있을까? 놀랍게도 과학자들은 흙 속의 미생물인 방선균에서 그 성분을 얻고 있다. **방선균은 실처럼 생긴 가지가 서로 연결된 형태를 띤 세균의 한 종류이다.** 방선균은 흙, 식물, 동물의 몸, 하천, 바닷물 등에 사는데 그중에서도 흙 속에 가장 많이 산다.

독자는 첫 문장을 읽으면서 '흙 속에서 어떻게 감기약 성분을 얻는다는 걸까?'라는 궁금증을 떠올리고, 그 답을 찾기 위해 생각을 하면서 글을 읽게 됩니다. 다음 문장에서는 흙 속에 사는 미생물인 방선균에서 감기약 성분을 얻는다는 설명이 나옵니다. 그다음으로 방선균이 어떤 형태를 띠며 어떤 세균인지, 어디에서 많이 살고 있는지 등을 설명합니다.

이 문단은 방선균의 정의와 특징을 이야기하고 있습니다. 문단에 있는 각각의 문장들을 하나의 개념으로 통합하면서 읽어야 합니다.

문단에서 가장 중요한 핵심어 찾기

독해력에서 가장 중요한 능력은 중요한 것과 덜 중요한 것을 구분하는 능력입니다. 이러한 능력을 키우려면 글을 읽으면서 핵심어, 중심 문장, 글의 주제 등을 찾는 연습을 해야 합니다.

글을 완벽하게 이해하기 위해서는 문단부터 완벽하게 이해할 필요가 있습니다. 잘 쓴 글은 한 문단이 하나의 중심 문장과 이를 설명해 주는 여러 개의 뒷받침 문장으로 구성되어 있습니다.

글을 읽으면서 각각의 문단마다 가장 중요하다고 생각하는 핵심어들을 찾아 동그라미를 칩니다. 문단에서 말하려는 중심 내용을 '무엇(누가)'이 '어떠하다(어찌하다)'로 정리했을 때 '무엇(누가)'에 해당하는 단어가 핵심어입니다. 핵심어는 반복하여 등장하는 단어 중에 있을 가능성이 큽니다.

다음 문단을 읽고 핵심어들을 찾아보세요.

시골 어디에서나 쉽게 볼 수 있었던 **반딧불이**가 점점 사라지고 있다. 가뜩이나 공기가 탁해지고 물이 오염되어 반딧불이의 서식지가 줄어들고 있는데, 이제는 밤을 밝히는 환한 **인공 불빛** 때문에 암수가 서로의 위치를 찾기 어려운 지경에 이른 것이다. 인공 불빛이 짝짓기를 방해하는 바람에 여름날 풀숲에서 신비로운 불빛을 내며 날아다니는 반딧불이를 만나기가 힘들어지고 있는 것이다.

예제에서 가장 많이 나오는 핵심어는 '반딧불이'와 '인공 불빛'입니다. 이 두 핵심어를 서로 연결하면 이 문단의 중심 내용이 됩니다.

| 인 | 공 | | 불 | 빛 |이| 반 | 딧 | 불 | 이 |에 끼치는 영향

문단에 뚜렷한 핵심어가 없다면 나열된 어휘들의 상위 개념어로 핵심어를 만듭니다. 예를 들어 다음 내용에 나열된 '피자, 햄버거, 치킨'을 포괄할 수 있는 상위 개념어인 '패스트푸드'를 핵심어로 만들어 중심 내용을 표현할 수 있습니다.

포화지방과 나트륨을 많이 함유한 **피자, 햄버거, 치킨**을 지나치게 많이 섭취하면 비만, 고혈압, 당뇨병, 비만 등의 성인병을 일으킬 수 있다.

| 패 | 스 | 트 | 푸 | 드 |는 성인병을 일으킬 수 있다.

문단에서 중심 문장 찾기

글을 제대로 이해하고 주제를 찾아내려면, 글을 구성하는 모든 문단의 중심 문장과 글 전체의 중심 문단을 파악해야 합니다.

이번에는 한 문단씩 머리읽기로 읽으며 중심 문장을 찾아보겠습니다. 문단은 중심 문장과 뒷받침 문장으로 구성되어 있습니다. 중심 문장이란 문단의 내용을 대표하는 문장이고, 중심 문장의 내용을 자세하게 설명해 주는 것이 뒷받침 문장입니다. 하나의 문단은 하나의 내용을 담고 있으므로, 한 개의 중심 문장과 이를 자세하게 설명해 주기 위한 여러 개의 뒷받침 문장으로 이루어집니다. 중심 내용과 뒷받침 내용을 구분할 수 있어야 전체 글을 요약할 수 있고, 주제도 파악할 수 있습니다.

다음 문단을 읽고 가장 중요한 핵심어와 중심 문장을 찾아보세요.

흙 속의 미생물에서 감기약 성분을 얻는다면 믿을 수 있을까? 놀랍게도 과학자들은 흙 속의 미생물인 방선균에서 그 성분을 얻고 있다. **방선균은 실처럼 생긴 가지가 서로 연결된 형태를 띤 세균의 한 종류이다.** 방선균은 흙, 식물, 동물의 몸, 하천, 바닷물 등에 사는데 그중에서도 흙 속에 가장 많이 산다.

이 문단에서 가장 중요하며 많이 나오는 단어가 '방선균'이므로, 이것이 핵심어입니다. 그러므로 방선균이 들어간 문장 중에서 가장 중요한 문장이 중심 문장이 됩니다.

이 문단의 중심 문장은 '방선균은 실처럼 생긴 가지가 서로 연결된 형태를 띤 세균의 한 종류이다.'입니다. 그리고 나머지는 중심 문장을 자세하게 설명하는 뒷받침 문장들입니다.

방선균은 우리 생활에 많은 도움을 준다. 먼저 방선균은 식물이 사는 데 꼭 필요한 질소를 공급해 준다. 그래서 농사에 도움이 된다. 또한 방선균은 유기물을 분해하기 때문에 퇴비를 만드는 데 쓰인다. 화장실, 정화조 등의 악취를 없애고 가정의 하수 등을 정화하는 데에도 이용된다. 무엇보다 방선균의 가장 큰 특징은 곰팡이나 병원균을 파괴하는 항생 물질을 만들어 내는 것이다.

이 문단의 중심 문장은 '방선균은 우리 생활에 많은 도움을 준다.'이고, 나머지 부분이 뒷받침 내용입니다. 이 문단에서 전하고자 하는 것은 방선균이 우리 생활에 엄청난 도움을 준다는 사실이고, 어떤 분야에 어떤 도움을 주는지를 구체적으로 설명한 부분이 뒷받침 내용이 됩니다.

방선균이 만들어 내는 항생 물질은 의약품을 만드는 데 널리 이용된다. 우리가 사용하는 의약품 중 약 70%가 방선균이 만들어 낸 항생 물질을 원료로 한다. 감기약이나 안약, 피부 질환에 바르는 연고에서부터 암이나 결핵을 치료하는 약에 이르기까지 방선균의 쓰임은 다양하다.

이 문단의 중심 문장은 '방선균이 만들어 내는 항생 물질은 의약품을 만드는 데 널리 이용된다.'이고, 나머지 부분이 뒷받침 내용입니다.

이 문단이 전달하고자 하는 핵심 내용은 방선균이 의약품을 만드는 데 이용된다는 사실입니다. 그러므로 첫 번째 문장이 중심 문장이 됩니다. 그리고 방선균이 어떤 약을 만드는 데 쓰이는지에 대하여 구체적으로 설명하고 있는 나머지 부분은 뒷받침 내용이 됩니다.

핵심 내용으로 중심 문장 만들기

글에서 명확한 중심 문장을 찾을 수 없다면 핵심 어구를 이용하여 중심 문장을 직접 만듭니다. 구체적이고 세세하게 설명한 부분은 뒷받침 문장으로 만들고, 나머지 내용을 포괄적으로 대표하는 부분을 중심 문장으로 만들면 됩니다.

다음 문단을 읽고 중심 문장을 만들어 보겠습니다.

식품 영양학적으로 볼 때 **김치**는 젖산 발효를 통해 맛을 내는 **발효 식품**인 동시에, 주재료인 배추에 마늘, 생강, 고춧가루 등 다양한 부재료를 섞은 **혼합 음식**이라는 특징을 지닌다. 그렇기 때문에 김치는 발효 음식 고유의 독특한 맛을 지니면서 식이 섬유, 비타민, 무기질 등을 풍부하게 함유한 **우수 식품**이 될 수 있었다.

이 문단에서는 핵심어가 '김치'라는 것은 쉽게 알 수 있지만, 대표적인 중심 문장을 찾기는 어렵습니다. 이렇게 명확한 중심 문장이 없을 때는 핵심 내용을 요약하여 중심 문장을 만들어야 합니다. 문단에서 핵심 어구들을 뽑은 다음 그것들을 서로 연결하여 중심 문장을 만듭니다.

📖 글 읽고 중요 내용 요약하기

요약하기는 말 그대로 글에서 중요한 내용을 정리하는 것입니다. 글의 모든 문단에서 중심 내용을 찾아 매끄럽게 연결하여 요약하면 됩니다. 글을 구성하는 각 문단의 개념들을 연결하며 글의 주제를 파악하고 중요한 내용 위주로 정리하면 됩니다.

글을 읽을 때는 글의 흐름이 어떤 순서로 어떻게 전개되는지를 생각하면서 읽어야 합니다. 머리읽기에 어느 정도 능숙해지면, 글을 읽는 동시에 글의 내용이 자동으로 구조화됩니다. 하지만 그전까지는 공책이나 빈 여백에 글의 구조나 흐름을 적으면서 읽는 것이 좋습니다.

직접 글을 요약해 보겠습니다. 다음 글은 총 네 개의 문단으로 구성된 설명문으로, 1문단에서는 '방선균의 모양과 특징', 2문단에서는 '방선균의 다양한 쓰임', 3문단에서는 '방선균으로 만든 의약품', 4문단에서는 '방선균 연구의 미래'에 대해 설명합니다.

흙 속의 미생물, 방선균

흙 속의 미생물에서 감기약 성분을 얻는다면 믿을 수 있을까? 놀랍게도 과학자들은 흙 속의 미생물인 방선균에서 그 성분을 얻고 있다. 방선균은 실처럼 생긴 가지가 서로 연결된 형태를 띤 세균의 한 종류이다. 방선균은 흙, 식물, 동물의 몸, 하천, 바닷물 등에 사는데 그중에서도 흙 속에 가장 많이 산다.

방선균은 우리 생활에 많은 도움을 준다. 먼저 방선균은 식물이 사는 데 꼭 필요한 질소를 공급해 준다. 그래서 농사에 도움이 된다. 또한 방선균은 유기물을 분해하기 때문에 퇴비를 만드는 데 쓰인다. 화장실, 정화조 등의 악취를 없애고 가정의 하수 등을 정화하는 데에도 이용된다. 무엇보다 방선균의 가장 큰 특징은 곰팡이나 병원균을 파괴하는 항생 물질을 만들어 내는 것이다.

방선균이 만들어 내는 항생 물질은 의약품을 만드는 데 널리 이용된다. 우리가 사용하는 의약품 중 약 70%가 방선균이 만들어 낸 항생 물질을 원료로 한다. 감기약이나 안약, 피부 질환에 바르는 연고에서부터 암이나 결핵을 치료하는 약에 이르기까지 방선균의 쓰임은 다양하다.

과학자들은 계속해서 방선균 연구에 힘쓰고 있다. 최근에는 흙 속에 있는 방선균뿐 아니라 바다에 있는 방선균에 대한 연구가 새롭게 진행되고 있다. 새로운 방선균의 발견과 그것의 활용 방안에 대한 연구는 방선균의 활용 가치를 높이는 데 기여할 것이다.

1문단	방선균의 모양과 특징
2문단	방선균의 다양한 쓰임
3문단	방선균으로 만든 의약품
4문단	방선균 연구의 미래

각각의 문단에서 중심 내용을 찾아 서로 연결하면 요약이 완성됩니다.

1문단	방선균은 실처럼 생긴 가지가 서로 연결된 형태를 띤 세균의 한 종류이다.
2문단	방선균은 우리 생활에 많은 도움을 준다.
3문단	방선균이 만든 항생 물질은 의약품을 만드는 데 이용된다.
4문단	꾸준한 연구는 방선균의 활용 가치를 높이는 데 기여할 것이다.

방선균은 실처럼 생긴 가지가 서로 연결된 형태를 띤 세균의 한 종류이다. 방선균은 우리 생활에 많은 도움을 주는데, 방선균이 만들어 내는 항생 물질은 의약품을 만드는 데도 이용된다. 꾸준한 연구는 방선균의 활용 가치를 높이는 데 기여할 것이다.

처음 요약 훈련을 할 때는 4~6문단 정도의 짧은 글로 연습하는 것이 좋습니다. 아이가 요약한 내용에 글의 주제, 목적, 저자의 의도 등 중요한 내용 중에 빠진 부분은 없는지 확인합니다.

📖 아이에게 맞는 독해 훈련 교재 고르기

독해력 수준을 높이는 데 가장 좋은 방법은 독서입니다. 하지만 글을 제대로 읽는 법을 모르는 상태에서는 아무리 많은 책을 읽어도 큰 효과를 볼 수 없습니다.

독서와 함께 수준에 맞는 독해력 훈련을 병행하기를 권합니다. 최근 들어 독해력의 중요성이 부각되면서 관련 교재들이 쏟아지고 있습니다. 시중에서 판매되는 독해집은 누구나 쉽게 독해 훈련을 할 수 있도록 잘 구성되어 있으므로, 경험이 없는 사람도 해설지를 보며 쉽게 지도할 수 있습니다. 각 문단의 중심 문장과 주제, 글의 구조와 특성에 대해 친절하게 설명하고 있는 독해집을 고르면 됩니다. 다양한 지문을 훈련하기 위해 사회, 과학, 문화 등 다양한 내용으로 구성된 것을 선택하는 것이 좋습니다.

다른 문제집이나 참고서를 고를 때도 해설지를 보고 고르기를 추천합니다. 단순히 답만 알려 주는 것보다 지문을 상세하게 분석하고 오답에 대한 설명까지 충분히 싣고 있는 교재를 고릅니다.

독해력 훈련은 완전히 습관으로 자리 잡도록 매일 시간을 정해 두고 훈련하기를 권합니다. 매일 독해력 훈련을 하면 다양한 지문을 접하게 되어 풍부한 배경지식도 쌓을 수 있습니다.

다음은 최근 인기 있는 독해집을 조사한 것입니다. 새로운 교재가 계속 출간되고 있으니, 인터넷 서점에서 검색하여 새로 나온 교재나 인기 교재에 대한 정보를 얻도록 합니다. 이때 명심해야 할 것은 독해집은 어디까지나 글을 제대로 읽는 법을 배우는 보조 수단일 뿐, 읽기 능력을 키우기 위한 근본적인 해결책은 '독서'라는 사실입니다.

초등 독해 훈련 추천 교재

- 『초등 고학년 디딤돌 독해력』 Level 1~4 단계 (디딤돌교육)
- 『디딤돌 독해력』 1~6 단계 (디딤돌교육)
- 『독해력 비타민』 1~6단계 (시서례)
- 『우공비 일일독해』 1~6 단계 (좋은책신사고)
- 『하루 한 장 독해 초등 국어』 1~6단계 (미래엔)
- 『뿌리 깊은 초등 국어 독해력』 1~6 단계 (마더텅)
- 『지금 국어 독해를 해야 할 때 – 비문학 종합』 (동아출판)
- 『지금 국어 독해를 해야 할 때 – 문학 종합』 (동아출판)

책에 표시된 학년이나 나이에 상관없이 아이의 수준에 맞는 단계를 골라서 훈련합니다. 쉬운 내용보다는 다소 어려운 내용으로 독해력 훈련을 하는 것이 훨씬 효과적입니다. 일단 자기 학년에 해당하는 독해집을 풀어 본 다음 아이가 너무 어렵다고 하면 한 단계 낮은 교재를 선택하고, 쉽다고 하면 다음 단계 교재를 선택합니다.

중등 독해 훈련 추천 교재

- 『숨마 주니어 중학 국어 비문학 독해 연습』 1~3 (이룸E&B)
- 『빠작 중학 국어 문학 독해』 1~3 (동아출판)
- 『빠작 중학 국어 비문학 독해』 1~3 (동아출판)
- 『자이스토리 중학 국어 독해력 완성』 1~3 (수경출판사)
- 『메가스터디 중학 국어 비문학 독해 연습』 1~3 (메가스터디)
- 『예비 고등 매일 지문 3개씩 푸는 비문학』 (키출판사)
- 『예비 고등 매일 지문 3개씩 푸는 문학』 (키출판사)

중학생의 경우 학년이 높다고 독해력이 뛰어난 것은 아니므로 실력에 맞는 교재를 선택합니다. 혹시 1단계도 버거우면 초등 고학년 독해 교재부터 차근차근 시작합니다. 기본적인 독해 원리를 깨우치면 독해 실력은 금방 좋아지니 조급하게 생각할 필요가 없습니다. 다만 실력이 부족한 학생은 매일 훈련하기를 권합니다.

📖 글의 내용 되새기며 구조화하기

긴 글을 읽을 때는 시간이 흐를수록 앞의 내용이 잘 기억나지 않아서 방향을 잃고 헤매게 됩니다. 특히 어려운 개념이나 정보를 설명하는 글일 경우, 부분에 집중하다 보면 큰 흐름을 놓치기 마련입니다. 그러므로 중간중간 앞의 내용을 되짚으며 간략한 형태로 구조화해야 오래 기억할 수 있습니다.

글을 정확하게 독해하기 위해서는 기본 뼈대인 글의 구조를 읽어 낼 수 있어야 합니다. 글의 구조를 알려면 먼저 글이 말하려는 주제가 무엇인지 파악해야 합니다. 그리고 주제를 효과적으로 전달하기 위해 나열 구조인지 비교 대조, 원인과 결과 문제와 해결 등 어떤 구조로 전개되는지 파악하며 읽습니다.

읽은 내용을 글로 요약해도 좋지만, 간단한 표나 그림으로 표현해도 됩니다. 글의 핵심 내용을 순서에 맞게 간단한 조직도, 도표, 마인드맵 형태로 표현하면, 조직적인 사고를 키우는 데 큰 도움이 됩니다. 이렇게 읽은 내용을 되짚으며 구조화하는 과정을 통해 자연스럽게 복습 효과도 얻을 수 있습니다.

실제로 글의 내용을 어떻게 구조화하는지 알아보겠습니다. 글의 첫 문단을 머리읽기로 꼼꼼히 분석하며 읽은 다음, 내용을 되짚으며 구조화합니다. 다음 문단을 같은 방법으로 머리읽기한 후, 다시 앞 문단과 통합하면서 구조화합니다. 이런 식으로 모든 문단을 하나의 주제로 묶으면서 통합하며 읽습니다. 그런 다음 글의 구조가 한눈에 드러나도록 구조화시킵니다.

제목	실업은 왜 발생하는 걸까
1문단	개인과 사회에 손해를 끼치는 실업은 왜 발생할까
2문단	기업은 사람을, 사람은 일자리를 찾는 데 걸리는 시간으로 인해 생기는 마찰적 실업
3문단	필요한 노동자의 종류와 시장에 나온 노동자의 종류가 맞지 않아 생기는 기술적 실업
4문단	대공황, 금융 위기와 같이 수요 부족으로 발생하는 순환적 실업

구조화

실업의 종류
- 마찰적 실업: 구직과 구인 시기가 달라서 생김.
- 기술적 실업: 필요한 기술을 가진 사람을 못 구함.
- 순환적 실업: 경기 침체로 일자리가 없음.

글의 내용을 구조화시키려면 주요 내용이 어떤 순서로 어떻게 전개되는지를 파악하며 읽어야 합니다. 꾸준한 연습을 통해 머리읽기가 어느 정도 능숙해지면 글을 읽으면 자동으로 구조화되므로 그전까지는 공책이나 빈 여백에 글의 구조나 흐름을 메모하며 읽습니다.

📖 글의 구조를 알면 글도 잘 쓴다

글의 구조를 파악하는 훈련을 하면 글에 대한 독해력과 이해력이 높아질 뿐만 아니라 글을 쓸 때도 체계적인 구조로 쓰게 됩니다. 어떤 주제로 글쓰기를 할 때 다음과 같이 먼저 글의 개요를 잡고 글을 쓰면 보다 체계적으로 쓸 수 있습니다.

예컨대 나노 기술에 대한 글을 쓴다고 가정하고 다음과 같이 글의 개요를 작성하고 그것을 바탕으로 글을 쓰면 됩니다.

작성한 개요를 바탕으로 글 쓰기

제목	미래를 이끄는 나노 기술
1문단	나노 기술의 개념 설명
2문단	나노 기술의 특징과 종류 설명
3문단	나노 기술이 쓰이고 있는 활용 분야
4문단	나노 기술의 미래 전망

미래를 이끄는 나노 기술

알약을 삼기면 나노 로봇이 몸속으로 들어가 질병을 일으키는 바이러스를 퇴치한다. 만화 속 세상에서나 일어날 만한 놀라운 일이 머지않은 미래에 일어날 일이다. 이것을 가능하게 하는 것이 바로 나노 기술이다. '나노'는 10억분의 1을 의미하는데, 1나노미터는 머리카락 굵기의 10만 분의 1 정도이다. 나노 물질은 너무 작아서 인간의 눈으로는 볼 수 없고 특수 현미경으로만 볼 수 있다.

나노 기술은 두 가지 종류로 구분된다. 하나는 큰 것을 작게 만드는 기술이고, 다른 하나는 물질의 알갱이를 새로 배열하여 다른 물질을 만드는 기술이다. 큰 것을 작게 만드는 기술은 몸속을 다닐 수 있는 초소형 로봇을 만들 수 있게 한다. 그리고 물질을 재배열하는 기술은 철보다 강하면서도 몇 배 더 강한 특수 소재를 개발하는 데 이용된다.

그렇다면 나노 기술이 어디까지 발전할까? 정보 통신 분야에서는 우주에서도 전화할 수 있는 휴대전화가 발명되고 있다. 의학 분야에서는 바이러스를 걸러주는 투명한 마스크, 몸속을 진단하고 치료하는 의료용 로봇 등에 대한 연구가 진행되고 있다.

나노 기술은 앞으로도 우리 생활의 다양한 분야에서 이용될 것이다. 그리고 미래 산업 전반과 과학 기술의 발전에 큰 변화를 이끌 것이다.

5

사고력과 공부력을 결정짓는
어휘력 강화하기

　사람들은 어휘력이라면 많은 단어를 아는 것으로만 생각합니다. 단어는 분리하여 자립적으로 쓸 수 있는 말을 가리키는 데 비해, 어휘는 어떤 일정한 범위 안에서 쓰이는 단어의 집합체로 단어보다 범위가 더 넓습니다. 쉽게 말해 어휘란 우리가 쓰는 말과 글을 구성하는 기본 요소로, 어휘력이 풍부하면 말과 글을 통해 자기 생각을 자유자재로 표현할 수 있습니다. 예를 들어 '사랑'은 단어이고, 사랑을 표현하는 속담, 관용어, 사자성어 등은 모두 어휘에 포함됩니다. 그러므로 어휘가 풍부하다는 것은 표현력이 풍부하다는 의미입니다.

　독해력을 결정하는 가장 중요한 요소가 바로 어휘력입니다. 독해력 연습을 아무리 열심히 해도 어휘력이 부족하면 독해 실력을 올리기 어렵습니다. 모르는 단어가 너무 많으면 단어들의 뜻을 찾다가 정작 내용을 이해하는 데 집중하지 못하기 때문입니다. 책을 읽을 때 일단 모르는 단어가 나오면 그 뜻을 맥락 속에서 추측하며 읽고 나중에 단어를 찾아 정확하게 추측했는지 확인합니다. 새로 알게 된 단어를 찾고 스스로 예문을 만들어 보면 단어의 뜻도 더 명확해지고 기억도 오래갑니다. 그리고 비슷한 말이나 반대말을 함께 공부하는 것도 어휘력을 길러 줍니다.

　단어의 뜻은 하나로 고정된 것이 아니라 상황에 따라 다르게 해석되므로 문맥 속에서 그 뜻을 확인해야 합니다. '디딤돌', '마중물'의 경우처럼 원래 단어가 지닌 의미 그대로가 아닌 비유적인 표현으로 더 많이 사용됩니다.

디딤돌 명사 [사전적 의미]

마루 아래 같은 데에 놓아서 디디고 오르내릴 수 있게 한 돌.

비유적 표현의 [디딤돌]

어떤 문제를 해결하거나 한 단계 나아가는 계기가 되는 것을 비유할 때 사용함.

예 이번 협정은 남북의 관계 개선에 디딤돌을 마련하였다.

마중물 명사 [사전적 의미]

펌프에서 물이 나오지 않을 때 물을 끌어 올리기 위해 위에서 붓는 물.

비유적 표현의 [마중물]

어떤 결과나 문제 해결에 결정적인 역할을 하는 것을 비유하는 말.

예 정부 지원금이 경제 활성화의 마중물 역할을 할 것이다.

📖 평생의 언어 능력을 결정하는 초등 어휘력

어휘력은 대개 만 12세 이전에 어느 정도 결정되므로 초등학교 시기가 가장 중요합니다. 초등학교 때 제대로 된 어휘 실력을 갖추지 못한다면 성인이 되어서도 어휘력 결핍에 시달리게 됩니다. 어휘력이 부족하면 책을 읽어도 이해하지 못하기 때문에 점점 책을 멀리하게 되고, 그 결과 어휘력이 점점 더 떨어지는 악순환이 반복됩니다.

어휘력 결핍은 단지 읽기나 쓰기 능력뿐만 아니라 사고력에도 영향을 미칩니다. 어휘력이 부족하다는 것은 자기 생각이나 감정을 정확하게 표현하지 못한다는 의미입니다.

요즘 아이들은 어떤 상황에서든 '헐, 대박, 짱' 등과 같이 자신의 감정을 짤막하고 단순하게 표현합니다. 이렇게 단편적인 표현만 사용하면 성인이 되어도 수준 높은 어휘를 구사할 수 없습니다. 독서와 일상생활에서 어휘 수준을 점진적으로 높이기 위해 꾸준히 노력해야 합니다.

사고력 수준을 결정하는 어휘력

머릿속에 있는 지식과 생각을 우리는 언어라는 도구를 이용하여 표현합니다. 언어라는 도구가 정교하게 발달할수록 우리의 표현력도 높아지게 됩니다. 하지만 언어 표현의 가장 기본인 어휘력이 떨어지면 생각을 표현하는 데 한계가 있고, 결국 사고력도 발달할 수 없게 됩니다.

일반적으로 모국어를 쓰는 사람이 성인이 되었을 때 쓸 수 있는 어휘는 1만 개에서 10만 개 사이로 개인마다 차이가 있다고 합니다. 1만 개의 어휘를 사용하는 사람과 10만 개 이상을 사용하는 사람의 사고력과 표현력은 그야말로 하늘과 땅 정도로 큰 차이를 보입니다. 독서를 통해 어휘력을 기르는 것은 국어 영역에만 국한되어 있지 않고 사고의 수준까지 넓혀 줍니다.

학습 능력을 좌우하는 어휘력

어휘력은 독해력의 기초가 될 뿐만 아니라 공부력의 기반이 됩니다. 어휘력이 떨어지면 새로운 정보와 지식을 이해하지 못하므로, 모든 과목에서 좋은 성적을 거두기 어렵습니다.

다양한 영역에서 풍부한 어휘를 습득하는 것도 중요하지만, 수준 높은 어휘로 확장하여 익히는 것도 중요합니다. 다시 말해 단어의 사전적 의미를 이해하는 것을 넘어, 단어와 단어 사이의 관계를 파악하고 맥락과 상황에 맞게 속뜻을 파악하는 능력이 중요합니다.

'물가, 금리, 자본'과 같은 경제 용어, '참정권, 입법부, 군주제'와 같은 정치 용어, '탄력성, 자기력, 관다발'과 같은 과학 용어 등 과목별 핵심 어휘를 알아야 관련된 개념과 원리를 공부할 수 있습니다. 이처럼 어휘력은 학습 능력에도 큰 영향을 미칩니다.

경제 용어	정치 용어	과학 용어
물가　금리 자본　환율 통화　외환	참정권　입법부 군주제　공화제 대의 정치　삼권 분립	탄성력　자기력 관다발　광합성 원자　분자

어휘력의 차이가 표현의 차이를 만든다

　　어떤 단어를 사용하느냐에 따라 글의 분위기나 감정은 완전히 달라집니다. 비슷한 어휘 영역인 '냄새', '향기', '악취'를 예로 들어보겠습니다. 일반적으로 코로 맡는 것은 '냄새'로 표현하고, 그중에서 좋은 냄새는 '향기'로, 나쁜 냄새는 '악취'로 구분하여 사용합니다. 이처럼 비슷한 어휘라도 상황을 고려하여 적절하게 사용해야 합니다.

냄새

향기

악취

　　다음은 박완서의 단편 소설 「자전거 도둑」의 한 부분입니다. 이 대목에서는 흙먼지가 몰려와서 주인공의 몸을 덮치는 느낌을 마치 영화의 한 장면처럼 선명하게 묘사하고 있습니다.

　　저만큼서 흙먼지가 땅을 한 꺼풀 벗겨 홑이불처럼 둘둘 말아 오는 것같이 엄청난 기세로 몰려온다. 드디어 흙먼지 홑이불이 집어삼킬 듯이 수남이의 조그만 몸뚱이를 덮친다.

　　이번에는 평범한 어휘만을 이용하여 이 장면을 표현해 보겠습니다.

> 저 멀리서 흙먼지가 바람을 따라 엄청나게 몰려온다. 드디어 흙먼지가 수남이의 몸을 덮친다.

이 예문에서 독자는 '바람에 흙먼지가 날려 수남을 덮쳤구나.'라는 사실만을 알 수 있을 뿐, 어떤 특별한 감정을 느낄 수 없습니다.

이와 같이 동일한 내용이라도 어떤 어휘를 사용하느냐에 따라 실감 나게 표현할 수 있고, 사람의 마음을 움직이는 진한 감동을 줄 수 있습니다.

문맥에 맞게 어휘 사용하기

비슷한 말이라도 상황과 문맥에 적절한 어휘를 사용해야 합니다. 예를 들어 혼동, 오판, 착각 등은 무엇인가 실제와 다르게 생각한 경우에 사용하는 어휘입니다. 모두 비슷한 뜻을 가진 단어들이지만, 조금 더 잘 맞아떨어지는 상황에 따라 구분해서 쓰는 편이 좋습니다.

혼동	구별하지 못하고 뒤섞어서 생각함. 예 잠에서 막 깨어난 그는 현실과 꿈 사이에서 **혼동**을 일으켰다.
오판	잘못 보거나 잘못 판단함. 예 법원의 **오판**으로 진범이 석방되었다.
착각	어떤 사물이나 사실을 실제와 다르게 생각함. 예 마네킹은 사람으로 **착각**될 만큼 정교하게 만들어졌다.

원활한 의사소통이 가능하다

어휘력은 학습에만 도움을 주는 것이 아니라 친구, 선생님 등과의 인간관계 형성에도 영향을 줍니다. 어휘력이 뛰어난 아이는 자신의 생각과 감정을 정확하게 표현할 수 있어 다른 사람들과 원활하게 의사소통할 수 있습니다. 저학년 때에는 직접적인 표현이 많은 데 비해, 고학년으로 갈수록 상황에 따라 다르게 해석되는 어휘들과 숨어 있는 뜻까지 이해할 수 있어야 합니다.

성인이 되어도 어휘력은 인간관계에 큰 영향을 미칩니다. 사람들의 일상적인 대화에 낄 수 없을 정도로 기초 지식에 대한 어휘가 부족하다면, 인간관계가 바탕이 되는 사회생활을 제대로 해 나갈 수 없습니다. 어떤 사람의 됨됨이를 판단할 때 가장 큰 비중을 차지하는 평가 기준은 그 사람이 사용하는 어휘의 수준입니다. 아주 기초적인 지식에 관한 어휘도 몰라서 대화가 통하지 않는다면, 그 사람에 대한 신뢰와 호감도가 떨어질 수밖에 없습니다.

📖 어휘력을 높이는 실전 비법

우리는 영어 공부를 위해 매일 수십 개의 단어를 외우는 것은 당연하게 여기면서, 국어 실력 향상을 위해 어휘력을 높이는 노력은 별로 하지 않습니다. 모국어이기 때문에 언젠가 자연스럽게 길러지리라 기대하기 때문입니다.

하지만 평소에 책을 많이 읽는 학생이 아니라면, 의식적으로 훈련하지 않고서 어휘력은 절대 길러지지 않습니다. 다양한 어휘를 몰라서인 경우도 있지만, 개별 단어는 알아도 그것을 어떻게 써야 할지 몰라서 표현하지 못하는 경우가 더 많습니다.

그럼 지금부터 어휘력을 기를 수 있는 구체적인 방법에 대해 알아보겠습니다.

아이의 어휘력을 높이는 부모의 대화법

어휘력 향상의 최적기인 초등 시기를 놓치면 평생 어휘력 결핍을 겪게 되므로 부모가 관심을 가지고 잘 이끌어야 합니다. 어휘력 향상에 가장 좋은 방법이 독서이기는 하지만, 더 큰 영향을 주는 것은 바로 부모와의 대화입니다. 일상생활에서 부모와 어떻게 대화를 하느냐에 따라 아이의 어휘력이 결정됩니다. 아무리 자녀가 어리다 해도 계속해서 낮은 수준의 표현만 사용한다면 결코 아이의 어휘 수준을 높일 수 없습니다.

예를 들어, 아이의 그림을 칭찬할 때 단순히 "잘 그렸네."보다는 "나뭇잎들을 진짜처럼 아주 세밀하게 잘 표현했네."라는 식으로 새로운 어휘를 사용하여 구체적으로 칭찬해 주는 것이 바람직합니다. 부모의 말을 통해 '세밀하다'라는 단어를 반복적으로 접하다 보면, 아이는 '자세하다'와 비슷한 의미의 단어임을 알게 되고 거기에 익숙해집니다. 그리고 아이가 말한 어휘보다 높은 수준의 어휘로 바꾸어 말하거나, 정확한 표현을 알려 주면서 자연스럽게 아이의 어휘력을 끌어 올릴 수 있습니다. 이처럼 부모는 아이와 대화할 때 아이가 다양한 표현을 접할 수 있도록 의식적으로 노력해야 합니다.

또한 최근 일어나는 시사적인 문제나 서로의 관심사에 대하여 이야기를 나누는 시간을 갖는 것이 좋습니다. 이러한 대화를 통해 아이는 어려운 시사용어에도 익숙해지고, 이와 관련된 배경지식도 쌓을 수 있습니다. 부모가 사용하는 고급 어휘를 자주 접하다 보면 자연스럽게 높은 수준의 어휘력을 갖게 됩니다.

다양한 장르의 책을 읽기

책을 아무리 많이 읽어도 같은 장르의 책만 읽는다면 습득하는 어휘의 범위도 제한되기 마련입니다. 동화책이나 만화책만 읽는다면, 이야기 위주의 책과 만화책에서 사용하는 어휘는 그리 다양하지 않으므로 높은 수준의 어휘력을 기를 수 없습니다.

어렵고 전문적인 용어가 많이 나오는 사회 과학 계열의 서적이나 과학책과 같은 비문학 서적을 많이 읽고, 모르는 어휘를 공부할 것을 권합니다. 어휘 수준을 올린다고 무턱대고 어려운 책을 읽게 해서는 안 됩니다. 아이가 흥미를 갖고 부담 없이 읽을 수 있는 책들로 시작하여 차츰 수준을 높여 읽게 합니다.

특정 범주의 어휘를 습득하기 위해서는 같은 주제의 책들을 연달아 읽으면 좋습니다. 예를 들어 '인체'를 주제로 한 책을 여러 권 읽으면, 같은 단어를 다른 상황과 맥락에서 반복적으로 접하면서 새로운 어휘를 확실하게 배울 수 있습니다.

나만의 어휘 노트 만들기

책을 읽을 때 모르는 단어가 나와 사전에서 그 뜻을 찾아보아도 시간이 지나면 금세 잊어버리게 됩니다. 그리고 동일한 단어라도 상황이나 문맥에 따라 그 뜻이 다르게 해석되므로 단어와 단어 사이의 관계를 파악하고, 맥락과 상황에 맞게 속뜻을 파악하는 능력이 중요합니다. 새로운 단어를 완전히 이해하고 수준 높은 어휘로 확장하려면 어휘 노트를 만들어 정리해야 합니다.

어휘 노트에 단어의 뜻, 비슷한 말과 반대말, 예문 등을 정리하는 과정에서 그 단어를 자연스럽게 익히게 됩니다.

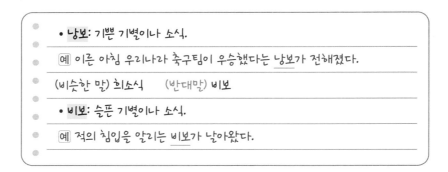

- **낭보**: 기쁜 기별이나 소식.
- 예 이른 아침 우리나라 축구팀이 우승했다는 낭보가 전해졌다.
- (비슷한 말) 희소식　　(반대말) 비보
- **비보**: 슬픈 기별이나 소식.
- 예 적의 침입을 알리는 비보가 날아왔다.

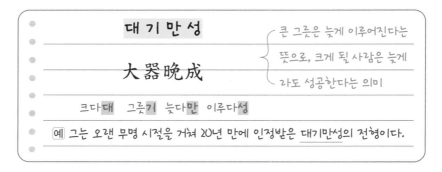

대 기 만 성

大 器 晩 成

큰 그릇은 늦게 이루어진다는 뜻으로, 크게 될 사람은 늦게라도 성공한다는 의미

크다대　그릇기　늦다만　이루다성

예 그는 오랜 무명 시절을 거쳐 20년 만에 인정받은 대기만성의 전형이다.

그리고 책을 읽다가 마음에 와 닿는 부분이나 좋은 표현을 어휘 노트에 옮겨 적습니다. 내용을 적으면서 다시 한번 깊이 감상하게 되고, 나중에 그 표현법을 흉내 내어 사용해 보는 것도 어휘력 향상에 도움이 됩니다.

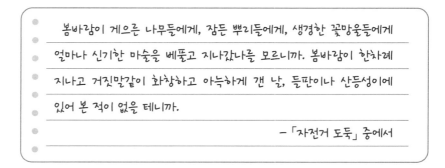

봄바람이 게으른 나무들에게, 잠든 뿌리들에게, 생경한 꽃망울들에게 얼마나 신기한 마술을 베풀고 지나갔나를 모르니까. 봄바람이 한차례 지나고 거짓말같이 화창하고 아늑하게 갠 날, 들판이나 산등성이에 있어 본 적이 없을 테니까.

－「자전거 도둑」 중에서

헷갈리는 어휘 정확하게 확인하기

어휘력이 부족하다는 것은 단어 자체를 모르는 경우와 단어를 헷갈려 잘못 사용하는 경우를 모두 포함합니다. 예를 들어 '꽁지/꽁무니', '계발/개발', '다르다/틀리다', '맞추다/맞히다' 등과 같이 헷갈리는 단어를 찾아 정확한 의미와 쓰임을 어휘 노트에 정리하며 익힙니다. 모든 독해와 어휘의 기본은 올바른 맞춤법부터 시작합니다.

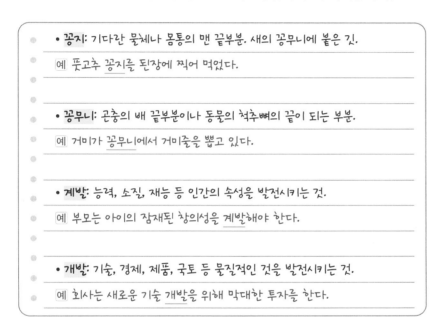

- **꽁지**: 기다란 물체나 몸통의 맨 끝부분. 새의 꽁무니에 붙은 깃.

예 풋고추 꽁지를 된장에 찍어 먹었다.

- **꽁무니**: 곤충의 배 끝부분이나 동물의 척추뼈의 끝이 되는 부분.

예 거미가 꽁무니에서 거미줄을 뽑고 있다.

- **계발**: 능력, 소질, 재능 등 인간의 속성을 발전시키는 것.

예 부모는 아이의 잠재된 창의성을 계발해야 한다.

- **개발**: 기술, 경제, 제품, 국토 등 물질적인 것을 발전시키는 것.

예 회사는 새로운 기술 개발을 위해 막대한 투자를 한다.

어휘력 교재 활용하기

어려운 단어의 경우 한두 번 배웠더라도 시간이 지나면 자연스레 잊어버리게 됩니다. 한 단어를 완전히 기억하려면 최소 7번 이상을 학습해야 한다고 합니다. 그러므로 다양한 경로를 통해 반복적으로 어휘를 접해야 합니다. 비슷한 말, 반대말, 속담, 관용어, 사자성어, 신문 어휘 등, 다양한 어휘를 공부할 수 있는 어휘력 교재를 보조 수단으로 사용합니다.

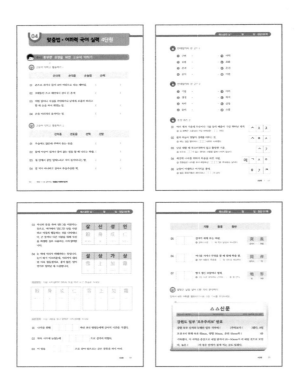

출처: 『매일 스스로 공부하는 맞춤법 어휘력 시리즈』 1~6단계 (성안당) 중에서

모르는 단어에 집착하지 않기

　책에서 잘 모르는 어휘가 나올 때마다 멈추고 사전을 찾으며 읽는다면, 내용의 흐름이 끊어지고 독서에 흥미를 잃게 됩니다. 책을 읽다가 모르는 단어가 나오더라도 당황하지 않고 계속 읽으며 문맥 속에서 뜻을 유추해야 합니다. 대부분은 책을 읽다 보면 자연스럽게 그 뜻을 알게 되고, 어려운 단어의 경우 뒤에 상세한 설명이 나옵니다. 그러니 단어 하나에만 집착하다가 더 중요한 글의 주제와 전체 흐름을 놓치지는 말아야 합니다.

　책의 시대적 배경이 오래전이라서 모르는 어휘가 많을 경우에는 책을 읽기 전에 본문의 주요 단어를 아이에게 알려 줍니다. 특정 단어 때문에 전체 내용을 이해하는 데 문제가 생긴다면, 그 단어의 뜻을 미리 이해한 다음에 책을 읽는 편이 낫습니다.

원리 한자, 속담, 사자성어, 신문 사설로 어휘력 확장하기

어휘력 향상은 양적인 면과 질적인 면을 모두 고려해야 합니다. 단어의 사전적 의미를 아는 것뿐만 아니라 어휘와 어휘 사이의 연관 관계나 맥락을 이해할 수 있는 능력까지 갖출 필요가 있습니다. 어휘력을 높일 수 있는 가장 좋은 방법은 독서지만, 무조건 책만 많이 읽는다고 어휘력이 느는 것은 아닙니다. 다양한 범주의 어휘들을 다각도로 배우고 익혀서 자신이 사용할 수 있는 어휘의 범위를 확장해야 합니다.

여기서는 원리로 한자 배우기, 속담과 사자성어 익히기, 신문 사설로 시사적 표현 익히기 등, 어휘력을 높일 수 있는 구체적인 방법을 설명하겠습니다.

📖 사전적 의미에서 어휘 확장하기

어휘력을 높이는 가장 기본적인 방법은 모르는 단어를 사전에서 찾아 공부하는 것입니다. 종이로 된 사전도 좋고, 인터넷 사전도 좋습니다. 아이 혼자 찾게 하는 것보다 처음에는 부모가 함께 사전을 찾아보며 단어 뜻을 익히도록 합니다. 사전에 나온 단어 설명이 어려워서 부모의 도움이 필요한 경우가 많기 때문입니다. 아이 혼자 사전을 찾으라고 하면, 대충 뜻만 확인하고 끝내 버리므로 큰 효과를 얻을 수도 없습니다.

단어의 뜻도 보고 실제 단어가 활용된 예문들도 읽어야 더 잘 이해할 수 있습니다. 단어 설명 아래에 있는 '비슷한 말'과 '반대말'까지 읽으며 어휘를 확장하여 익히도록 합니다. 예를 들어 '낭보'와 '포용'이라는 단어를 인터넷 네이버 사전에서 검색하면 사전적 의미와 함께 비슷한 말과 반대말도 나타납니다. 자주 사용되는 단어들이므로 모두 익히고 넘어갑니다.

 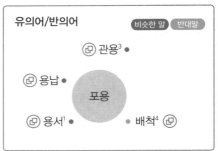

단어를 익히는 데 가장 좋은 방법은 다양한 예문을 통해 그 단어가 어떤 상황에서 사용되었는지 확인하는 것입니다. 주어진 예문을 읽고 맥락에 어울리도록 직접 예문을 만들어 봅니다. 자신의 어휘 노트에 직접 단어의 뜻, 비슷한 말, 반대말 등을 적고 맥락에 맞게 직접 예문도 만들어 봅니다. 단어와 관련된 모든 단어는 그때그때 알고 넘어가도록 합니다.

> • **포용**: 남을 너그럽게 감싸 주거나 받아들임.
> 예 그는 적군의 백성까지도 포용할 정도로 마음이 넓다.
> (비슷한 말) 관용　　(반대말) 배척
> • **배척**: 반대하거나 거부하여 밀어 내침.
> 예 당시 온 나라에는 외세 배척 운동이 일고 있었다.

📖 기본 한자로 어휘량 늘리기

우리가 사용하는 어휘 중 약 70% 이상이 한자어에서 유래했습니다. 특히 신문이나 전문 용어의 경우 상당수가 한자어로 되어 있습니다. 한자를 전혀 모른다면 신문 기사나 전문 용어가 쓰인 글을 완벽하게 이해하기 힘듭니다. 가장 기본적인 한자들만 알고 있어도 어휘량을 대폭 늘릴 수 있습니다.

한글에서 모양은 같지만 뜻이 전혀 다른 낱말의 경우, 주변 내용을 읽고 문맥 속에서 뜻을 추측해야 합니다. 하지만 한자의 뜻을 알고 있다면 쉽게 구분할 수 있습니다. 다음 두 문장에는 똑같이 '인재'라는 단어가 들어 있지만, 뜻은 완전히 다릅니다. 첫째 문장의 '인재'는 '어떤 일을 할 수 있는 능력을 갖춘 사람'을 말하고, 둘째 문장의 '인재'는 '사람으로 인해 발생한 재앙'을 의미합니다. 기본적인 한자 실력을 갖춘 사람이라면 이 두 단어가 서로 다르다는 것을 쉽게 인식할 수 있습니다.

> 그 학교는 우수한 <u>인재</u>를 많이 배출한 명문이다.
>
> VS.
>
> 그 화재는 담뱃불 때문에 발생한 <u>인재</u>였다.

인 재	인 재
人材 (사람 **인**, 재목 **재**)	人災 (사람 **인**, 재앙 **재**)
뜻 어떤 일을 할 수 있는 학식이나 능력을 갖춘 사람.	뜻 사람에 의해 일어난 불행한 사고나 어려운 일.

📖 한자가 만들어진 대표 원리 이해하기

어떤 글자든 그것이 만들어진 원리를 알면 기억하기 쉽습니다. 무작정 손으로 쓰면서 외우지만 말고, 만들어진 원리를 통해 한자를 익히면 더 쉽게, 더 오래 기억할 수 있습니다.

여기서는 한자의 기본 원리에 대하여 살펴보겠습니다. 한자가 어떤 식으로 만들어졌는지를 구체적으로 알고 있으면, 자녀의 한자 자료나 교재를 고르고 지도할 때 큰 도움이 됩니다.

사물의 모양을 본떠 만든 상형문자

고대 중국에서는 처음 글자를 만들 때 사물의 모양을 본떠 글자를 만들었습니다. 다음 예제와 같이 세 개의 산봉우리 모습을 본떠 '山(산 산)' 자를 만들고, 흐르는 개울 모습을 본떠 '川(내 천)' 자를 만들었습니다. 이와 같이 어떤 사물의 모양을 본떠 만든 한자를 '상형문자(象形文字)'라고 합니다.

山 (산 산): 산 모양을 본떠 만듦.　川 (내 천): 시냇물 모양을 본떠 만듦.

기호로 뜻을 표현하는 지사문자

눈으로 볼 수 없는 추상적인 뜻을 표시하기 위해 상징적인 기호를 사용한 것을 '지사문자(指事文字)'라고 합니다. 대표적인 지사문자로는 上(위 상), 下(아래 하), 中(가운데 중), 凹(오목할 요), 凸(볼록할 철) 등이 있습니다.

上	下	中	凹	凸
위 상	아래 하	가운데 중	오목할 요	볼록할 철

여러 글자를 합쳐 만든 회의문자

이미 만들어진 둘 이상의 한자를 합하여 새로운 뜻의 한자를 만든 것을 '회의문자(會意文字)'라고 합니다. 예를 들어 '日(날 일)'과 '月(달 월)'을 합하여 해와 달이 함께하니 밝다는 뜻의 새로운 한자 '明(밝을 명)'을 만들었습니다.

뜻과 소리를 내는 글자를 합쳐 만든 형성문자

　'형성문자(形聲文字)'도 회의문자처럼 다른 두 개 이상의 글자를 합하여 새로운 글자를 만듭니다. 하지만 합쳐진 두 개 이상의 글자가 서로 다른 역할을 합니다. 하나는 뜻을, 다른 하나는 소리를 나타내는 데 사용됩니다. 한자의 90% 이상이 형성문자에 해당합니다.

　다음 예제인 '飽(배부를 포)'는 뜻과 관련된 '食(먹을 식)'과 소리를 내는 '包(쌀 포)'가 합쳐져 만들어진 형성문자입니다.

📖 원리로 배우면 기억하기 쉬운 한자

　한자를 원리로 익히면 이 한자가 들어간 다른 한자도 쉽게 익힐 수 있고 관련된 한자어의 뜻도 쉽게 이해할 수 있습니다. 예컨대 기본 한자인 '日(해 일)'을 알면 '日(일)'이 들어간 한자와 한자어를 쉽게 이해할 수 있게 됩니다.

　해를 본떠서 만든 상형문자인 '日(일)'이 들어간 한자에는 시간과 밝음을 의미하는 경우가 많습니다. 해를 의미하는 '日(일)'과 달을 의미하는 '月(월)'이 합쳐져 '해와 달이 있어 밝다'는 뜻의 '明(밝을 명)'이 됩니다.

물이 흐르는 모습을 본떠 만든 상형문자인 '水(물 수)'는 주로 물과 관련된 한자에 포함됩니다. '水(물 수)' 위에 한 덩어리인 'ヽ(점 주)'가 합쳐져 '물이 얼어 한 덩어리 얼음이 된다'는 뜻인 '얼음 빙(氷)'이 됩니다.

'木(나무 목)'은 나무의 가지와 뿌리의 모습을 본떠 만든 상형문자로, 나무와 관련된 글자에 들어갑니다. '木(나무 목)'의 아래 뿌리 부분에 '一(한 일)'을 더하면, 사물이 생겨나는 가장 근본인 뿌리를 의미하는 '本(근본 본)'이 됩니다.

'人(사람 인)'은 서 있는 사람을 본떠 만든 한자입니다. 다른 한자에 포함되어 왼쪽에 올 때는 'イ' 모양이 됩니다. 'イ(사람 인)'과 '木(나무 목)'이 합쳐지면, '사람이 나무에 기대어 쉰다'는 뜻인 '休(쉴 휴)'가 됩니다.

'亻(사람 인)'과 '言(말씀 언)'이 합쳐지면, '사람의 말에는 믿음이 있어야 한다'는 뜻인 '信(믿을 신)'이 됩니다.

가장 기본이 되는 한자 정도는 읽고 뜻을 알 정도로 익히도록 합니다. 초등학생의 경우, 한자어의 기초가 되는 기초 한자 400~500자 정도는 외우기를 권장합니다.

📖 한자 부수의 이름과 특징

한글을 맨 처음 배울 때 'ㄱ, ㄴ, ㄷ, ㄹ'부터 배우는 것처럼, 한자도 기본 글자인 '부수'를 먼저 익혀야 합니다. 한자의 부수는 '214자'이고, 대부분 상형문자이기 때문에 그 모습을 떠올리며 외우면 쉽게 익힐 수 있습니다. 한자 사전인 '자전'에서 한자를 찾을 때 '부수'로 찾아야 하므로, 기본적인 부수는 외워 두는 것이 좋습니다. 부수는 글자의 어느 위치에 놓이느냐에 따라 부르는 이름이 달라집니다. 부수를 알면 글자의 뜻과 음을 쉽게 유추할 수 있고, 글자를 분류하는 기준이 세워져 암기에도 효과적입니다.

위치	이름	특징	예
	변	부수가 글자의 왼쪽에 있으면 '변'이라고 합니다.	仙 신선 선
	방	부수가 글자 오른쪽에 있으면 '방'이라고 합니다.	刻 새길 각
	머리	부수가 글자의 위에 있으면 '머리'라고 합니다.	草 풀 초
	발	부수가 글자의 아래에 있으면 '발'이라고 합니다.	無 없을 무

┗	받침	부수가 글자의 왼쪽에서 아래쪽으로 걸쳐 있으면 '받침'이라고 합니다.	道 길 도
┌	엄	부수가 글자의 위쪽에서 왼쪽으로 걸쳐 있으면 '엄'이라고 합니다.	原 근원 원
☐	몸	부수가 글자를 에워싸고 있으면 '몸'이라고 합니다.	囚 가둘 수
■	제부수	한자 자체가 부수인 경우 '제부수'라고 합니다.	木 나무 목

📖 표현력 높이는 속담 익히기

속담은 옛날부터 전해 내려오는 교훈, 비판, 풍자 등을 포함하는 짧은 구절이나 문장입니다. 속담은 길이가 짧아도 표현이 재미있고 상대방의 기분이 상하지 않게 속뜻을 효과적으로 전달할 수 있어, 오늘날까지도 자주 사용됩니다.

초등 저학년 때부터 쉬운 속담 위주로 시작하여 꾸준히 익히도록 합니다. 인터넷에 검색하면 여러 가지 속담과 뜻에 대한 설명을 찾을 수 있습니다. 그리고 이야기 식으로 재미있게 설명된 속담 책도 많이 나와 있습니다. 농담 위주의 만화나 원래 뜻과 동떨어진 이야기로 억지로 꿰어맞춘 책보다는 속담 자체를 이해하고 활용할 수 있도록 구성된 책을 고릅니다.

속담을 익힐 때는 가장 먼저 거기에 담긴 뜻을 생각해 보는 것이 중요합니다. 어린이 속담 책 가운데 대부분이 만화나 재미있는 이야기를 통해 속담을 소개합니다. 하지만 속담이 쓰인 예로 사용된 이야기와 속담 내용이 완벽하게 들어맞지 않으면 오래 기억하기 어렵습니다. 아이와 함께 속담 그대로의 뜻을 추측하며 다양한 사례를 통해 어떻게 쓰이는지 알고 직접 사용해 보길 바랍니다.

여기서는 속담을 아이와 함께 이야기하고 실제 생활과 연결하는 방법에 대해 알아보겠습니다.

> "개구리 올챙이 적 생각 못 한다."
>
> – 속담

함께 이야기하며 속담 의미 추측하기

> "개구리 자신도 올챙이였던 적이 있었으면서 다른 올챙이들에게 물 밖으로 나오지도 못하고, 점프도 못한다고 놀린다고 생각해 보자. 이렇게 지난 일은 생각지 못하고 처음부터 그랬던 것처럼 잘난 체하는 사람에게 쓰는 속담이구나."

속담이 어울리는 상황 이야기하기

- 줄넘기를 못한다고 동생을 놀렸던 일
- 가난하게 살다가 부자가 된 사람이 가난한 사람들을 무시할 때

이런 방식으로 하루에 한두 개 정도의 속담을 골라 함께 대화하며 적합한 상황에 대해 서로 이야기해 보면, 속담의 의미를 완벽하게 이해할 수 있습니다. 그리고 독서록이나 일기를 쓸 때 속담을 활용하여 쓰도록 합니다. 구슬이 서 말이라도 꿰어야 보배이니, 실제로 사용하도록 지도해 주시기 바랍니다.

📖 삶의 지혜가 생기는 사자성어

속담을 어느 정도 공부한 후, 초등 고학년부터는 사자성어를 익히도록 합니다. 사자성어에서 유래된 속담이 많기에 속담과 사자성어를 연결하여 공부하면 좋습니다.

사자성어에 있는 한자들을 풀이하면 그 뜻을 알게 되는 사자성어가 있는가 하면, 그 유래나 배경 설화를 알아야 이해할 수 있는 사자성어도 있습니다. 유래에 맞게 사자성어를 익히면 훨씬 쉽게 이해할 수 있습니다.

한자 풀이로 이해하는 사자성어

한자 풀이로 이해할 수 있는 사자성어는 한자와 함께 익히고, 사용하기 적합한 상황을 생각하며 그 쓰임을 생각해 봅니다. 인터넷에서 사자성어를 검색하면 실제로 사용된 다양한 사례를 확인할 수 있습니다.

대기만성

大器晩成

클 **대** 그릇 **기** 늦을 **만** 이룰 **성**
___큰 그릇은___   ___늦게 이루어진다___

큰 그릇은 늦게 이루어진다는 뜻으로, 크게 될 사람은 늦게라도 성공한다는 의미를 지닙니다.

→ 많은 어려움을 딛고 성공한 인물이 나오는 책과 연결하면 좋은 사자성어입니다.

고진감래

苦盡甘來

쓸 **고** 다할 **진** 달 **감** 올 **래**
___쓴 것이 다하면___   ___단 것이 온다___

쓴 것이 다하면 단 것이 온다는 뜻으로, 어렵고 힘든 일이 지나면 즐겁고 좋은 일이 온다는 의미를 지닙니다.

→ 주인공이 어려움을 극복하고 행복한 결말을 맞는 책과 연결하면 좋은 사자성어입니다.

군계일학

群鷄一鶴

무리 **군** 닭 **계** 하나 **일** 학 **학**

닭의 무리 가운데에서 한 마리의 학

닭의 무리 가운데에서 한 마리의 학이란 뜻으로, 많은 사람 가운데서 눈에 띄게 뛰어난 사람을 일컬을 때 사용합니다.

→ 특별한 능력이나 외모로 사람들 사이에서 눈에 띄는 사람이 나오는 책과 연결하면 좋은 사자성어입니다.

만들어진 유래로 이해하는 사자성어

사자성어의 한자 뜻을 알아도 그 뜻을 유추하기 어려운 경우에는 유래나 배경 설화를 통해 이해해야 합니다. 옛날이야기처럼 재미있게 받아들이면, 사자성어만 암기하는 것보다 훨씬 쉽게 이해하고 오래 기억할 수 있습니다.

새옹지마(塞 변방 **새**, 翁 늙은이 **옹**, 之 어조사 **지**, 馬 말 **마**)의 유래

중국 북쪽 변방에 한 노인이 살고 있었는데, 기르던 말이 도망가 사람들이 위로했지만 노인은 낙심하지 않았다. 얼마 뒤에 도망갔던 말이 야생마 무리를 이끌고 노인에게로 돌아왔다. 사람들은 부자가 된 것을 축하했으나, 노인은 기뻐하지 않고 덤덤하였다. 그 뒤 노인의 아들이 말을 타다 떨어져 절름발이가 되어 사람들이 걱정하고 위로하자, 노인은 "이게 다시 복이 될지 어찌 알겠습니까."라며 덤덤한 태도를 보였다. 얼마 뒤, 오랑캐들이 쳐들어와 대부분의 성인 남자들이 전쟁터로 끌려갔지만, 다리가 불편했던 아들은 징집되지 않고 살아남았다. 그제야 사람들은 노인이 왜 그리 모든 일에 덤덤하였는지 알게 되었다고 한다.

엄청난 금액의 복권에 당첨된 사람이 그로 인해 가족들과 불화를 겪고, 도박에 빠져 전 재산을 탕진했다는 기사를 종종 보게 됩니다. 이런 상황에서 자주 인용되는 '새옹지마'는 행운이 불행이 되거나 불행이 행운이 되기도 하는 세상사를 표현한 사자성어입니다. 뉴스나 신문 기사를 읽다가 관련된 사자성어를 연결해 보는 것도 좋습니다.

결초보은(結 맺을 결, 草 풀 초, 報 갚을 보, 恩 은혜 은)의 유래

춘추 시대 진나라 때, 위무자라는 사람이 큰 병이 들자 아들인 위과에게 자신이 죽으면 자신의 젊은 첩을 개가시키라고 유언하였다. 그러나 그는 죽음을 앞두고 아들에게 첩을 함께 묻어 달라고 유언을 바꾸었다. 위무자가 세상을 떠나자 아들은 아버지가 온전한 정신으로 말한 첫 번째 유언을 따라, 첩을 순장하지 않고 시집을 보냈다. 세월이 흘러 위과가 한 전투에서 적장의 뒤를 쫓는데, 갑자기 풀이 올가미처럼 묶여 적장이 걸려 넘어지자 그를 붙잡아 큰 공을 세웠다. 그날 밤, 한 노인이 위과의 꿈속에 나타나 '딸이 그대의 바른 판단 덕분에 목숨을 건져 개가하여 잘살고 있으므로 그 은혜를 보답하고자 풀을 묶었다'고 말했다.

'결초보은'은 죽어서도 은혜를 갚는다는 뜻의 사자성어입니다. 비슷한 사자성어로는 '백골난망(白骨難忘)'이 있는데, '죽어서 뼈가 백골이 될 때까지 은혜를 잊지 않겠다'는 뜻입니다. 반대로 '배은망덕(背恩忘德)'은 '다른 이가 베풀어 준 은혜를 잊어버리고 원수로 갚는다'는 뜻의 사자성어입니다. 이처럼 의미가 비슷하거나 반대되는 사자성어를 함께 공부하고 넘어갑니다.

퀴즈나 예문 만들어 공부하기

사자성어의 뜻을 완전히 이해한 다음에는 실생활이나 뉴스 기사 등에서 자주 사용되는 상황을 찾아보고, 직접 사자성어를 넣어 예문도 만들며 기억해야 합니다. 다음과 같이 사자성어로 직접 퀴즈를 만들고 서로 바꾸어 푸는 것도 좋은 방법입니다.

📖 신문 사설로 시사 관련 어휘 익히기

독해력과 어휘력 실력을 키우는 가장 좋은 방법은 신문 기사나 사설을 읽는 것입니다. 신문에 나오는 정치, 경제, 환경 등의 다양한 어휘와 용어들을 익히면 배경지식도 함께 기를 수 있습니다.

하지만 신문 기사나 사설은 전문 용어나 어려운 낱말이 많이 나와서 아이 혼자서는 읽기 어렵습니다. 그러니 자녀가 신문 기사나 사설에 어느 정도 익숙해질 때까지 함께 읽고, 어려운 어휘의 뜻도 함께 찾아보세요.

검찰 ▲▲▲ 기소에 자신감 보여

▲▲▲의 기소를 앞둔 검찰이 2011년 ☆☆ 사건 판례에 주목하고 있다. 검찰은 당시 경찰에게 수사 중단을 청탁한 ▲▲▲에게 징역 1년을 선고했다. 한편 검찰은 당시 사무원을 참고인 신분으로 소환했다.

신문 기사나 사설을 읽다가 모르는 어휘가 나오면 다음과 같이 찾아 어휘 노트에 정리합니다. 단어를 찾아 쓰고 예문을 만들다 보면 단어에 익숙해질 수 있습니다.

- **기소** (起 일어날 **기** 訴 호소할 **소**)

  검사가 특정한 형사 사건에 대하여 법원에 심판을 요구하는 일.

  > 예 그는 절도죄로 기소되었지만 무혐의로 처리되었다.

- **선고** (宣 베풀 **선** 告 고할 **고**)

  법정에서 재판장이 판결을 알리는 일.

  > 예 용의자는 증거가 없어 무죄 선고를 받았다.

- **판례** (判 판단할 **판** 例 법식 **례**)

  법원에서 같거나 비슷한 소송 사건에 대해 재판한 이전의 사례.

  > 예 비슷한 재판에서 승리한 판례들을 찾아보았다.

초등 저학년의 경우, 어린이 신문이나 시사잡지로 시작할 것을 권합니다. 인터넷에서 어린이 신문의 기사와 시사 정보를 무료로 출력할 수 있습니다.

▲ 〈어린이동아〉

▲ 〈소년한국일보〉

📖 예술적 표현력을 높여 주는 시 감상

'시(詩)'는 마음속에 떠오르는 감정이나 생각을 함축하여 비유적으로 표현한 문학 장르입니다. 정보가 아니라 감정을 전달하는 것이 목적이므로, 시에는 언어의 예술적 특징이 가장 잘 나타나 있습니다.

시를 효과적으로 감상하려면 이론적 해석이나 평가에 앞서 순수하게 시를 감상하며 정서적인 교감을 나누어야 합니다. 그러기 위해서는 마음을 움직이는 시, 감성을 느끼게 하는 좋은 시를 찾아 읽는 것이 중요합니다. 잘 쓴 시를 읽으면 머릿속에 장면이 그려지고, 시 안에 담긴 감정에 빠져들어 공감하게 됩니다.

동시는 어린이를 대상으로 그들의 사고와 정서에 맞게 지은 시인데, 어린이가 지은 시도 동시에 포함됩니다. 또래가 지은 시를 감상하고 공감하다 보면, 자신도 시를 쓸 수 있다는 자신감이 생깁니다.

어른도 동시에서 감동을 받을 수 있으므로 자녀와 함께 읽는 것을 추천합니다. 아이들이 직접 쓴 시를 읽으면 오랫동안 잊고 있던 동심이 되살아나서 아이들의 마음을 더 잘 이해할 수 있습니다. 잘 쓴 시라면 어린이가 썼더라도 어른을 감동시킬 수 있고, 어른이 썼더라도 어린이를 감동시킬 수 있습니다.

국어 교과서에 수록된 시집이나 유명 시인들의 시를 엮어 만든 시집 등을 골라 읽을 것을 권합니다. 어린이가 쓴 동시 중에는 잘 쓴 작품도 있지만 서툰 작품도 많기 때문에 어린이가 쓴 동시만 읽는 것은 바람직하지 않습니다. 일반 시인의 시에서도 아이들은 충분히 감동을 받고 공감할 수 있습니다. 다만, 어른이 어린이인 척하면서 어린이의 감정을 쓴 시보다는 자신의 감정을 솔직하게 드러낸 시를 추천합니다.

시는 언어가 표현할 수 있는 함축성과 예술미를 가장 잘 드러낸 문학 장르입니다. 시를 많이 읽으면 상상력이 좋아지고 언어의 예술적 표현력도 좋아집니다. 시에는 평범한 단어를 가지고도 마음을 울리는 신비한 능력이 있습니다. 또한 사람이나 사물의 소리를 흉내 낸 '의성어'와 움직임이나 모양을 표현하는 '의태어'가 많이 나오므로 다양한 어휘를 접할 수 있습니다.

한 편의 시를 읽는 데에는 그리 오랜 시간이 걸리지 않으므로 하루 5분만 투자하여 매일 시를 읽도록 합니다. 잠자러 가기 전이나 저녁 식사 후, 시를 낭송하며 감상하는 시간을 갖는 것도 좋습니다. 아이가 감정을 넣어 시를 읽는 것이 서투르다면 시 낭송을 녹음해서 들어 보게 합니다. 자신의 목소리로 녹음된 시를 듣다 보면, 마치 성우가 된 것처럼 최선을 다해 시의 분위기에 맞춰 읽으려고 노력하게 됩니다. 그리고 시에 있는 멋진 표현들을 따라 써 보거나 바꿔 쓰는 과정에서 표현력과 함께 창의력도 높아집니다.

시의 행이나 연의 일부분을 자신만의 표현으로 바꾸어 봅니다. 시를 바꾸는 과정을 통해 시를 깊이 있게 감상할 수 있고, 시적 표현력도 기를 수 있습니다.

다음은 아동문학가 방정환님의 '여름비'를 바꿔 쓴 예제입니다.

여름비

방정환

여름에
오는 비는
나쁜 비야요
굵다란 은젓가락
내리던져서
내가 만든
꽃밭을
허문답니다
······ 〈중략〉 ······

여름비

여름에
오는 비는
맛난 비예요
굵다란 국숫가락
내리던져서
허기진
대지를
채운답니다

여름에
오는 비는
오케스트라예요
지붕은 후두둑
장독대는 톡토톡
나뭇잎은 토도독
저마다 소리 내어
연주합니다

📖 마음이 말랑말랑해지는 동시집

도서명	저자	출판사
『마음의 온도는 몇 도일까요?』	정여민	주니어김영사
『팝콘 교실』	문현식	창비
『Z교시』	신민규	문학동네
『시가 말을 걸어요』	정끝별	토토북
『까불고 싶은 날』	정유경	창비
『쥐눈이콩은 기죽지 않아』	이준관	문학동네
『몽당연필도 주소가 있다』	신현득	문학동네
『초록 토끼를 만났다』	송찬호	문학동네
『착한 마녀의 일기』	송현섭	문학동네
『엄마의 법칙』	김륭	문학동네
『냠냠』	안도현	비룡소
『공부 못하는 이유』	이중현	문학동네
『웃기는 짬뽕』	이준관	아이앤북
『맛의 거리』	곽해룡	문학동네

책을 보다 깊이 이해하고 새로운 지식과 정보로 확장하기 위해서는 단순히 책을 읽는 것에 그치지 않고 지식과 사고를 확장할 수 있는 활동을 해야 합니다. 2부에서는 책을 매개로 지식과 사고를 확장하고 생각하는 힘을 키우는 질문 독서법, 마인드맵 그리기, 글쓰기, 토론하기 등 가장 대표적인 확장 활동을 구체적인 사례를 통해 체계적으로 설명합니다.

● 지식과 사고력 확장하며 책 읽기

● 생각하는 힘을 키우는 '질문 독서법'

● 마인드맵으로 지식 · 사고력 확장하기

● 마인드맵으로 한국사 공부하기

● 글쓰기로 배우는 확장 독서법

● 소설의 구성 이해하고 제대로 감상하기

● 동화, 소설 읽고 독후감 잘 쓰는 법

● 과학책 읽고 과학 독후감 잘 쓰는 법

● 인물 이야기 읽고 독후감 잘 쓰는 법

● 다양한 관점에서 생각하게 하는 독서 토론

2부

지식과 사고력을
넓히는
확장 독서법

지식과 사고력
확장하며 책 읽기

　책을 읽는 목적은 무엇일까요? 부모는 어떤 이유에서 자녀가 책을 가까이하며 지내길 바랄까요? 책을 읽는 목적은 큰 의미에서 재미와 감동을 얻기 위해, 정보와 지식을 얻기 위해, 지혜와 깨달음을 얻기 위해 이렇게 세 가지로 나눌 수 있습니다.

　어떤 목적으로 책을 읽었든 책을 읽은 후의 '나'는 책을 읽기 전의 '나'와는 달라져야 합니다. 책을 읽고 나서도 아무런 변화와 성장이 없다면 책을 겉핥기식으로 읽은 것입니다.

　책을 통해 원하는 목적을 얻고 성장하려면 지식과 사고를 확장하는 활동을 해야 합니다. 책을 보다 깊이 이해하고 새로운 지식과 정보로 창조하기 위해서는 이러한 확장 과정이 필요합니다. 독후감 쓰기, 마인드맵 그리기, 토론하기 등이 가장 대표적인 확장 활동입니다.

　2부에서는 책을 매개로 하여 지식과 사고를 최대한 넓히는 '확장 독서법'에 대해 설명합니다.

📖 배경지식 확장하며 책 읽기

　책에서 재미와 감동을 얻으려면 완전히 책 속에 빠져 읽어야 합니다. 이렇게 몰입하여 읽으려면 책의 내용을 잘 이해할 수 있어야 합니다. 책과 관련된 배경지식이 부족하면 깊이 몰입하여 읽기 어렵습니다.

『책과 노니는 집』(이영서, 문학동네어린이, 2017)은 천주교가 박해를 받았던 조선 시대 후기를 배경으로 하고 있습니다. 필사쟁이였던 주인공 동이의 아버지는 천주교 책을 필사했다는 이유로 죽음에 이르렀습니다. 그리고 주인공과 주변 인물들도 천주교 탄압으로 큰 곤경에 처하게 됩니다.

책을 읽기 전에 '천주교 박해'에 대한 정보를 찾아본다면, 책의 내용을 깊이 이해하면서 읽을 수 있습니다.

주인공의 상황을 이해하고 그의 마음에 공감하려면, 책의 배경이 되는 조선 후기에 대한 배경지식이 있어야 합니다. 이처럼 특별한 시대적 배경을 담고 있는 책의 경우, 해당되는 시대에 대한 정보를 미리 알아보고 나서 읽으면 책을 이해하는 데 큰 도움이 됩니다.

가장 대표적인 확장 독서법을 구체적인 사례와 함께 알아보겠습니다.

📖 책 속 지식을 현실로 확장하기

책의 지식이 진정한 가치를 발휘하기 위해서는 책 속에 갇혀 있던 지식을 살아 숨 쉬는 현실로 끌어내야 합니다. 수영하는 방법을 책으로 아무리 열심히 배워 봤자 직접 물에서 팔다리를 움직이면서 배우는 것이 훨씬 도움이 됩니다. 이와 마찬가지로 책의 지식도 현실에 적용해 보아야 진정한 지식으로 힘을 발휘합니다.

경제 속에 숨은
광고
이야기

『경제 속에 숨은 광고 이야기』
(프랑크 코쉠바 지음/강수돌 옮김, 초록개구리, 2013)

광고가 어린이들의 의식과 행동에 어떤 영향을 주는지 많은 사례를 들어 설명한 책입니다. 광고의 함정에 빠지지 않고 지혜로운 소비 생활을 할 수 있게 도와줍니다.

이 책은 광고 전문가가 광고업계의 비밀을 낱낱이 털어놓은 책으로, 아무런 비판 없이 광고를 수용하는 문제에 대해 말합니다. 이 책을 읽은 다음, 아이와 함께 신문이나 인터넷의 광고에서 '과장되거나 허위로 표현된 부분'을 찾으며 무엇이 잘못되었는지 대화합니다. 독서 노트에 해당 광고를 붙이고, 다음과 같이 비판할 부분과 그 까닭을 써도 좋습니다.

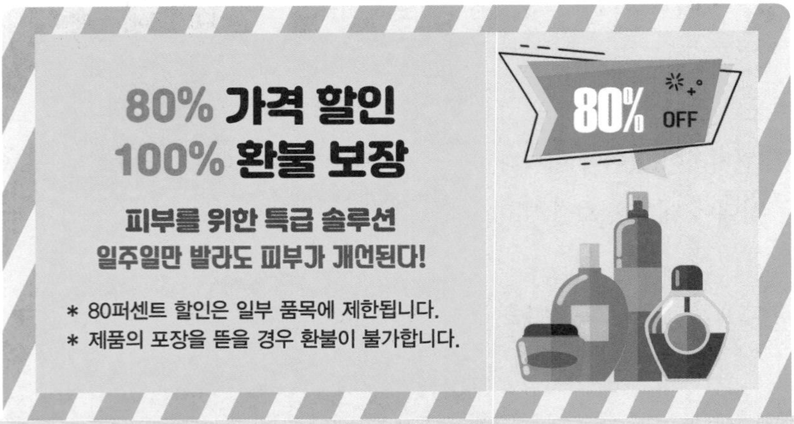
80% 가격 할인
100% 환불 보장
피부를 위한 특급 솔루션
일주일만 발라도 피부가 개선된다!
* 80퍼센트 할인은 일부 품목에 제한됩니다.
* 제품의 포장을 뜯을 경우 환불이 불가합니다.
80% OFF

비판할 부분	비판하는 까닭
· 80% 가격 할인 · 80% 할인은 일부 품목에 제한	모든 제품이 아니라 일부 품목에 제한된다는 글씨는 잘 보이지 않게 아주 작은 글씨로 썼다.
· 100% 환불 보장 · 물건 포장을 뜯으면 환불 불가	소비자가 어떤 경우라도 모두 환불받을 수 있다고 오해할 수 있다.
· 일주일만 발라도 피부가 개선된다.	확인되지 않은 사실로 과장 광고를 하고 있다.

📖 최신 이슈를 책으로 확장하기

하루가 멀다 하고 온갖 정보들이 쏟아져 나오고, 자고 일어나면 새로운 이슈가 터집니다. 이렇듯 빠르게 변화하는 세상에서 뒤처지지 않고 살아남으려면 세상이 어떻게 돌아가는지 알아야 합니다. 예를 들어 국회의원을 뽑는 총선이 다가오면 모든 매체가 총선과 관련된 뉴스를 쏟아 냅니다. 아이와 함께 관련 기사를 보면서 국회의원이 하는 일부터 선거의 역사와 방법, 민주주의 등 더 알고 싶은 주제를 정하고 관련된 책을 읽습니다. 인터넷 서점에 설명된 책 소개를 참고하여 아이의 수준에 맞는 책을 고릅니다. 장르별로 분류된 카테고리에서 필요한 책을 고르면 됩니다.

엄연히 아이도 사회의 일원이므로 세상에 일어난 일에 대해 충분히 알고 있어야 합니다. 온 세상을 떠들썩하게 하는 논란에 대해 이해하고 생각할 기회를 주는 것이 당연합니다. 대신 가짜 뉴스와 잘못된 정보를 접하지 않도록 부모가 도와주어야 합니다.

최근 코로나19 바이러스 사태 때문에 세계가 큰 어려움에 빠졌습니다. 아이는 도대체 바이러스가 무엇이고, 어떻게 해서 생겨났는지 궁금증을 갖게 됩니다.

이렇게 사회적으로 이슈가 되고 있는 여러 문제에 관심을 두고 고민하다 보면, 세상에 대한 통찰력을 기르고 살아가는 데 필요한 지혜를 얻을 수 있습니다.

📖 문학의 감동을 과학 지식으로 확장하기

책의 표지나 제목을 보면 반딧불이에 대한 과학책처럼 보이지만 이 책은 날지 못하는 반딧불이와 친구들의 아름다운 우정과 배려에 대한 동화입니다. 아이들 사이의 집단 따돌림 문제를 고민하던 초등 교사가 쓴 책으로, 주인공인 반딧불이를 따돌림을 당하는 아이에 빗대고 있습니다.

『날지 못하는 반딧불이』
(오자와 아키미 지음/김숙 옮김, 북뱅크, 2007)

태어나자마자 날개가 구부러져 있어 날지 못하는 반딧불이가 다른 반딧불이들의 도움을 받아 함께 살아가는 이야기입니다.

아이가 문학 작품을 충분히 감상하고 나면, 반딧불이에 대한 과학적인 접근으로 사고를 확장하도록 이끕니다. 환경 오염으로 인해 사람들이 사는 곳에서 반딧불이를 보는 것은 거의 불가능합니다. 반딧불이가 무엇인지도 모르는 상태에서 책을 읽으면 감동과 공감을 얻기 어렵습니다.

책을 온전히 이해하기 위해서라도 반딧불이에 대한 과학적 접근이 필요합니다. 관련 도서나 인터넷 지식백과에서 반딧불이의 자세한 내용을 찾아볼 수 있습니다. 그리고 어떻게 반딧불이 꽁무니에서 불이 나오고, 그 빛이 진짜 밝게 보이는지와 관련된 궁금증들을 인터넷 정보나 동영상을 보면서 알아봅니다.

　　새로 알게 된 지식과 중요한 정보는 독서 노트에 다음과 같이 그림과 함께 간단한 설명을 덧붙여 정리합니다. 이러한 독후 활동을 하는 과정에서 보고 듣고 느낀 내용이 체계적인 지식으로 머릿속에 자리를 잡게 됩니다.

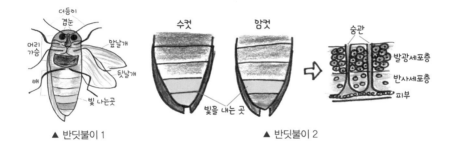

▲ 반딧불이 1　　　　　　　　　　　▲ 반딧불이 2

📖 세부적인 내용으로 확장하기

　　책을 읽고 더 알고 싶은 내용을 세부적인 내용으로 확장하며 읽습니다. 인체에 대한 책을 읽으면 우리 몸에 대하여 전반적인 지식을 얻을 수 있습니다. 하지만 각 기관에 대한 구체적이고 자세한 정보는 얻기 어렵습니다. 다양한 지식과 정보를 얻기 위해 뇌, 뼈, 소화기관, 호흡기관 등과 같이 각 신체 기관을 깊게 다루는 책으로 확장하여 읽습니다. 학교에서 배우는 과학 교과도 학년이 높아질수록 점점 세부적인 내용을 배우게 됩니다.

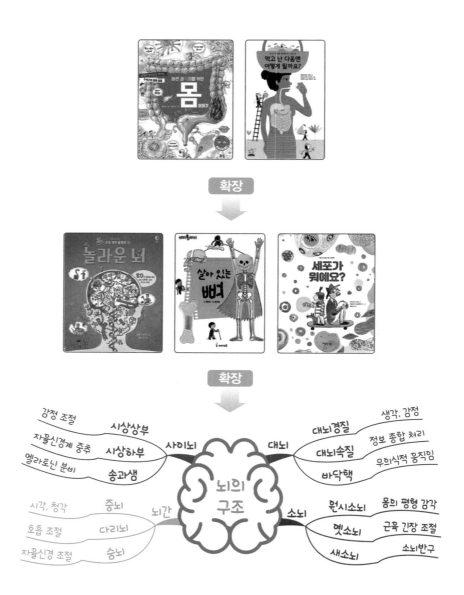

　　새로 알게 된 지식과 중요한 정보는 독서 노트에 마인드맵이나 그림과 함께 간단한 설명을 덧붙여 정리합니다. 이러한 독후 활동을 하는 과정에서 보고 듣고 느낀 내용이 체계적인 지식으로 머릿속에 자리를 잡게 됩니다.

📖 과거에서 현재, 미래로 확장하기

6·25 전쟁을 겪지 않은 세대에게 분단의 현실은 크게 와 닿지 않기에 남북을 완전히 다른 나라로만 생각할 수 있습니다. 통일에 대한 고민에 앞서 먼저 6·25 전쟁이 무엇이고, 현재는 어떤 상황이며, 통일을 위해서 미래에는 어떻게 해야 하는지 연결지어 읽도록 합니다.

과거 우리 민족이 겪었던 전쟁의 아픔을 아이들은 책을 통해 느끼고 공감할 수 있습니다. 책을 읽으며 들었던 생각과 감정이 사라지기 전에 동시나 글쓰기를 통해 표현합니다.

통일

원래는 하나였던 우리들
몸도 마음도 반쪽만 남아
평생을 그리움에 사무쳤네
반쪽을 찾는 그 날이 오면
기쁨에 얼싸안고 춤추리
평생의 아쉬움이 사라지리

2

생각하는 힘을 키우는
'질문 독서법'

인간의 뇌는 유연하기 때문에 어떤 행동을 반복하게 되면 뇌의 구조가 변한다고 합니다. 상대적으로 많이 사용하는 능력은 발전하는 반면, 덜 사용하는 능력은 점점 퇴행하게 됩니다. 인터넷과 스마트폰 속에 사는 현대인들의 뇌는 즉각적이고 감각적인 정보에만 반응하고, 깊이 생각해야 하는 사고력 부분은 점점 약화되고 있습니다. 심한 경우 집중력 부족, 이해력과 기억력 감퇴 등이 나타날 수 있습니다.

인류의 문명은 눈부시게 발전했지만, 아이러니하게도 그로 인해 뇌의 능력은 퇴행할 수 있습니다. 이러한 문제를 예방하고 사고력을 기르기 위한 해결책이 바로 '생각하는 독서'입니다. 책을 그냥 읽는 것이 아니라 책을 읽으며 사고를 확장하려는 노력이 더해져야 실제로 사고력이 향상됩니다.

그렇다면 생각하는 독서란 무엇일까요? 그것은 책을 읽으면서 스스로 질문하고 그것에 대한 답을 생각하며 읽는 '질문 독서법'입니다. 질문 독서법은 가장 큰 독서 효과를 얻을 수 있는 독서 활동입니다.

📖 사고력과 통찰력을 길러 주는 질문의 힘

질문은 우리의 뇌에서 생각을 끌어내고 깨달음을 얻도록 돕는 길잡이입니다. 단지 책을 읽는 것만으로 사고력을 높이기 어렵습니다. 잔잔한 호수에 돌멩이를 던져 파문을 일으키듯 질문을 던져 잠자고 있는 사고력을 깨워야 합니다. 질문은 생각을 끌어내고 세상을 꿰뚫어 볼 수 있는 통찰력을 길러 줍니다.

아무런 질문 없이 책을 읽는 사람은 책의 내용을 그대로 받아들이는 수동적인 독서에 머물게 됩니다. 책을 읽는 동안 끊임없이 스스로 질문을 던지고 답을 찾는 적극적인 독서를 해야 비로소 사고력이 향상됩니다. 책에 관해 대화를 나누는 것만으로도 자녀의 사고력과 통찰력을 높일 수 있습니다.

세계적인 철학자 소크라테스는 제자들에게 질문을 통해 자신의 무지함을 깨닫고 인생에 대한 답을 스스로 찾아내도록 유도했습니다. 책을 읽은 후 덮어 버리는 것이 아니라 등장인물에 대해, 사건의 원인과 결과에 대해, 책의 주제에 대한 질문에 답을 찾는 과정에서 사고력은 폭발적으로 성장합니다.

적절한 질문을 통해 아이가 생각하고 스스로 이치를 깨우치도록 도와야 합니다. 그러려면 부모가 먼저 책을 읽고, 어떤 내용에서 어떤 질문을 할지 미리 생각해 두어야 합니다. 다소 힘들고 귀찮은 일이지만, 그런 노력이 모여 내 아이의 미래가 결정된다고 생각하며 이겨 내시길 바랍니다.

질문이 무엇이냐에 따라 사고의 깊이와 독서 효과도 달라집니다. 예를 들어, '책을 읽은 느낌은 어때?'와 같은 단편적인 질문은 '좋았다', '슬펐다', '재미있었다' 등과 같이 단순한 답만을 말하게 합니다. 이러한 단편적인 질문들은 사고력 확장에 도움이 되지 않습니다. 구체적이고 핵심적인 질문을 던져야 아이가 깊이 생각하고 사고력을 확장할 수 있습니다.

한 가지 주의할 점은 마치 시험을 보듯이 질문해서는 안 된다는 것입니다. 질문 독서법에서의 질문은 정해진 답을 요구하는 것이 아니라, 아이의 원활한 사고 활동을 유도하기 위한 것이므로 절대로 대답을 강요해서는 안 됩니다. 재미있는 놀이를 하거나 즐거운 대화를 나눈다는 느낌이 드는 분위기에서 이루어져야 합니다.

퀴즈를 좋아하는 아이들에게 가장 효과적으로 질문하는 방법이 '독서 퀴즈'입니다. 함께 책을 읽으면서 상대방이 풀도록 퀴즈를 적고 서로 바꾸어 풀어 봅니다. 아이는 문제를 내기 위해 책을 더 집중해서 읽고, 어떤 것이 중요한지 알게 됩니다. 지나치게 세세한 내용으로 퀴즈를 내지 말고, 반드시 알아야 하는 중요한 내용 위주로 퀴즈를 만들도록 합니다.

📖 책 읽기 전에 하면 좋은 질문

책에 대한 질문은 '책 읽기 전', '책 읽는 도중', '책 읽은 후'라는 시점에 따라 달라집니다. 먼저 책을 읽기 전에는 어떤 질문을 하면 좋을지 알아보겠습니다.

책에 대한 흥미를 유발하는 질문하기

독서 지도에서 가장 중요한 것이 아이가 책을 좋아하도록 만드는 것입니다. 책 읽기를 어려워하는 아이일수록 책에 대한 흥미를 갖게 하는 노력이 필요합니다. 아이가 책에 익숙해질 때까지 함께 읽거나 내용을 이해하는 데 도움을 주면서 이끌어 줍니다.

- 책의 제목은 왜 ○○○이라고 지었을까?
- 표지를 보고 어떤 내용일지 상상하는 질문

책을 이해하는 데 필요한 어휘나 개념 질문하기

전혀 모르는 내용을 읽는 것보다 조금이라도 알면 흥미를 갖고 적극적으로 읽게 됩니다. 책을 이해하는 데 반드시 필요한 지식을 미리 알려 줄 필요가 있습니다. 책의 핵심 어휘와 기본 개념을 너무 모르고 있으면 내용을 이해하면서 읽을 수 없습니다. 그러므로 책을 읽히기 전에 어려운 개념이나 어휘에 대해 질문하여 아이가 어느 정도 알고 있는지 확인한 다음, 모르는 것은 함께 알아보고 넘어가야 합니다.

책을 읽는 목적과 관련된 질문하기

책을 읽는 목적에 따라 마음가짐도 읽는 방법도 달라지므로 대화를 통해 어떤 것에 집중하며 책을 읽어야 하는지 알려 줍니다. 학습을 목적으로 읽느냐, 여가를 즐기기 위해 읽느냐에 따라 효과적으로 책을 읽는 방법이 달라집니다. 예를 들어 국어 공부를 목적으로 소설을 읽는다면 소설의 구성, 주제, 문법 등을 분석하면서 읽어야 하는 데 비해, 여가 선용을 목적으로 읽는다면 감상에 집중해야 합니다.

책 속 주요 대상에 대한 아이의 생각을 물어보고, 책 읽기 전과 읽은 후에 생각이 어떻게 달라졌는지 비교하면 좋습니다. 예를 들어 『지구를 구한 꿈틀이사우루스』(캐런 트래포트 지음/이루리 옮김, 현암사, 2003)를 읽기 전에 지렁이를 어떻게 생각하는지 물어보고, 책을 읽고 난 후 지렁이에 대한 생각이 어떻게 달라졌는지 질문합니다.

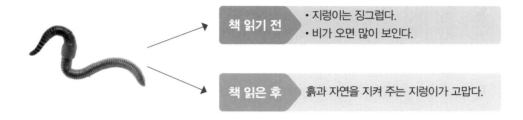

책 읽기 전
- 지렁이는 징그럽다.
- 비가 오면 많이 보인다.

책 읽은 후
흙과 자연을 지켜 주는 지렁이가 고맙다.

📖 등장인물과 갈등에 대한 질문

동화나 소설과 같은 이야기책에서는 등장인물, 갈등, 사건 등이 내용을 이끌어 갑니다. 쉬운 동화책의 경우 갈등의 원인과 해결 방법을 쉽게 알 수 있습니다. 하지만 고학년이 읽는 소설로 넘어가면서부터는 갈등의 형태가 다양해지고 겉으로 드러나지도 않습니다. 그렇기 때문에 갈등의 원인이 무엇이고 그것을 어떻게 해결해야 할지 깊이 생각해야 합니다. 아이가 등장인물의 성격과 갈등의 원인을 제대로 이해했는지 확인하기 위해 다음 사항을 참고하여 질문해 봅시다.

- 등장인물의 성격과 특징 질문하기
- 주요 사건에 대해 질문하기
- 각 등장인물의 역할 질문하기
- 다른 인물 또는 사회와의 갈등의 원인 질문하기
- 주인공의 내적 갈등의 원인 질문하기
- 어떻게 갈등이 해소되었는지 질문하기
- 만약 내가 주인공이라면?

예시 쥘 베른, 『15소년 표류기』(1888)

Q 갑자기 무인도에서 살게 된 소년들은 부족한 것이 많았는데 어떻게 해결했나요?

A 각자 역할을 분담하여 먹을 것, 입을 것, 살 곳 등을 마련했습니다.

Q 브리앙과 도니판이 서로 갈등을 빚은 까닭은 무엇인가요?

A 친구들에게 인기가 많은 브리앙이 촌장으로 선출되자, 도니판이 그를 질투했기 때문입니다.

Q 브리앙과 도니판이 화해하게 된 계기는 무엇인가요?

A 브리앙이 월스턴 일당으로부터 도니판을 구해 준 후 화해를 했습니다.

Q 소년들이 무인도 생활을 견디고 무사히 돌아올 수 있었던 비결은 무엇인가요?

A 나이도 인종도 각기 다른 열다섯 명의 소년이 서로를 믿고 협동했기 때문입니다.

📖 문제의 상황과 해결법에 관한 질문

이야기는 크고 작은 여러 사건을 다루고 있습니다. 그 사건들은 모두 하나의 원인에서 파생된 문제들로, 근본적인 문제의 원인을 이해하고 어떤 과정을 통해 그 문제가 전개되는지 이해할 수 있는 질문을 합니다. 이처럼 인과관계를 짚어 보는 훈련을 통해 논리적인 사고력을 기를 수 있습니다.

- 어떤 문제가 발생한 이유 질문하기
- 문제가 어떻게 해결되었는지 묻기
- 책과 다른 자신의 문제 해결 방법은?
- 만약 이런 일이 발생한다면?
- 중요한 사건의 결과가 달라졌다면?
- 뒷이야기 상상하기

예시 장수경, 『전교 모범생』(사계절, 2005)

가장 모범적으로 생활한 학생에게 주는 '전교 모범상'을 최고의 말썽꾸러기 해룡이가 받게 된 까닭을 이해했는지 확인합니다. 잘못된 판단을 어떻게 해결해야 공정한지를 생각할 수 있는 질문을 합니다.

Q 말썽꾸러기 해룡이가 어떤 일로 전교 모범상을 받게 되었나요?

A 해룡이가 체육 선생님에게 맞서서 다친 문제를 무마하려고 교장 선생님이 상을 주었습니다.

Q 모범상을 받은 뒤 해룡이가 학교에 가는 것이 불편해진 까닭은 무엇인가요?

A 자격이 없는 자신이 모범상을 받은 것에 죄책감이 들었기 때문입니다.

Q 해룡이에게 상을 준 교장 선생님의 결정에 대해 어떻게 생각하나요?

A 행동으로 모범을 보이지 않은 학생에게 전교 모범상을 준 것은 공정하지 못합니다.

Q 자신이 만약 해룡이와 같은 입장이라면 어떤 선택을 할 건가요?

A 아무도 인정해 주지 않고 부당하게 받은 상이므로 자진해서 반납하겠습니다.

📖 주제와 핵심을 파악하는 질문

모든 책에는 작가가 말하고자 하는 주제가 있습니다. 책 수준이 높아질수록 주제가 잘 드러나지 않습니다. 주제와 관련된 질문을 통해 책의 내용을 제대로 이해했는지 확인합니다.

- 주인공의 가치관에 대한 질문
- 저자가 책을 통해서 하고 싶었던 말은?
- 주인공에게 공감했던 부분
- 주인공과 생각이 달랐던 부분

안국선, 「금수회의록」(1908)

「금수회의록」은 지금으로부터 100여 년 전에 쓰인 소설로, 인간의 잘못을 여덟 동물의 입을 빌려서 비판하는 이야기입니다. 어떤 동물이 인간의 어떤 점을 비판하고 있는지를 알면 주제를 이해할 수 있습니다.

Q 개구리는 '우물 안 개구리'라는 말을 하는 인간의 어떤 점을 비판했나요?

A 사람들은 좁아터진 소견을 가지고, 세상 돌아가는 흐름도 알지 못하면서 아는 체를 하는 모습이 참 어리석다고 비판했습니다.

Q 어버이가 늙으면 먹이를 물어다 주는 까마귀는 인간의 어떤 점을 비판했나요?

A 부모의 뜻을 어기고 제 한 몸만 생각하면서 입으로만 효자라고 떠든다고 비판했습니다.

Q 파리는 '우리는 맛있는 것을 혼자 먹지 않는다'고 하면서 인간의 어떤 점을 비판했나요?

A 사람들은 이익이 생기면 서로 빼앗으려고 싸우기 바쁘다고 비판했습니다.

Q 동물들이 인간을 비판하는 내용 중에서 가장 공감이 가는 부분은 무엇인가요?

A 인간은 입으로는 꿀 같은 말을 하고 배에는 칼을 품었다고 말한 벌의 말에 공감합니다.

Q 자신이 만약 '금수 회의'에 참석한다면 오늘날 인간의 어떤 점을 비판하고 싶은가요?

A 사람의 생명보다 돈을 더 중요하다고 여기는 사고방식을 비판하고 싶습니다.

📖 비판적 관점을 기르는 질문

독서 기술 중에서 가장 어렵고 중요한 것이 '비판적 읽기'입니다. 초보 독자는 책 내용을 이해하고 받아들이는 것을 목표로 삼지만, 독서 능력이 향상되면 책을 이해하는 수준을 넘어서 다른 관점에서 생각할 수 있어야 합니다. 책의 내용을 무조건 수용하는 것이 아니라 저자의 의견 정도로만 여기고, 다양한 관점에서 접근하는 것입니다.

비판적 사고는 가짜 정보를 판별하여 합리적이고 이성적인 판단을 내릴 수 있게 합니다. 독서를 통해 비판적 사고를 기르려면 아이에게 다른 사고를 유도하는 적절한 질문이 필요합니다.

예시 **작자 미상, 「박씨전」**

「박씨전」은 병자호란을 배경으로 한 한글 소설입니다. 「박씨전」은 여성의 능력을 부각시켜 남성 중심의 당시 사회를 비판하고 있습니다. 적절한 질문을 통해 책 속에 숨겨진 비판 의식을 찾도록 합니다.

Q **「박씨전」에 나오는 인물 중에 최악은 누구이며, 그 이유는 무엇인가요?**

A 남편입니다. 못생겼다는 이유로 박씨를 구박하더니 허물을 벗고 예뻐지자 태도를 바꾼 것을 보면, 외모로 사람을 판단하는 사람인 것 같습니다.

Q **「박씨전」의 작가가 역사적 사실과 다르게 이야기를 허구로 꾸민 이유는?**

A 사람들이 답답하고 힘든 현실과는 정반대의 이야기를 통해 시원함을 느끼게 해 주고 싶었기 때문입니다.

Q **그 당시 조선 시대 사람들은 「박씨전」을 읽고 어떤 마음을 가졌을까요?**

A 청나라에 당한 치욕에 대해 위로를 받고, 무능한 지배층을 비판하는 내용에 속이 후련했을 것입니다.

Q **책 내용 중에서 자신의 생각대로 바꾸고 싶은 부분이 있다면?**

A 현명하고 비범한 능력을 갖추었지만 용모가 못생겼던 박 씨가 허물이 벗겨져 미인으로 변신하는 장면을 빼고 싶습니다. 그 대신에 그녀가 자신의 능력과 진심을 보여 주어 사람들에게 사랑받는 것으로 바꾸고자 합니다.

📖 인물 관련 책에서 어떤 질문을 할까

위인전처럼 특정 인물과 관련된 책은 그 인물이 어떻게 시련을 극복하고 어떤 훌륭한 업적을 남겼는지, 본받을 점은 무엇인지 알 수 있도록 다음과 같은 질문을 합니다.

- 인물의 성격이나 특징 질문하기
- 인물이 겪은 시련의 원인과 극복 방법 질문하기
- 인물이 살았던 시대적 상황과 배경 질문하기
- 인물이 이룩한 업적과 성과 질문하기

예시 간디에 관한 책을 읽고 질문하기

간디는 인도가 영국의 지배를 받고 있을 당시 인도인 차별에 맞서 비폭력 운동을 벌였습니다. 그가 인도 독립운동을 시작하게 된 계기, 세계를 감동시킨 업적 등에 대하여 질문합니다.

Q 간디는 인도인 차별과 불합리한 대우에 대해 어떤 방법으로 저항했나요?
A 옳지 않은 법에 복종하지 않겠다는 비폭력, 무저항 운동을 벌였어요.

Q 간디가 영국산 물건을 사지 않고 국산품 쓰기 운동을 벌인 이유는 무엇일까요?
A 인도인들이 영국 제품을 사지 않으면 영국은 이익을 얻지 못해 인도를 떠나게 될 것이라고 생각했기 때문입니다.

Q 인도인인 간디가 세계적으로 존경을 받는 이유는 무엇일까요?
A 목숨이 위험해도 굴복하지 않고 정의를 위해 평화적으로 행동한 점에 세계가 감동했기 때문입니다.

Q 인도처럼 식민지 지배를 받았던 우리나라에서도 비폭력 독립운동이 일어났었나요?
A 1919년 3월 1일 우리 민족은 국내외에서 조선의 독립을 외치는 비폭력 만세 운동을 펼쳤어요.

독해력과 공부력을 키우는 머리읽기 독서법

3

마인드맵으로
지식·사고력 확장하기

처음 가는 낯선 장소를 찾아가야 할 때, 우리는 길을 헤매지 않기 위해 관련 정보를 미리 알아보곤 합니다. 목적지를 찾아가는 방법을 설명한 글과 그림으로 된 약도 중에서 어떤 것이 더 편리할까요? 우리의 뇌는 글보다 이미지를 더 잘 기억하기 때문에 약도가 훨씬 유용합니다.

꿈씨앗역 1번 출구로 나와서 큰길을 따라 직진합니다. △△사거리가 나오면 길을 건너 계속 직진합니다. 삼거리가 나타나면 행복은행을 끼고 왼쪽으로 꺾은 후 직진합니다. 맛나슈퍼 옆 골목으로 들어가면 건너편에 꼬꼬치킨이 보이고 바로 옆에 '드림랜드'가 있습니다.

vs.

이처럼 글로 된 설명보다 그림인 약도가 더 잘 이해되고 오래 기억됩니다. 이렇게 글로 된 정보를 일정한 순서와 규칙에 따라 지도를 그리듯 구조화하는 것을 '마인드맵'이라고 합니다. 마인드맵(mind map)은 단어 뜻 그대로 '생각 지도'란 뜻입니다. 머릿속의 생각이나 정보를 지도 그리듯 이미지화하여 사고력, 기억력 등을 한 단계 높이는 활동입니다. 이 과정에서 논리적 사고를 담당하는 좌뇌와 창조적 발상을 담당하는 우뇌를 유기적으로 연결함으로써 두뇌를 효율적으로 사용하게 됩니다. 마인드맵을 활용하면 머릿속을 떠도는 많은 생각을 정리하고 구체적인 아이디어로 확장할 수 있습니다. 그리고 복잡하고 어려운 학습 내용을 체계적으로 정리하고 오래 기억할 수 있게 도와줍니다.

마인드맵에서 가장 중요한 사항은 중심 주제를 정하고 핵심 내용으로 주가지를 만드는 것입니다. 다음 예제의 중심 주제는 '식물의 구조'이고, 핵심 내용인 주가지는 '뿌리, 줄기, 잎, 꽃, 열매'입니다.

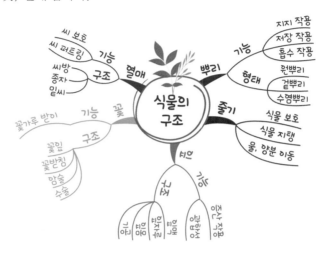

마인드맵은 지도를 보는 것처럼 전체 내용을 한눈에 파악하고 주요 내용을 빠르고 효과적으로 기억하면서 복습할 수 있어 자기주도 학습에 유용합니다. 공부한 내용을 구조화하고 이미지로 표현하는 과정이 재미있으므로 아이가 공부에 대한 흥미를 느낄 수 있습니다.

📖 마인드맵에 필요한 준비물

줄이 그어져 있는 종이는 생각을 펼치는 데 제한을 줄 수 있으니 줄 없는 백지를 준비합니다. 마인드맵을 그리기에는 8절 스케치북이나 A4 크기 이상의 드로잉 노트가 좋습니다. 단어와 그림을 옆으로 길게 그려야 하므로 가로로 길게 펼쳐 씁니다.

우리 두뇌는 여러 가지 색을 사용하여 그림을 그리는 것을 즐거운 행동으로 인식합니다. 마인드맵에 들어가는 핵심적인 단어와 그림을 표현할 때 중요도에 따라 굵기와 색을 달리하여 그립니다. 색연필, 색볼펜, 형광펜 등 다양한 색과 굵기의 필기도구를 준비합니다.

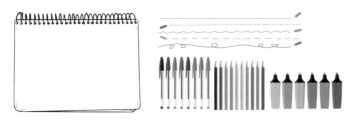

📖 마인드맵의 구조 이해하기

다음 내용을 마인드맵으로 표현하여 마인드맵의 구조를 알아보겠습니다. 먼저 용지 중앙에 중심 주제인 '식물의 구조'를 그린 다음, 설명하려는 '뿌리'를 주가지로 씁니다. 뿌리의 기능과 역할에 대한 글이므로 부가지로 '기능'과 '형태'를 쓰고, 상세한 내용을 세부가지로 표현합니다.

식물의 뿌리는 몸체가 쓰러지지 않도록 지지하는 역할을 하며 잎에서 만든 영양분을 저장한다. 그리고 땅속에 있는 물과 영양분을 흡수한다. 뿌리의 형태는 모양에 따라 원뿌리, 곁뿌리, 수염뿌리로 나눌 수 있다.

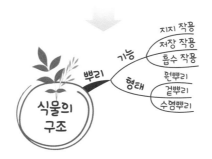

핵심 내용을 함축한 마인드맵을 보고 주요 내용을 설명할 수 있습니다. 마인드맵을 이루는 구성 요소와 어떻게 마인드맵을 만드는지 알아보겠습니다.

중심 주제

용지 중앙에 표현하려는 중심 주제를 만듭니다. 가장 중요한 핵심 주제이므로 눈에 띄게 크게 그립니다. 반드시 그림이 들어갈 필요는 없지만, 주제와 관련된 그림이나 기호를 넣어 꾸밉니다.

주가지

중심 주제와 연결된 주제로 주가지를 그립니다. 주제별로 다른 색상으로 시계 방향으로 그립니다. 중심 주제가 '식물의 구조'이므로, 주가지는 식물의 구조에 해당하는 '뿌리, 줄기, 잎, 꽃, 열매' 등으로 설정했습니다.

주가지는 가장 굵은 선으로 표현하는데, 해당하는 글자도 크고 굵게 표현합니다. 주가지의 내용은 어구나 문장보다 주된 내용을 함축한 핵심 단어로 써야 다른 내용과의 연결이 편리합니다.

부가지

주가지에서 뻗어 나온 하위 주제인 부가지는 주가지보다 작은 글자와 가는 선으로 표현합니다. 부가지는 앞의 주제를 더욱 세분화한 것이고 서로 연결됩니다. 예제에서는 뿌리의 '기능'과 '형태'를 부가지로 정했습니다.

세부가지

부가지의 내용을 더욱 자세하게 설명하는 내용을 세부가지로 표현합니다. 예제에서는 뿌리 기능인 '지지 작용', '저장 작용', '흡수 작용'을 세부가지로 정했습니다.

📖 마인드맵 단계별 과정 살펴보기

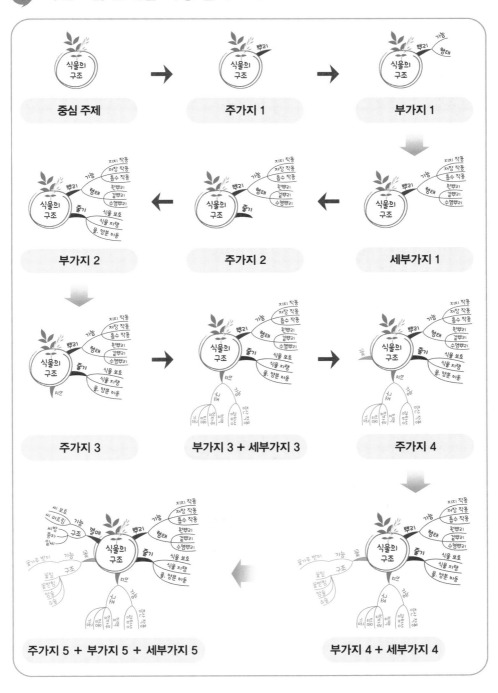

중심 주제 → 주가지 1 → 부가지 1

부가지 2 ← 주가지 2 ← 세부가지 1

주가지 3 → 부가지 3 + 세부가지 3 → 주가지 4

주가지 5 + 부가지 5 + 세부가지 5 ← 부가지 4 + 세부가지 4

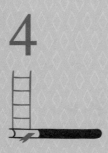

4

마인드맵으로
한국사 공부하기

📖 마인드맵, 처음부터 끝까지 따라 하기

　　마인드맵으로 가장 큰 학습 효과를 볼 수 있는 분야가 방대한 학습량과 외울 것이 많은 '한국사'입니다. 한국사를 처음 배우는 초등학생의 경우에는 흥미를 갖게 하는 것이 가장 중요합니다. 마인드맵으로 한국사를 공부하면 인과 관계와 흐름을 알 수 있어 쉽게 기억할 수 있게 됩니다. 그리고 여러 형태의 기호와 그림을 이용하여 배운 내용을 정리하면서 훨씬 재미있고 쉽게 공부할 수 있습니다.

　　실전 예제로 '고조선'과 관련된 주요 내용을 마인드맵으로 정리해 보겠습니다. 다음 내용을 따라 연습하면서 직접 경험해 보세요.

중심 주제 만들기

종이 중앙에 중심 주제가 들어간 이미지를 만듭니다. 정리하고자 하는 주제에 맞는 제목과 그림으로 꾸밉니다. 여기서는 고조선과 관련된 내용으로 꾸몄습니다.

큰 주제에 해당하는 '주가지' 만들기

한반도 최초의 국가라고 할 수 있는 고조선은 청동기 문화를 바탕으로 세워졌고, 철기 시대에 전성기를 맞았습니다. 그러므로 고조선 마인드맵의 주가지를 청동기, 고조선, 철기로 설정하였습니다.

핵심 단어로 '부가지'와 '세부가지' 만들기

❶ 첫 번째 부가지와 세부가지 만들기

다음 내용에서 핵심 단어 위주로 첫 번째 부가지와 세부 가지를 만듭니다.

청동기 시대에는 **농업이 발달**하여 **벼농사**를 짓게 되었고, 그 결과 사람들은 **풍요로움**을 누릴 수 있었다. 가진 자와 못 가진 자 간에 **계급**이 생기게 되었고, 서로 뺏고 빼앗기는 전쟁도 발생하였다.

❷ 두 번째 부가지와 세부가지 만들기

다음 내용에서 핵심 단어 위주로 두 번째 부가지와 세부 가지를 만듭니다.

> 청동기 시대에는 전쟁에 이기기 위해 좋은 무기가 필요했는데, 이때 등장한 무기가 바로 청동기 무기이다. 청동기의 원료인 **구리와 주석**은 아주 귀했기 때문에 **지배자의 권위와 힘**을 상징하는 **청동검, 청동 거울, 청동 방울** 같은 것을 주로 만들었다.

❸ 세 번째 부가지와 세부가지 만들기

다음 내용에서 핵심 단어 위주로 세 번째 부가지와 세부가지를 만듭니다.

> 청동기 시대는 부족을 중심으로 움직이는 **부족 사회**였고, 부족을 이끄는 **군장**이 있었다. 전쟁을 통해 다른 부족을 정복해 나가며 점차 **국가 형태로 발전**하게 되었다.

❹ 네 번째 부가지와 세부가지 만들기

다음 내용에서 핵심 단어 위주로 네 번째 부가지와 세부가지를 만듭니다.

> 청동기 시대에는 지배자가 죽으면 그의 권위를 상징하는 무덤인 **고인돌**을 만들었다. 고인돌은 만주와 한반도에 가장 많이 분포되어 있다. 고인돌은 모양에 따라 **탁자식, 바둑판식, 개석식**으로 나뉜다. 울산 태화강 상류 대곡리에는 선사 시대 사람들이 그린 **울주 반구대 암각화**가 있다. 바위에 거북, 사슴, 호랑이, 고래 등의 그림을 그린 것이다. 청동기 시대에는 가마에서 구워 낸 **민무늬 토기**를 사용하였다.

❺ 두 번째 주제로 마인드맵 만들기

두 번째 주제인 '고조선'에서는 단군 신화, 고조선의 발전과 멸망, 청동기의 발전, 8조법 등으로 부가지를 뽑고, 이와 관련된 내용으로 세부가지를 만듭니다. 가지 위의 단어들을 연결하면 중요한 역사적 사실이 완성됩니다.

> • 단군 신화 → 삼국유사 → 일연
> ⇒ 단군 신화는 『삼국유사』에 처음 소개되었고 일연이 정리하였다.
>
> • 단군왕검 → ┌ 단군 → 제사장 ┐ → 제정 일치
> _____└ 왕검 → 정치 지배자 ┘
>
> ⇒ 단군왕검에서 '단군'은 제사장을 뜻하고, '왕검'은 지도자를 뜻하는 말로
> ___고조선은 제정 일치 사회였다.

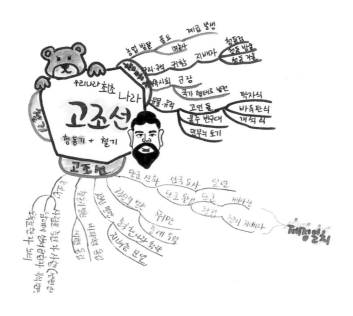

❻ 세 번째 주제로 마인드맵 만들기

　세 번째 주제인 '철기'에서는 철기 도구가 발달하고 부여, 옥저, 삼한 등의 여러 나라가 등장한 내용으로 부가지를 뽑고, 이와 관련된 내용으로 세부가지를 만듭니다.

독해력과 공부력을 키우는 **머리읽기 독서법**

주가지부터 세부가지까지 주요 내용에 대한 정리가 끝나면, 마지막으로 관련 그림과 기호로 마인드맵을 꾸밉니다. 예제에서는 고조선 유물인 청동검, 청동 방울, 고인돌 등으로 꾸몄습니다. 한국사에 나오는 지도는 익혀야 하므로 빈 공간에 그려 넣습니다.

📖 마인드맵 활용하기

중심 주제를 어떤 것으로 정하느냐에 따라 주가지, 부가지, 세부가지 그리고 핵심 단어가 결정됩니다. 중심 주제와 주가지를 적고 흐름에 따라 뻗어 나가면서 정리합니다. 만약 중간에 막힌다면 공부가 덜 된 부분이므로 다시 읽고 정리합니다.

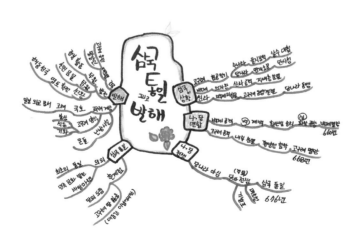

5

글쓰기로 배우는 확장 독서법

책을 읽는 것만으로 그친다면 사고력이 확장되지 않습니다. 사고력 확장에 가장 좋은 독후 활동이 바로 '글쓰기'입니다. 책을 읽고 독후감을 쓰라고 하면 대부분의 아이들은 좋아하기보다는 부정적인 반응을 보입니다. 부모들도 아이에게 글을 어떻게 쓰라고 해야 할지 몰라 어려움을 겪습니다. 이렇게 글쓰기는 아이와 부모 모두에게 큰 부담감을 주는 활동입니다.

아무리 어려운 수학 문제라고 해도 원리와 공식을 완벽하게 알고 있으면 쉽게 풀수 있습니다. 글쓰기도 기본 원리만 안다면 누구나 어렵지 않게 글을 쓸 수 있을 뿐만 아니라 글쓰기 그 자체를 즐길 수 있습니다.

부모가 기초적인 문장의 구조와 글쓰기 원리를 알아야 아이의 글쓰기를 지도하고 문제점을 바로잡아 글쓰기 실력을 높여 줄 수 있습니다. 문장의 기본 구조와 역할을 이해하고 문장을 제대로 쓰는 방법을 배운 다음, 독후감을 쓰는 방법에 대해 설명하겠습니다.

📖 글쓰기의 시작은 '문장 훈련'이다

"천 리 길도 한 걸음부터"라는 속담처럼 글쓰기도 한 문장부터 제대로 쓸 수 있어야 합니다. 문장을 제대로 쓰기 위해서는 문장의 구조를 이해하고 문법적으로 맞게 써야 합니다. 내용이 아무리 훌륭해도 맞춤법과 문법이 엉망이라면 글의 가치는 떨어지기 마련입니다. 본격적인 글쓰기 방법을 설명하기 전에 가장 기본인 문장의 구조를 익히고, 아이들이 가장 빈번하게 저지르는 문법적인 오류들도 짚어 보겠습니다.

문장 구조부터 제대로 알기

우리의 생각이나 감정을 표현하는 가장 최소의 단위가 문장입니다. 문장과 문장이 모여 하나의 글이 되므로 한 문장부터 제대로 쓸 수 있어야 합니다. 지금부터 기본 문장 구조를 이해하고 문법에 맞게 제대로 쓰는 방법을 알아보겠습니다. 기본 문장의 구조를 알아야 정확한 표현을 할 수 있고, 체계적인 글을 쓸 수 있습니다.

문장의 기본 뼈대를 이루고, 문장을 구성하면서 일정한 역할을 하는 요소를 '문장 성분'이라고 합니다. 문장 성분은 크게 '주성분', '부속 성분', '독립 성분'으로 나눌 수 있습니다.

주성분에는 문장을 이루는 데 꼭 필요한 '주어, 서술어, 목적어, 보어'가 있고, 부속 성분으로는 다른 문장 성분을 꾸며 주는 '관형어, 부사어'를 들 수 있습니다. 그리고 문장 안에서 다른 부속 성분과 직접적인 관련을 맺지 않고 따로 떨어져 있는 독립 성분인 '독립어'가 있습니다.

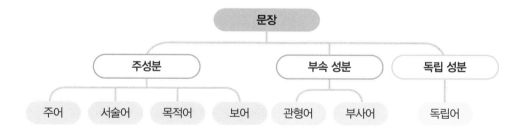

문장의 기본인 주어와 서술어 이해하기

최소한 한 개의 주어와 한 개의 서술어가 있어야 '문장'이라고 부를 수 있습니다. 주어는 한자로 '主'(주인 주)와 '語'(말씀 어)가 결합한 말로, 글자 그대로 풀이하면 '주인인 말'입니다. 즉 문장에서 서술어가 나타내는 동작이나 상태의 주체가 되는 말을 의미합니다.

서술어는 주어의 동작, 상태, 성질 등을 설명해 주는 문장 성분입니다. 문장에서 '어찌하다, 어떠하다, 무엇이다'에 해당하는 말이지요.

아래 예문에서는 '고래가, 하늘이, 이것은'은 주어이고, '헤엄친다, 파랗다, 연필이다'가 서술어입니다.

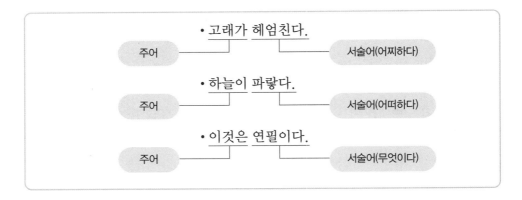

주어와 서술어 호응시키기

문장을 이루는 문장 성분끼리 자연스럽게 어울려야 바른 문장이 됩니다. 특히 길고 복잡한 문장을 쓸 경우에 아이들이 가장 많이 틀리는 것이 주어와 서술어의 호응입니다.

예를 들어 '바람과 비가 쏟아졌다.'라는 문장에서 바람은 쏟아지는 것이 아니므로, 주어인 '바람'과 서술어인 '쏟아졌다'가 서로 호응이 안 됩니다. 이 문장은 '바람이 불고 비가 쏟아졌다.'로 고쳐야 맞습니다.

바람과 비가 쏟아졌다.
↓
바람이 불고 비가 쏟아졌다.

다음 예문을 읽고 어색한 부분을 찾아 바르게 고쳐 보겠습니다.

> 우리는 과일과 음료수를 마셨다.
> ↓
> 우리는 과일을 먹고 음료수를 마셨다.

> 형은 나보다 키와 몸무게가 더 무겁다.
> ↓
> 형은 나보다 키가 크고 몸무게가 더 무겁다.

아무리 긴 문장이라도 일단 주어와 서술어를 찾아 서로 연결시켜 읽으면, 호응이 바르게 되었는지를 바로 알 수 있습니다.

> 학생 인권 조례는 학생의 자유와 권리 보장을 위해 제정하였습니다.
> ↓
> 학생 인권 조례는 학생의 자유와 권리 보장을 위해 제정되었습니다.

아이가 쓴 글을 읽을 때 주어와 서술어가 서로 맞게 호응하는지 확인하고, 잘못된 부분은 스스로 고치도록 합니다. 한 문장부터 제대로 쓸 수 있다면 긴 글도 체계적으로 잘 쓸 수 있습니다.

문장의 주성분인 목적어와 보어 이해하기

문장의 주성분 중 목적어는 서술어의 동작 대상이 되는 문장 성분으로 문장에서 '누구를, 무엇을'에 해당하는 말입니다. 예를 들어 '우리는 만들었다.'와 같이 주어와 서술어로만 쓰는 것보다 '무엇을'에 해당하는 말을 구체적으로 넣어 '우리는 떡볶이를 만들었다.'와 같이 써야 완벽한 문장이 됩니다.

> • 동생이 <u>농구공을</u> 가져갔다.
> • 나는 <u>인형을</u> 좋아한다.

이 예문들에서는 '농구공을'과 '인형을'이 목적어입니다. 목적어에는 조사 '을/를'이 붙기 때문에 쉽게 찾을 수 있습니다. 만약 목적어가 없다면 '무엇을' 가져갔고, '무엇을' 좋아하는지를 알 수 없습니다. 아이들이 문장을 쓸 때 목적어를 **빼놓고** 쓰지 않도록 지도합니다.

보어는 한자로 '補(돕다 보)와 '語(말씀 어)가 결합한 말로, 한자 뜻 그대로 '도와주는 말'을 뜻하는 문장 성분입니다. 보어는 서술어 '되다, 아니다' 앞에 위치하여 '무엇이' 되는지, '무엇이' 아닌지를 보여 줍니다. 주어와 마찬가지로 보어에도 조사 '이/가'가 붙으므로 헷갈리지 않도록 주의합니다.

> • 애벌레가 <u>나비가</u> 되었다.
> • 언니는 <u>중학생이</u> 된다.
> • 그는 <u>학생이</u> 아니다.
> • 나는 <u>회장이</u> 아니다.

문장을 자세하게 만드는 관형어와 부사어

주성분만으로 설명하기 부족한 경우 여러 부속 성분을 이용하여 문장을 좀 더 자세하게 쓸 수 있습니다. 부속 성분이란 다른 문장 성분을 꾸며 주는 역할을 하는 문장 성분으로, 관형어와 부사어가 있습니다.

관형어의 '관'은 한자로 '冠(갓 관), 즉 머리에 쓰는 물건을 의미합니다. 우리가 멋을 부릴 때 머리에 모자를 쓰는 것처럼, 관형어도 어떤 사물이나 사람을 꾸며 주는 역할을 합니다.

다음 예문에서 가방은 가방인데, 어떤 가방이냐 하면 '작은' 가방입니다. 여기서 '가방을'을 꾸며 주는 '작은'이 바로 '관형어'입니다.

> 언니가 작은 가방을 주었다.

부사어의 '부'는 한자로 '副'(머리꾸미개 부), 즉 머리를 꾸미는 데 쓰이는 물건을 뜻합니다. 부사어는 주로 서술어를 꾸미는데, 서술어의 의미를 좀 더 구체적으로 설명해 줍니다. 한 문장에서 여러 개의 부사어를 사용할 수도 있습니다.

> 비행기가 하늘에서 빠르게 날고 있다.

부사어와 서술어 호응시키기

문장에서 어떤 대상을 꾸며 주는 것인지 정확하게 표현하려면 부사어와 서술어와의 호응도 중요합니다. '결코, 전혀, 별로' 등과 같은 부사어는 '아니다, 없다, 아니하다, 못하다' 등과 같이 부정의 뜻을 가진 서술어와 호응해야 합니다.

꾸며 주는 말 호응	예문
만약 ~라면	• 만약 이 일이 성공하면 우리는 부자가 된다.
전혀 ~ 않다	• 그는 고기를 전혀 먹지 않았다.
결코 ~ 않다(아니다)	• 그것은 결코 우연이 아니었다.
여간 ~ 않다	• 허름한 옷이 여간 부끄럽지 않았다.
아마 ~ ㄹ 것이다	• 아마 지금쯤 공항에 도착했을 것이다.
반드시 ~ 하겠다(~해야 한다)	• 우유는 반드시 냉장고에 보관해야 한다.
비록 ~ ㄹ지라도(~지만)	• 비록 사소한 잘못일지라도 사과를 해야 한다.
왜냐하면 ~ 때문이다	• 여행이 취소되었다. 왜냐하면 태풍이 오기 때문이다.

📖 문장력 향상을 위한 비법

글을 쓴다는 것은 어른이나 아이 모두에게 어렵고 부담스러운 활동입니다. 하지만 너무나 중요한 능력이기 때문에 마냥 소홀히 여기며 피할 수는 없습니다. 그러니 이번 기회에 제대로 배워서 더 이상 글쓰기가 두렵지 않은 일이 되도록 해야 합니다.

글을 쓸 때 가장 많이 실수하는 문제들과 해결 방법에 대해 알아보겠습니다. 여기서 설명하는 방법들을 적용한다면, 글쓰기 실력이 향상되고 자신감도 생기게 됩니다.

육하원칙에 맞춰 글 쓰고 말하기

막상 글을 쓰려고 하면 첫 문장부터 막막합니다. 이런 경우 육하원칙에 맞게 글을 쓰면 수월하게 쓸 수 있습니다. 육하원칙이란 보도문, 기사문 등을 쓸 때 지켜야 하는 기본 원칙으로, '누가, 언제, 어디서, 무엇을, 어떻게, 왜' 이렇게 여섯 가지 요소로 이루어져 있습니다.

그렇다고 한 문장에 육하원칙의 여섯 요소를 모두 쓸 필요는 없습니다. 설명이 충분한데도 억지로 육하원칙을 넣으면 오히려 군더더기가 되기 때문에, 꼭 필요한 요소를 골라 융통성 있게 사용해야 합니다.

예를 들어 '강아지를 좋아한다'는 뜻을 전달하고 싶다면, 다음과 같이 필요한 요소만 간단하게 넣어 쓰면 됩니다.

> • 나는 강아지를 좋아한다.
>   누가   무엇을   어떻게
>
> • 나는 세 살 때부터 강아지가 귀엽게 생겨서 좋아한다.
>   누가   언제   무엇을   왜   어떻게

같은 표현이라도 더 쉽고 간결한 것을 사용하는 것이 좋습니다. 단지 자신이 강아지를 좋아한다는 사실만 전달하면 되는데, 지나치게 자세하게 쓰면 읽을 때 지루한 글이 될 수 있습니다. 순서도 정해져 있지 않으므로 문장에 따라 자연스럽게 위치를 정하여 씁니다.

평소에 사람들과 대화를 나눌 때도 육하원칙대로 말하는 연습을 할 필요가 있습니다. 예를 통해 그냥 대화를 나눌 때와 육하원칙에 맞게 말할 때의 차이점을 비교해 보도록 하겠습니다.

> **아이** 엄마, 오늘 학교에서 선생님이 엄청 화를 내셨어요.
> **엄마** 그래? 왜 화내셨니?
> **아이** 규칙을 지키지 않아서요.
> **엄마** 규칙? 무슨 규칙인데?
> **아이** 창문 난간에 앉으면 안 된다는 규칙이에요.
> **엄마** 왜 앉으면 안 되는데?
> **아이** 혹시 아래로 떨어지면 안 되니까요.
> **엄마** 누가 난간에 앉아서 혼났니?
> **아이** 민수랑 희철이가요.

육하원칙을 고려하지 않고 단답형으로 대답한 예입니다. 학교에서 일어난 일을 정확하게 파악하려면 부모는 많은 질문을 하게 됩니다. 어떤 것을 설명할 때는 상대방이 알아야 할 정보나 궁금하게 여길 만한 것을 모두 말해 주어야 합니다. 육하원칙을 고려하지 않고 단어 위주로 말하면 스무고개 하듯이 하나하나 묻고 답해야 합니다.

다음은 육하원칙에 맞게 대화를 나눈 예시입니다.

> **아이** 엄마, 오늘 학교에서 선생님이 엄청 화를 내셨어요.
> **엄마** 그래? 왜 화내셨니?
> **아이** 우리 반에는 창문 난간에 앉으면 안 된다는 규칙이 있는데 민수랑 희철이가 앉아서 선생님께서 화가 나셨어요.
> **엄마** 근데 왜 창문 난간에 앉으면 안 되는 거니?
> **아이** 선생님이 창문이 열려 있을 때 난간에 앉았다가 아래로 떨어질 수도 있으니 절대 앉지 말라고 하셨거든요.

앞의 예시보다는 훨씬 체계적이고 자연스럽게 대화가 됩니다. 자기가 겪은 일을 일기로 쓸 때도 육하원칙에 따라 쓰면 요점을 빠뜨리지도 않고 조리 있게 글을 쓸 수 있습니다. 아이가 쓴 문장에서 중요한 육하원칙 요소가 빠졌다면 그것을 채우도록 지도합니다.

- 눈물을 흘렸다.
→ <u>그녀는</u> <u>돌아가신 할머니 생각이 나서</u> 눈물을 흘렸다.
　누가　　　　　　　왜

- 나비가 날아갔다.
→ <u>아이가 풀밭으로 뛰어가자</u> 꽃 위에 흰 나비가 <u>날개를 너울너울하며</u>
　　　　왜　　　　　　　　　　　　　　　　어떻게
<u>하늘로</u> 날아갔다.
어디로

　이런 훈련을 통해 자연스럽게 육하원칙에 맞게 글을 쓸 수 있습니다. 충분한 훈련을 하지 않으면 나중에 성인이 되어서도 생각을 단편적으로만 표현하게 됩니다.

📖 문장의 뜻 명확하게 쓰기

　글쓰기가 서툰 아이들이 가장 많이 하는 실수 중 하나가 문장을 명확하지 않게 쓰는 것입니다. 글쓴이는 자기 생각이니 대충 써도 그 뜻을 알겠지만, 읽는 사람은 내용이 명확하지 않으면 다른 의미로 생각할 수도 있습니다. 따라서 글을 쓸 때는 항상 읽는 사람의 입장을 고려하여 이해하기 쉽게 써야 합니다. 아이가 쓴 글을 읽을 때 오해의 소지가 있거나 명확하지 않은 표현이 있다면 명확한 표현으로 고치도록 해야 합니다.

　이해하기 쉽게 예를 들어 설명하겠습니다. '나는 사과를 먹지 않았다.'라는 문장은 여러 가지 의미로 해석될 수 있습니다.

나는 사과를 먹지 않았다.
— ① 사과를 먹은 사람은 내가 아니다.
— ② 내가 먹은 것은 사과가 아니다.
— ③ 나는 사과를 먹지 않고 버렸다.

이처럼 한 문장이 여러 가지 의미로 해석되는 것을 '중의적 표현'이라고 합니다. 다양한 의미로 해석되는 중의적 표현을 피하고, 읽는 사람이 헷갈리지 않도록 문장을 명확하게 써야 합니다.

꾸며 주는 말의 위치에 따라서도 문장의 뜻이 완전히 달라집니다. 예를 들어 '귀여운 친구의 동생'이라는 표현의 경우 '친구'가 귀엽다는 것인지, '동생'이 귀엽다는 것인지 분명하지 않습니다. 친구의 동생이 귀여운 경우라면 '친구의 귀여운 동생'이라고 써야 합니다. 만약 꾸며 주는 말이 지나치게 길고 복잡하면 별개의 문장으로 구분해서 씁니다.

다음 문장을 읽어 보고, 어떻게 헷갈릴 수 있을지 생각해 봅시다.

> 어제 채은이에게 빌린 책을 돌려주었다.

이 문장의 경우, 책을 빌린 시점이 어제라는 것인지, 책을 돌려준 시점이 어제라는 것인지 그 의미가 분명하지 않습니다. 읽는 사람이 오해하지 않도록 전달하려는 뜻을 명확하게 표현해야 합니다.

> → 채은이에게 빌린 책을 <u>어제</u> <u>돌려주었다.</u>
>
> → <u>어제</u> 채은이에게 <u>빌린</u> 책을 <u>오늘</u> <u>돌려주었다.</u>

📖 핵심 위주로 간결하게 문장 쓰기

대화 중인 상대방이 장황하게 이야기를 늘어놓으면, 듣는 사람은 고개를 끄덕이기는 해도 머릿속은 딴생각에 빠져 무슨 말을 들었는지 거의 기억하지 못합니다. 글도 마찬가지입니다. 불필요한 내용이 너무 많으면 읽는 사람이 읽지 않고 넘어가거나 대충 읽게 됩니다.

글쓰기에서 가장 중요한 능력은 핵심 위주로 간결하게 쓰는 것입니다. 간결하다는 것은 간단하면서도 짜임새가 있게 쓰는 것을 의미합니다. 간단하게 쓴다고 무조건 짧게 쓰다 보면, 중요한 내용을 빠뜨리거나 전달하고자 하는 의미가 제대로 드러나지 않을 수 있습니다. 정말 중요하고 꼭 필요한 표현만 남기고 합칠 수 있는 것은 합치며, 부사, 형용사, 명사 등 꾸며 주는 말이나 중복되는 표현은 빼고 쓰는 것을 권합니다.

아이들은 다음 예제처럼 이름을 반복하고, 중복된 표현도 많이 사용합니다.

파스퇴르는 프랑스에서 태어난 과학자이다. **파스퇴르**는 미생물과 박테리아를 연구했다. **파스퇴르**는 무서운 질병에서 인류를 구했다. **파스퇴르**는 누구나 마음대로 자신의 기술을 사용하기 원했다. **파스퇴르**는 자신의 연구 결과가 인류의 발전과 복지를 위해 쓰이길 원했다.

파스퇴르는 프랑스에서 태어난 과학자로, 미생물과 박테리아를 연구하여 무서운 질병으로부터 인류를 구했다. 그는 자신의 기술이 인류의 발전에 기여하길 원했다.

사람 이름인 '파스퇴르'를 반복해서 쓰지 않고 '그는'과 같은 대명사로 바꾸어 씁니다. 그리고 반복된 표현은 서로 통합하여 간결하게 표현합니다. 같은 단어를 계속 쓰는 것보다 비슷한 뜻을 지닌 다른 표현을 사용하는 것이 좋습니다.

📖 중복되는 표현 쓰지 않기

성인들도 많이 하는 실수가 바로 같은 뜻의 말들이 겹쳐서 된 '겹말'을 사용하는 것입니다. '족발, 역전 앞, 고목나무, 철교다리, 모래사장' 등이 대표적인 겹말입니다. 비슷한 뜻의 단어를 중복해서 사용하는 표현도 피해야 합니다.

다음 문장에서 중복된 표현을 찾아보세요.

> 홀로 독거하는 늙은 노인이 점점 늘고 있다.
> ①   ②

① 독거(獨 홀로 독, 居 살 거)는 '혼자 삶'이라는 뜻으로, '홀로'라는 의미를 포함하므로 중복된 표현입니다. ② 노인(老 늙을 노, 人 사람 인)은 '나이가 들어 늙은 사람'이라는 뜻으로 '늙은'이라는 의미를 포함하므로 중복된 표현입니다. '독거하는 노인이 점점 늘고 있다.' 또는 '홀로 사는 노인이 점점 늘고 있다.'로 고쳐야 합니다.

다음 문장도 중복된 표현을 찾아 바꿔 보겠습니다. '충신'(忠 충성 충, 臣 신하 신)이라는 단어 자체가 '나라와 임금을 위하여 충성을 다하는 신하'를 의미하므로, '충성스럽고'와 '충신'은 중복된 표현입니다.

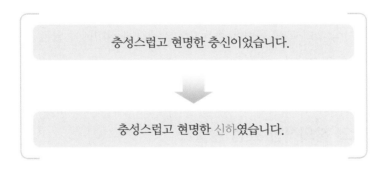

📖 문장 상세하게 표현하기

문장을 간결하게 쓴다고 무턱대고 줄여 쓰면 안 됩니다. 읽는 사람이 내용을 쉽게 이해하고 생생하게 느끼도록 하려면 보다 상세하게 써야 합니다. 예시의 첫 번째 문장처럼 '온갖 꽃들이'라고 막연하게 표현하기보다는 두 번째 문장처럼 어떤 종류의 꽃들이 피어 있는지 구체적인 예를 함께 써 주는 것이 좋습니다.

- 울타리 안에는 온갖 꽃들이 피어 있었다.
- 울타리 안에는 수선화, 금잔화, 데이지 같은 온갖 꽃들이 피어 있었다.

    글을 쓰는 목적 중 하나는 읽는 사람이 글쓴이의 생각에 공감하게 하는 것입니다. 호박이 몸에 필요한 영양소가 풍부해서 건강에 좋으니 많이 먹으라고 권유하는 글을 쓴다고 가정해 보겠습니다.

- 호박은 우리 몸에 필요한 영양소가 풍부해서 건강에 좋다.
- 호박에는 항산화 비타민으로 불리는 비타민 E, 베타카로틴, 비타민 C가 풍부하게 함유되어 있다. 이들 영양소는 혈관의 노화를 방지하고 암 예방에도 효과적이다.

    첫 번째 문장은 호박이 영양소가 많아 건강에 좋다는 핵심 내용은 전달되지만, 읽는 사람의 마음을 움직이기에 부족합니다. 두 번째 문장처럼 호박에는 어떤 영양소가 들어 있고, 그것이 우리 몸에 어떻게 좋은지를 자세하게 설명해야 읽는 사람에게 공감을 불러일으킬 수 있습니다.

📖 자신만의 창의적인 표현 만들기

    생생한 묘사를 하려면 자기 주변의 현상이나 사물을 관찰하고 글로 표현하는 연습을 많이 해야 합니다. 그리고 다양한 표현을 위해 많은 어휘를 습득하여 언어 능력을 높여야 합니다.

    생생한 표현을 위해 가장 좋은 방법은 오감을 이용하여 표현하는 것입니다. 어떻게 보이는지, 어떤 소리가 들리는지, 어떤 냄새와 맛이 나는지, 만졌을 때 어떤 느낌이 드는지 등을 구체적으로 표현하는 것이 바람직합니다.

    그러나 너무 평범한 표현으로는 특별한 감동을 줄 수 없으므로 자신만의 표현법을 찾아야 합니다.

책을 읽다가 새롭고 창의적인 표현을 발견하면 비슷하게 활용하여 자신만의 표현을 만들어 볼 것을 권합니다. 주어와 연결되는 서술어만 바꾸어도 완전히 새로운 표현이 됩니다.

예를 들어 '마음이'라는 주어에 어떤 서술어를 결합하느냐에 따라 느낌이 달라집니다. 보통 '마음이 두근거리다'는 표현에서 서술어를 '펄떡거리다'로 바꾸면, 훨씬 강하게 떨리고 흥분한 마음 상태를 표현할 수 있습니다. 이처럼 새로운 느낌의 단어를 결합하면 창의적인 자신만의 표현을 만들 수 있습니다.

• 마음이 두근거리다
• 마음이 흔들리다
• 마음이 무겁다

• 마음이 펄떡거리다
• 마음이 휘청거리다
• 마음이 짓눌리다

글을 쓸 때는 어떤 대상이나 그에 대한 자신의 느낌을 생생하게 표현하도록 노력해야 합니다. 글에 '맛있다, 멋지다, 무섭다' 같은 직설적인 표현을 사용하기보다는 읽는 사람이 스스로 그런 감정을 느끼도록 비유적으로 표현하는 것이 좋습니다.

다음은 『전교 모범상』(장수경, 사계절)에서 무서운 체육 선생님이 나타났을 때 학생들의 반응을 표현한 문장을 인용한 것입니다.

• 멀리서 보기만 해도 오싹 소름이 돋고, 머리카락이 한 올 한 올 빗자루처럼 곤두서기 일쑤였다.
• 아이들은 고드름처럼 빳빳하게 얼어붙었다.

이 문장에서는 '무섭다'는 표현은 직접 하지 않지만, 읽는 사람은 겁먹은 아이들의 마음을 고스란히 느낄 수 있습니다. 이처럼 글을 통해 읽는 사람이 공감하게 하려면, 영화의 한 장면을 묘사하듯 표정과 행동을 섬세하게 표현해야 합니다. 책을 읽다가 감정 표현이 잘 드러난 문장들을 수집하여 어휘 노트에 적고 활용하는 것도 창의적인 표현력을 기르는 데 좋은 방법입니다.

📖 자신이 쓴 글 수정할 기회 갖기

아이가 글을 다 쓰면 최종적으로 스스로 수정할 기회를 줍니다. 자신의 글을 객관적인 관점에서 날카롭게 검토하여 어색한 부분을 찾도록 합니다. 이번에는 그냥 넘어가고 다음에 다시 잘해 보자고 한다면, 아이는 매번 같은 실수를 반복하고 글쓰기 실력은 제자리에 머물게 됩니다. 글은 고치면 고칠수록, 다시 쓰면 다시 쓸수록 좋아지기 마련입니다. 최고의 문장력을 인정받는 유명 작가들도 자신이 쓴 글을 수십 번에서 수백 번 이상 고치고 또 고칩니다.

주의할 점은 아이가 열심히 쓴 글을 지나치게 비판하고 계속 고치라고만 하면 글쓰기를 점점 싫어하게 될 수 있다는 것입니다. 아이와의 대화를 통해 유명 작가들도 자신의 글을 수십 번씩 고친다는 사실을 알려 주고, 글을 수정해야 실력이 나아진다며 충분히 설득한 다음에 수정하도록 해야 합니다. 아무리 아이라도 이유가 타당하면, 상대방의 제안을 대부분 긍정적으로 받아들입니다. 그러니 아이를 어떻게 설득하면 좋을지 미리 생각한 후에 대화를 하는 것이 좋습니다.

교정을 할 때는 소리 내어 읽으면서 맞춤법에 맞지 않거나 문맥이 이상하거나 빠진 표현이 있는지 스스로 찾아보도록 합니다. 아이가 찾지 못한 부분은 부모가 이렇게 바꾸는 게 어떨지 물어서 변경 여부를 직접 선택하게 합니다. 자신에게 관대한 사람보다 엄격한 사람이 더 많이 성장할 수 있습니다.

6

소설의 구성 이해하고
제대로 감상하기

책을 읽고 사고를 확장하는 데 가장 효과적인 독후 활동은 독후감을 쓰는 것입니다. 책 읽기를 좋아하는 아이라도 독후감을 쓰는 것은 싫어할 수 있습니다. 독후감을 쓰더라도 줄거리 위주로 나열하고 '재미있었다', '감동적이다' 등 단편적인 감상에 그치는 경우가 많습니다. 앞서 말했듯이 글도 일정한 형식에 맞춰 쓰면 수월하게 쓸 수 있습니다. 기본 형식에 익숙해지면 그다음부터는 자기만의 방식으로 자유롭고 창의적으로 쓰면 됩니다. 기본 원리를 완벽하게 익혀야 응용도 가능해지는 것입니다.

소설을 읽고 독후감을 잘 쓰려면 먼저 소설을 구성하는 요소들의 특징과 제대로 읽는 방법을 알아야 합니다. 동화나 소설과 같은 문학책을 읽는 것은 단편적인 지식을 습득하기 위해서가 아니라 책을 통해 세상을 살아가는 지혜와 통찰력을 얻기 위해서입니다. 그러므로 실용서를 읽는 것처럼 중요한 부분만 골라 읽거나 줄거리 위주로 대충 읽는다면, 작품의 참맛을 느낄 수 없습니다. 생생하게 묘사된 풍경이나 날씨 표현, 인물의 심리 표현조차 이후에 전개될 사건이나 주제와 연결되어 있으므로 책에 있는 모든 요소에 집중하며 읽어야 합니다.

📖 책 읽으면서 중요한 부분 표시하기

아무리 재미있게 읽은 책이라도 막상 독후감을 쓰려고 하면 도무지 쓸 이야기가 생각나지 않기도 합니다. 그러므로 책을 읽으면서 중요한 사건이 나오는 부분, 마음에

와 닿아 감동적이었던 부분 등을 표시하거나 메모하며 읽습니다. 소설의 주제와 관련된 부분이나 흐름에서 중요한 부분을 위주로 선택합니다.

작품에는 글쓴이가 독자들에게 전달하고자 하는 중심 생각이 담겨 있습니다. 따라서 항상 주제를 생각하며 읽고, 이러한 주제가 독후감에 잘 드러나도록 써야 합니다.

📖 소설의 구성 요소 이해하며 읽기

소설을 구성하는 요소들의 특징을 알면, 전체적으로 어떤 부분이 중요하고 덜 중요한지 파악하여 독후감 내용을 고르는 데 도움이 됩니다. 책에 담겨 있는 주제와 흐름을 알기 위해서는 먼저 소설의 특징과 구성 요소 등을 알아야 합니다. 소설의 구성 요소는 크게 주제, 인물, 사건, 배경으로 나뉩니다.

인물과 갈등 생각하며 읽기

소설은 사건을 이야기로 만들어 전개하는 문학 장르이기 때문에 사건을 이끌어 가는 주체인 인물이 핵심적인 역할을 합니다. 따라서 등장인물들의 성격, 정서, 가치관 등을 생각하면서 작품을 읽어야 합니다.

소설에는 다양한 등장인물이 나오는데, 이들의 역할과 성격에 따라서 갈등이 일어나게 됩니다. 이러한 갈등이 원인이 되어 크고 작은 사건들이 일어나며 이야기가 전개됩니다. 갈등은 한 인물의 마음속에서 일어나는 내적 갈등, 인물과 인물이 대립하거나, 인물과 주변 환경 사이에서 일어나는 외적 갈등으로 나눌 수 있습니다.

내적 갈등은 한 인물의 내면에서 일어나는 갈등으로, 서로 반대되는 가치들 사이에서 심리적으로 갈등을 겪는 것입니다. 예를 들어 『전교 모범상』에서는 체육 선생님의 심한 체벌을 무마하는 조건으로 장난꾸러기 주인공 해룡이가 전교 모범상을 받으며 갈등이 시작됩니다. 해룡이는 자격이 안 되는 자신이 모범상을 받은 데 대한 죄책감으로 상을 반납하려는 마음과, 상 받은 것을 너무나 기뻐하는 엄마 때문에 그냥 넘어가려는 마음 사이에서 내적 갈등을 겪습니다.

외적 갈등은 갈등을 유발하는 대상에 따라 인물과 인물, 인물과 사회, 인물과 운명 등으로 갈등의 유형을 나눌 수 있습니다. 『홍길동전』에서 홍길동이 아버지를 '대감님'으로 부르는 것은 인물과 인물 사이의 갈등인 동시에, 홍길동 개인과 서자를 차별하는 사회와의 갈등이기도 합니다.

이처럼 동화나 소설을 읽으면서 책 속에 있는 갈등의 원인을 파악하고, 그것이 어떻게 해결되는지 기억할 필요가 있습니다. 다양한 갈등을 통해 인물의 성격을 알 수 있고, 갈등 해결 과정을 통해 작가가 말하려는 주제를 알 수 있기 때문입니다.

소설의 구성 단계 이해하기

소설은 대부분 발단, 전개, 위기, 절정, 결말의 단계로 구성됩니다. 따라서 읽고 있는 부분이 어느 단계에 속한 것인지 알고 읽어야 전체의 윤곽을 파악할 수 있고, 앞으로 사건이 어떻게 전개될 것인지 예상할 수 있습니다.

소설과 같은 이야기 글은 갈등의 원인과 그것을 해결해 나가는 과정으로 글이 전개됩니다. 이러한 흐름을 알고 읽는다면 책의 내용을 기억하기 쉬워서 독후감을 쓸 때 보다 수월합니다.

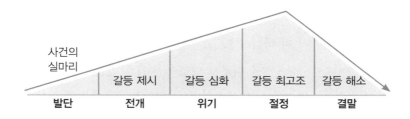

발단	이야기의 시작 부분으로 등장인물과 배경이 소개되면서 중심 사건의 실마리가 나타남
전개	본격적으로 사건이 전개되고 갈등 문제가 겉으로 드러나기 시작함
위기	이야기 속 갈등이 점점 깊어지고 긴장감이 조성되며, 사건이 새로운 방향으로 전개되기도 함
절정	갈등이 최고조에 이르며 등장인물의 성격과 주제가 명확하게 드러남
결말	갈등이 해소되고 사건이 마무리되면서 인물의 운명이 결정됨

이러한 구성 단계를 고려하여 자신이 읽고 있는 부분이 어느 단계인지 생각하고, 그 단계에서 주의 깊게 살펴봐야 할 것을 염두에 두고서 책을 읽는 것이 이해력을 높일 수 있습니다.

이해하기 쉽게 박완서의 단편 소설인 「자전거 도둑」의 구성을 예로 들어 살펴보면 다음과 같습니다.

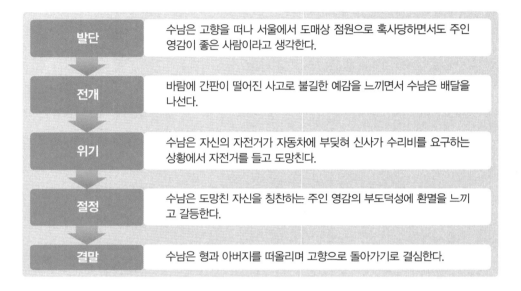

발단	수남은 고향을 떠나 서울에서 도매상 점원으로 혹사당하면서도 주인 영감이 좋은 사람이라고 생각한다.
전개	바람에 간판이 떨어진 사고로 불길한 예감을 느끼면서 수남은 배달을 나선다.
위기	수남은 자신의 자전거가 자동차에 부딪혀 신사가 수리비를 요구하는 상황에서 자전거를 들고 도망친다.
절정	수남은 도망친 자신을 칭찬하는 주인 영감의 부도덕성에 환멸을 느끼고 갈등한다.
결말	수남은 형과 아버지를 떠올리며 고향으로 돌아가기로 결심한다.

소설은 실제 있었던 일이 아니라 허구를 기반으로 하는 이야기입니다. 하지만 현실에서 충분히 일어날 수 있는 일을 다루기 때문에 현실과 연결지어 생각해야 합니다. 소설 속 인물 간의 갈등, 인물과 사회 문제와의 갈등을 자신과 주변의 일과 연결지으며 읽어야 하는 것입니다.

주인공의 행동이나 말을 자신의 경험과 연결지어 생각함으로써 우리는 주인공의 마음에 더욱더 공감할 수 있습니다. 그리고 주인공과 자신을 연결지어 생각한 내용을 독후감에 넣어야 합니다.

소설의 배경 생각하며 읽기

배경은 사건이 전개되는 환경으로, 장차 전개될 사건이나 인물의 행동을 암시하고 작품 전체의 분위기를 조성하는 역할을 합니다. 따라서 배경을 이해하는 것은 주제를 파악하는 데 중요합니다.

소설 속의 배경은 자연, 사회 현실 등과 같은 공간적인 배경과, 특정 시대를 배경으로 하는 시간적 배경을 포괄합니다. 배경은 인물과 사건의 성격을 파악하는 데 큰 영향을 미치기 때문에 소설을 읽을 때는 배경을 잘 이해하며 읽어야 합니다. 특히 역사적 사건과 연결된 사회적 배경은 일상적인 인간이 현실에서 부딪치게 되는 여러 가지 종교, 정치, 계층 문제 등을 포함하여 시대성이나 사회성이 잘 나타나도록 해 줍니다.

『책과 노니는 집』(이영서, 문학동네어린이, 2017)의 시대적 배경은 천주교가 탄압을 받았던 조선 시대입니다. 따라서 배경이 되는 조선 후기의 역사와 문화를 알고 책을 읽는다면, 주인공의 마음과 상황에 대해 더욱 몰입해서 읽을 수 있습니다. 이렇게 특별한 시대적 배경을 담고 있는 책의 경우에는 그 시대에 대한 정보를 미리 알아보고 나서 읽으면 책을 이해하는 데 큰 도움이 됩니다.

『우토로의 희망 노래』(최은영, 푸른책들, 2010)의 공간적 배경은 일본 교토부 우지시에 자리한 우토로입니다. 이곳은 1940년 군 비행장 건설을 위해 강제 동원된 조선인 노동자들이 만든 무허가 숙소로 형성된 마을입니다. 일본이 패전한 후 갈 곳을 잃어버린 조선인들은 우토로를 고향으로 여기며 80년 넘게 살고 있습니다. 우토로 마을에 사는 열한 살 소녀 보라는 조선인이라는 이유로, 그리고 우토로에 산다는 이유로 학교에서 끊임없이 차별과 괴롭힘을 당합니다.

이처럼 역사적 사실을 바탕으로 하는 동화나 소설은 이와 관련된 역사적 사건을 이해하고 나서 책을 읽을 것을 권합니다. 그렇게 하면 책 내용에 더욱 몰입하여 읽을 수 있습니다.

7

동화, 소설 읽고
독후감 잘 쓰는 법

동화는 어린이 대상이라는 점 말고는 소설과 비슷합니다. 초등 고학년부터는 단편 소설을 읽기 시작하므로 여기서는 소설을 읽고 독후감 쓰는 방법을 설명하겠습니다. 처음에는 다음 도표를 참고하여 직접 노트에 개요를 짜고 독후감을 쓰면 편리합니다.

제목 쓰기	
책에 대한 간단한 소개	
• 책을 읽게 된 동기 • 간단한 줄거리	• 주인공에 대한 소개 • 배경에 대한 설명
중요한 내용 1	**떠오른 생각 1**
• 책의 주제가 잘 드러난 부분 • 가장 기억에 남는 부분	• 읽을 때 들었던 생각 • 나의 경험과 연결하기
중요한 내용 2	**떠오른 생각 2**
• 책의 주제가 잘 드러난 부분 • 가장 기억에 남는 부분	• 읽을 때 들었던 생각 • 나의 경험과 연결하기
중요한 내용 3	**떠오른 생각 3**
• 책의 주제가 잘 드러난 부분 • 가장 기억에 남는 부분	• 읽을 때 들었던 생각 • 나의 경험과 연결하기
전체적인 느낌과 생각	
이 책을 통해 얻은 점과 전체적인 생각과 느낌 정리하기	

도표에는 가장 일반적인 독후감 형식에 들어갈 내용을 담았습니다. 이것을 참고하면 다양한 내용의 독후감을 작성할 수 있습니다.

📖 독후감 개요 짜고 글로 완성하기

『전교 모범생』을 읽고 실제로 독후감 개요를 짜 보도록 하겠습니다. 앞에서 소개한 기본 개요를 참고하면 독후감을 쉽게 쓸 수 있습니다.

최고의 장난꾸러기가 전교 모범상을 타다니!

책에 대한 간단한 소개

책을 읽기 전에 제목만 보고 열심히 공부하고 규칙을 잘 지키는 모범생 이야기인 줄 알았다. 그런데 공부에는 관심 없고 친구들에게 장난만 치던 개구쟁이 '해룡이'가 체육 선생님께 심하게 맞은 뒤 전교 모범상을 받게 되면서 일어나는 사건을 담은 이야기이다.

중요한 내용 1	떠오른 생각 1
해룡이가 지민이에게 자신의 깃발을 주고 체육 선생님께 매를 맞아 다치는 부분	지민이 대신에 혼난 해룡이가 대단해 보였다. 실수로 해룡이가 다친 것이지만 체육 선생님이 사과해야 한다.
중요한 내용 2	**떠오른 생각 2**
해룡이 엄마가 항의하자 교장 선생님이 해룡이에게 모범상을 주는 부분	옳지 않은 방법으로 문제를 해결하려는 어른들의 모습은 잘못이다.
중요한 내용 3	**떠오른 생각 3**
해룡이가 모범상을 받고 나서 죄책감 때문에 친구들과 어울리지 못하는 부분	상을 받기 전에는 행복했던 해룡이가 상을 받은 후에는 불행해졌다.

전체적인 느낌과 생각

공정하지 못한 방법으로 문제를 일으킨 것은 어른들이다. 누구든지 자기 잘못을 인정하고 바로잡으려고 노력해야 좋은 사회를 만들 수 있다.

앞에서 만든 개요를 기본 뼈대로 살을 붙여 독후감을 완성합니다.

최고의 장난꾸러기가 전교 모범상을 타다니!

책을 읽기 전에 '전교 모범생'이라는 제목 때문에 열심히 공부하고 규칙을 잘 지키는 모범생 이야기로 생각했다. 막상 읽어 보니 공부에는 관심 없고 친구들에게 장난만 치는 개구쟁이 '해룡이'가 체육 선생님께 심하게 맞은 뒤 전교 모범상을 받게 되면서 일어나는 사건을 담은 이야기였다.

해룡이는 평소 좋아하는 지민이에게 자신의 깃발을 주고 영훈이와 싸우다 체육 선생님께 걸려 매를 맞았다. 지민이 대신 혼난 해룡이의 마음이 용감하게 느껴졌다. 비록 실수로 해룡이가 다쳤지만, 자신의 잘못을 인정하지 않는 체육 선생님의 모습은 너무 부당하게 느껴졌다.

해룡이 엄마가 학교에 다친 것을 항의했다. 교장 선생님은 문제를 덮기 위해 해룡이에게 전교 모범상을 주기로 하고 전교생 앞에서 모범상을 주었다. 개구쟁이 해룡이가 모범상을 타자 전교생과 학부모들이 반발하여 교장 선생님과 싸우게 되었다. 아무리 교장 선생님이라도 잘못한 것이 있으면 사과해야 하는데, 끝까지 인정하지 않았다. 해룡이 엄마도 상이 아무리 좋아도 떳떳하게 받은 것이 아닌데 여기저기 자랑했다. 해룡이만 죄책감을 느끼며 상을 부끄러워했다.

해룡이는 모범상을 받은 후 친구들과 어울리지 못했고 이전처럼 재미있게 놀지도 않았다. 상을 받으면 기뻐야 하는 데 해룡이는 모범상을 받은 후 점점 불행해졌다. 무엇이든 마음 편한 것이 가장 중요한 것 같다.

공정하지 못한 방법으로 문제를 일으킨 것은 어른들인데, 상처와 고통은 아이들이 겪어야 했다. 누구든지 자기 잘못을 인정하고 바로 잡기 위해 노력한다면 훨씬 좋은 사회를 만들 수 있을 것이다.

과학책 읽고
과학 독후감 잘 쓰는 법

이야기 중심의 동화책과는 달리 과학책은 정보 전달이 목적입니다. 그렇기 때문에 책을 통해 알게 된 정보를 중심으로 자기의 생각과 느낌을 덧붙여 써야 합니다.

📖 과학적 사실에 의견 덧붙여 쓰기

과학책에 있는 정보와 지식을 기억하기 위해서는 책을 읽으면서 새롭게 알게 된 사실이나 신기한 것, 더 알고 싶은 내용 등을 표시하거나 메모해야 합니다.

과학 독후감을 쓸 때 '신기했다', '놀랐다' 등과 같은 애매한 표현보다는 어떤 점이 어떻게 신기했는지 구체적인 정보를 함께 써야 합니다. 다음 예시처럼 지렁이에 대해 새롭게 알게 된 사실을 쓰고 그것에 대한 자기 의견을 곁들여 쓰면 됩니다.

> 지렁이가 썩은 것을 먹고 싼 똥에는 흙을 기름지게 하는 유익한 미생물과 박테리아가 엄청 많다고 한다. 지렁이들은 1년에 썩은 나뭇잎이나 죽은 뿌리를 10톤 넘게 먹고, 40톤이 넘는 흙을 만든다고 한다. 저렇게 작고 약해 보이는 지렁이가 흙과 식물을 살리는 일을 한다는 것이 신기했다. 지렁이는 정말 유능한 농사꾼이자 오염된 환경을 되살리는 과학자인 것 같다.

< 사실

< 의견

📖 과학 독후감 개요 짜기

책을 읽으면서 새롭게 알게 된 사실이나 중요한 부분을 표시하고 메모한 내용을 정리하여 글의 개요를 잡습니다. 글의 개요를 바탕으로 구체적인 정보와 내용을 추가하며 독후감을 완성합니다. 책을 통해 알게 된 신기한 과학적 사실들을 자신이 알고 있던 지식이나 경험과 연결하여 쓴다면 자기만의 개성 넘치는 독후감이 됩니다.

신기한 과학적 사실	➕	자신의 생각과 의견

다음 내용을 참고하여 과학책을 읽고 독후감 쓰는 훈련을 합니다.

제목 쓰기	
책에 대한 간단한 소개	
• 책을 읽게 된 동기 • 책 읽기 전의 생각	• 책을 통해 알고 싶었던 정보 • 책에 대한 소개
신기한 사실 1	**자기 의견 1**
• 새로 알게 된 과학적 사실 • 중요한 과학적 정보	• 원래 잘못 알았던 사실들 • 기존 지식, 경험과 연결
신기한 사실 2	**자기 의견 2**
• 새로 알게 된 과학적 사실 • 중요한 과학적 정보	• 원래 잘못 알았던 사실들 • 기존 지식, 경험과 연결
신기한 사실 3	**자기 의견 3**
• 새로 알게 된 과학적 사실 • 중요한 과학적 정보	• 원래 잘못 알았던 사실들 • 기존 지식, 경험과 연결
전체적인 느낌과 생각	
• 책에 있는 과학 지식과 우리 생활 연결하기 • 미래 과학 기술의 발전 방향 예측하기 • 더 알고 싶은 과학 정보와 궁금증을 이야기하기	

다음은 『지구를 구한 꿈틀이사우루스』(캐런 트래포트 지음/이루리 옮김, 현암사, 2003)라는 책을 읽고 독후감 개요를 작성한 것입니다. 이 개요를 바탕으로 독후감을 쓰면 됩니다.

지구를 구한 꿈틀이사우루스

책에 대한 간단한 소개

이 책을 읽기 전에는 지렁이를 징그럽게 생긴 동물로만 생각했다. 지렁이는 공룡이 있던 시절부터 지금까지 지구를 지키는 존재였다. 그 작은 몸으로 땅속에서 아주 많은 일을 하는 소중한 존재다.

신기한 사실 1	자기 의견 1
지렁이는 병에 걸리지 않는다. 박테리아와 미생물은 흙을 기름지게 한다.	썩은 것들을 먹고 똥으로 흙을 살리는 지렁이는 정말 대단한 동물이다.
신기한 사실 2	**자기 의견 2**
도시가 발달할수록 지렁이가 살 수 있는 곳이 없어져 땅이 황폐하게 되고 있다.	지렁이가 사라지면 인간과 동물도 좋은 땅에서 살 수 없게 될 것이다. 지렁이를 보호해야 한다.
신기한 사실 3	**자기 의견 3**
지렁이들은 1년에 썩은 나뭇잎이나 죽은 뿌리를 10톤 넘게 먹고, 40톤이 넘는 흙을 만든다.	지렁이는 유능한 농사꾼이자 오염된 환경을 되살리는 과학자인 것 같다.

전체적인 느낌과 생각

지구상에서 인간이 가장 대단하고 생각했던 것은 큰 착각이었다. 공룡 시대부터 지금까지 지구를 지키고 지배해 온 것은 바로 지렁이였다.

9 인물 이야기 읽고
독후감 잘 쓰는 법

인물 이야기를 다룬 책은 사회적으로 영향력을 가지고 있는 실제 인물의 생애와 업적에 대하여 설명합니다. 그러므로 독후감을 쓸 때 인물의 성장 과정과 업적을 쓰고 본받을 점과 자신의 생각을 추가합니다.

📖 인물 이야기 개요 짜고 독후감 쓰기

인물 이야기 독후감은 아래와 같은 내용을 참고하여 씁니다. 다음의 순서에 맞게 정리하여 차례대로 요약하고, 자기 생각과 느낌을 추가합니다.

인물의 성장 과정	· 인물이 언제, 어디에서, 어떻게 태어났나. · 인물의 성격과 버릇, 재주나 습관 · 인물이 자란 환경과 성장 과정
인물의 업적	· 인물이 주로 활동했던 시대적 배경 · 인물이 유명해진 과정과 계기 · 인물이 주로 한 업적과 유명해진 이유 · 인물이 유명해진 이후의 행적
본받을 점 & 생각과 느낌	· 인물에게 본받을 점을 적는다. · 인물이 언제, 어떻게 죽었나. · 인물에 대한 자신의 생각과 느낌을 적는다.

지혜와 전술로 거란을 물리친 강감찬

강감찬은 948년 지금의 서울 봉천동에서 태어났다. 그는 어린 시절 못생기고 키도 작아 많은 놀림을 받았지만, 재주가 뛰어나고 용맹했다. 열심히 공부하여 과거 시험에 급제한 강감찬은 양주 고을 목사로 부임하였고, 부임한 마을의 큰 문제들을 해결하여 사람들에게 큰 신임을 얻었다.

> 탄생, 어린 시절 과거 급제한 과정

1018년 거란이 10만 대군을 이끌고 고려를 침입했다. 강감찬은 거란군이 물에 약하다는 것을 이용해 작전을 세웠다. 홍화진 상류에 가죽 수천 장을 연결해 강물을 막았다가 거란군이 지나갈 때 물을 내려보내 거란군을 무찔렀다. 살아남은 거란군은 귀주에 머물며 공격 기회만을 엿보고 있었다. 하지만 강감찬은 빗속을 뚫고 불시에 공격하여 거란군 10만 명을 거의 전멸시켰다.

> 거란의 침입을 막은 업적과 귀주대첩

전쟁이 끝난 뒤 강감찬은 벼슬에서 물러나 자연과 글을 벗 삼아 지내다 1031년 84세의 나이로 삶을 마감하였다. 적의 약점과 지리적인 특성을 이용하여 적은 군사로 몇 배나 많은 적군을 물리치다니, 강감찬은 정말 용감하고 지혜로운 장군이다. 나는 조금이라도 어려워 보이면 쉽게 포기하곤 했는데, 앞으로는 강감찬처럼 끝까지 최선을 다하는 사람이 되고 싶다. 지금도 강감찬 장군처럼 우리나라를 든든하게 지켜 주는 영웅들에게 감사한 마음을 가져야겠다.

> 본받을 점과 느낀 점

10

다양한 관점에서
생각하게 하는 독서 토론

소규모 삼류 대학으로 출발한 시카고 대학교는 오늘날 85명이 넘는 노벨상 수상자를 배출한 최고의 명문 대학으로 자리 잡았습니다. 그리고 신부들이 지역 봉사를 위해 세운 작은 학교였던 세인트존스 대학교의 경우, 평범한 성적으로 입학했던 학생들이 졸업할 때는 미국 최고의 명문대인 하버드, 스탠퍼드 졸업생들을 제치고 취업과 진학에서 탁월한 성과를 내고 있습니다. 평범한 학생들을 비범한 인재로 만든 두 대학교의 비결은 무엇일까요?

그것은 바로 인문 고전을 읽고 토론하는 것이었습니다. 다른 대학처럼 교수의 수업을 듣는 것이 아니라 학생들이 읽어 온 책을 바탕으로 서로 토론하며 수업이 진행됩니다. 학생들은 대학 4년간 100~200권의 인문 고전을 읽고 토론하고 질문하며 자신만의 독서 노트를 만듭니다. 학과와 전공 과정이 따로 없고 오직 4년간 주어진 독서 목록의 커리큘럼에 따라 책을 읽고 토론하는 것이 교육 과정의 전부입니다. 이 두 학교는 책을 읽으며 스스로 질문하고 함께 토론하며 생각을 확장하는 것만으로 세계적 명문의 반열에 올랐습니다.

아무리 훌륭한 책을 읽어도 생각 없이 있는 그대로 받아들이는 것은 별다른 힘을 갖지 못합니다. 단순히 듣기만 하는 공부는 기억에 남지 않으며 생각을 확장하는 데 도움이 되지 않습니다. 반면 깊이 생각하고 질문하며 토론하는 활동을 하면 세상을 보는 시야가 넓어지고 진리를 깨닫는 통찰력이 길러집니다.

미래에 필요한 인재는 특정 영역에 국한된 사고를 하는 것이 아니라 과학, 수학, 문학, 예술 등 다양한 영역에 걸쳐 통합적으로 사고함으로써 새로운 생각과 지식을 만들어낼 수 있는 창의적이고 융합적인 인재입니다. 이러한 창의적이고 융합적인 사고를 기르는 데 가장 효과적인 방법이 바로 '독서 토론'입니다.

독서 토론을 하면 단순히 책의 내용을 파악하는 데 그치는 것이 아니라 경험과 생각을 더하여 자신의 주장을 세울 수 있습니다. 그리고 다른 사람과 의견을 나누는 과정에서 다양한 관점으로 생각하는 훈련을 하게 됩니다.

그렇다면 독서 토론을 하면 어떤 효과가 있을까요?

첫째, 책에 대한 이해가 깊어집니다.

논제를 분석하려면 책 속의 인물, 배경, 구성 등을 더욱 자세히 살펴보게 됩니다. 이런 요소들을 자신의 주장과 연결하다 보면 자연스럽게 저자의 의도와 주제 등 작품에 대한 이해가 깊어집니다.

둘째, 수용하는 정보의 범위와 그에 대한 이해가 넓어집니다.

논제에 대한 근거를 찾기 위해 인터넷, 신문, 책 등 다양한 자료를 수집하고 분석하는 과정을 통해 폭넓은 지식과 정보를 습득하고 논리적인 사고가 발달합니다.

셋째, 분석력과 판단력이 향상됩니다.

자신의 주장을 뒷받침할 근거를 찾고 상대방의 의견에 반박할 내용을 정리하는 과정을 통해, 근본적인 원인과 결과를 이해하고 참과 거짓, 사실과 의견 등을 구별하는 판단력이 향상됩니다.

넷째, 모든 영역의 언어 능력이 향상됩니다.

자신의 생각을 정리하여 발표하는 과정을 통해 말하기, 듣기, 읽기, 쓰기 등 모든 영역의 언어 능력이 향상될 수 있습니다.

📖 독서 토론의 절차와 방법

토론은 규칙이나 형식에 따라 의회식 토론, 원탁 토론 등 종류가 다양합니다. 독서 토론의 경우, 절차와 형식보다 자신의 주장을 정하고 다른 관점에서 생각하는 것이 중요합니다. 여기서는 가장 쉽고 기본에 충실한 다섯 단계의 독서 토론 방식으로 설명하겠습니다.

논제 정하기

무엇에 대해 토론을 하려는지 논제를 정한다.
찬성과 반대로 나누어 다툴 수 있는 명확한 주제를 논제로 선택한다.

주장 펼치기

자신의 주장을 타당한 근거를 들어 말한다.
근거와 관련된 구체적인 자료를 제시한다.

반론하기

상대편의 주장을 요약하고,
근거나 자료가 타당하지 않다는 것을 질문을 통해 밝힌다.

주장 다지기

상대편에서 제기한 반론에 대해 논리적으로 지적하고,
자기편 주장의 핵심을 정리한다.

판정하기

토론 과정에서 잘된 점과 부족한 점을 평가한다.

📖 실전으로 배우는 독서 토론

어떻게 독서 토론이 진행되는지 알기 위해 『이솝 우화』에 나오는 「여우와 포도」를 읽고 독서 토론을 진행해 보겠습니다. 독서 토론을 반드시 어려운 책으로 진행해야 하는 것은 아닙니다. 논제를 찾기 쉬운 간단한 이야기를 읽고 토론을 하다 보면, 토론의 기본 원리를 더욱 쉽게 터득할 수 있습니다.

「여우와 포도」의 줄거리를 살펴보겠습니다. 굶주린 여우가 맛있어 보이는 포도를 발견하고 먹으려고 노력했지만, 너무 높이 매달려 있어 먹을 수 없었습니다. 그러자 "어차피 저 포도는 너무 시어서 못 먹을 거야."라고 중얼거리며 떠났다는 내용입니다.

토론할 주제인 '논제 정하기'

'논제'란 무엇에 대하여 토론을 할지를 정하는 것입니다. 독서 토론에서 가장 중요한 것이 바로 논제를 정하는 일입니다. 논제가 정해지면 그것을 기준으로 준비 과정, 자료 찾기 등 모든 활동이 정해지기 때문입니다.

책을 읽으면서 논쟁이 될 만한 내용 중에서 가장 핵심적인 것을 논제로 정합니다. 여기서는 '여우가 포도를 포기한 것은 잘한 일이다.'를 논제로 정했습니다. 어떤 사람은 포도를 쉽게 포기한 여우를 어리석다고 생각하지만, 현명하다고 생각하는 사람도 있을 수 있습니다.

처음에는 부모가 제안하는 논제 중에서 고르도록 한 후, 점차 아이 스스로 책에서 토론하고 싶은 논제를 정하도록 합니다. 책의 내용을 토대로 이야기 나누고 싶은 질문들을 써 보라고 한 다음, 그중에서 논제를 고릅니다. 지나치게 단순한 논제일 경우 확장된 논제로 수정해 줍니다. 이러한 과정을 반복하다 보면 점점 깊은 사고를 이끌어 내는 논제를 찾을 수 있게 됩니다.

이제부터 논제를 정할 때 고려해야 할 사항을 살펴보겠습니다.

❶ 찬성과 반대의 대립이 분명한 논제 정하기

너무 뻔한 답이 나오거나 찬성과 반대 어느 한쪽에 치우치는 것은 논제로 적합하지 않습니다. 찬성 의견과 반대 의견이 서로 팽팽하게 맞서야 토론을 치열하고 흥미 있게 진행할 수 있습니다. 포도를 포기한 여우의 행동을 현명하다고 생각하는 '찬성' 의견, 어리석다고 생각하는 '반대' 의견으로 나눌 수 있으므로 논제로 적합합니다.

❷ 책의 주제와 관련된 논제 정하기

책에는 인물이나 사건과 관련된 다양한 갈등이 나오는데, 그중에서 가장 핵심적인 사건이나 작가가 말하려는 주제와 관련된 것을 논제로 정합니다. 그리고 논제에 있는 토론의 주제는 하나여야 합니다. 「여우와 포도」에서 작가는 자신의 실패를 인정하지 않고 자기 합리화하는 여우의 태도를 비판하고 있습니다. 이와 관련된 내용을 토론하기 위해 논제를 '여우가 포도를 포기한 것은 잘한 일이다.'로 정했습니다.

❸ 분명한 긍정문으로 논제 표현하기

질문하는 문장이나 부정적인 문장보다는 명확한 긍정문으로 논제를 분명하게 표현합니다. 논제에는 특정 의견을 유발하는 주관적 의견이 포함되지 않아야 합니다.

논제 1	여우가 포도를 포기한 것은 잘한 일인가?	질문형 – 논제 ×
논제 2	여우가 포도를 포기한 것은 잘하지 못했다.	부정문 – 논제 ×
논제 3	여우가 포도를 포기한 것은 잘한 일이다.	긍정문 – 논제 ○

논제가 정해지면 찬성팀과 반대팀으로 나눕니다. 토론에 익숙해지기 전까지는 아이가 원하는 의견을 먼저 선택하도록 합니다. 다른 의견을 선택한 부모는 아이가 반대되는 의견도 충분히 이해할 수 있도록 아이 눈높이에 맞추어 논리적으로 설명합니다. 토론에 어느 정도 익숙해지면, 아이의 기존 생각과 반대되는 의견을 선택하여 다양한 관점에서 생각할 기회를 줍니다.

타당한 근거를 들며 '주장 펼치기'

토론에서 상대편을 설득하려면 자신의 주장을 뒷받침할 만한 타당한 근거가 있어야 합니다. 자신이 옳다고 우기기보다 타당한 근거를 들어 설명해야 합니다. 그러기 위해서는 통계 자료, 실제 사례, 신문과 뉴스 자료 등 믿을 수 있고 정확한 자료를 근거로 제시해야 합니다. 독서 토론의 경우 책에 있는 내용을 근거로 설명합니다.

[논제] 여우가 포도를 포기한 것은 잘한 일이다.			
찬성		**반대**	
주장	어려운 것은 빨리 단념하고 새로운 먹이를 찾아야 한다.	주장	별다른 노력 없이 너무 쉽게 포기했다.
근거	여우는 잡식성으로 작은 동물, 곤충, 열매 등을 먹을 수 있으므로 다른 먹이를 찾는 것이 현명하다.	근거	여우는 날카로운 발톱으로 나무를 오르거나, 다른 방법으로 포도를 먹을 수 있었다.

토론은 혼자 말하는 것이 아니므로 상대편 의견을 경청하고 정확하게 이해해야 합니다. 토론할 때 자신의 주장만 말하고 상대편이 주장하는 내용과 근거를 제대로 모르면 논리적으로 반박할 수 없으므로 사람들을 설득하기 어렵습니다. 상대편 주장과 근거를 집중하여 들으면서 반론할 내용과 질문을 적습니다.

상대편 주장 반론하기

찬성과 반대로 나뉘어 서로의 주장을 이야기한 후에는 서로의 주장과 근거에 대해 질문함으로써 타당하지 않은 부분에 대한 반론을 펼칩니다. 찬성 팀이 먼저 반대 팀 주장에 대해 궁금한 것을 질문하고, 타당하지 않은 부분을 짚어 반론합니다.

그런 다음 반대 팀이 찬성 팀 주장에 대해 반론합니다.

상대편이 자신의 주장에 대해 문제를 제기하고 반론하는 내용과 함께, 그 부분과 관련하여 어떻게 반박할지도 함께 적습니다.

반론에 대한 답을 넣어 '주장 다지기'

'주장 다지기' 단계에서는 상대편이 제기한 반론에 대해 적절한 답변을 넣어 자신의 주장을 강조합니다.

토론 내용 판정하기

어느 쪽이 옳은지 논쟁하는 것보다는 책의 내용을 잘 이해하고 자신의 생각을 확장하는 것이 독서 토론의 목표입니다. 그러므로 반드시 찬성과 반대 중에서 의견을 선택할 필요는 없습니다. 토론하는 과정에서 좋았던 점과 부족했던 점을 이야기하며 마무리합니다.

다음과 같이 간단한 토론표를 만들어 사용하면 편리합니다.

[논제] 여우가 포도를 포기한 것은 잘한 일이다.

	찬성 팀	반대 팀
나의 주장	어려운 것은 빨리 단념하고 새로운 먹이를 찾아야 한다. 여우는 잡식성이니 작은 동물, 곤충, 열매 등 다른 먹이를 찾는 것이 현명하다.	별다른 노력 없이 너무 쉽게 포기했다. 여우는 날카로운 발톱으로 나무를 오르거나, 다른 방법으로 포도를 먹을 수 있었다.
예상되는 상대편 반론	오래 굶은 여우가 움직이는 동물이나 곤충을 잡는 것이 더 어렵다고 생각한다.	굶주림에 지쳐 힘이 없는 여우가 높은 나무에 오르거나 다른 도구를 이용하는 것은 현실적으로 어렵다.
반론에 반박할 나의 의견	만약 여우가 막연한 희망으로 포도 따기에 계속 매달렸다면, 더욱 기력이 약해져 다른 먹이를 찾지 못하고 굶어 죽었을 것이다. 여우는 자신의 한계를 인정하고 시간과 노력을 허비하지 않았다.	조금 노력하다가 안 된다고 바로 포기한다면 작은 성공도 이루기 어렵다. 바로 눈앞의 기회도 잡지 못했으면서 또 다른 기회를 찾는다는 것은 어리석다고 생각한다.

📖 독서 토론 사례: 『1895년, 소년 이발사』

논제를 정하고 각자 토론표에 주장, 근거, 반론을 정리합니다. 표의 내용을 채우다 보면 내 주장을 어떻게 펼치고, 상대편의 의견에 어떻게 반박할지를 정리할 수 있습니다.

『1895년, 소년 이발사』 (이승민, 미래아이, 2015)를 읽고 독서 토론을 하는 사례를 살펴보겠습니다. 이 책은 단발령이 내려진 1895년을 배경으로 하는 이야기입니다. 주인공 필상의 삶을 통해, 그 당시의 단발령을 둘러싼 찬반 논쟁을 생각해 볼 수 있습니다.

토론할 논제 정하기

책의 배경은 일본의 침략이 본격화되고 새로운 문물이 쏟아져 들어오던 개화기의 조선입니다. 그 무렵에는 서양과 일본의 문화가 밀려들어 오고 오래 이어져 온 문화와 생활이 바뀌어 가고 있었습니다. 어떤 사람들은 이러한 변화를 경계하고 두려워했지만, 서양이나 일본의 문물을 받아들여야 나라가 부강해진다고 생각하는 사람들도 있었습니다.

이 책의 핵심 내용인 단발령에 대한 찬반 토론을 진행하기 위해 '단발령은 잘못된 칙령이다.'를 논제로 정했습니다.

주장 펼치기

단발령이 상징하는 논쟁의 핵심은 '개화'입니다. 새로운 문물을 받아들이자는 사람들과 현재 문화를 지키자는 사람들 간의 갈등이 표출된 문제이므로 개화와 관련된 주장들이 펼쳐집니다.

[논제] 단발령은 잘못된 칙령이다.			
찬성		**반대**	
주장	단발령은 일제에 의해 강제로 시행된 잘못된 칙령이었다.	**주장**	단발령은 개화를 위해 꼭 필요한 정책이었다.
근거	단발령은 일제가 개화를 빌미로 우리 민족의 문화적 자존심을 해치기 위해 강제로 시행한 칙령이었다. 만약 순수하게 개화시키려는 목적이었다면 사람들의 머리를 강제로 자르고 해치지 않았을 것이다.	**근거**	조선의 힘이 쇠약해진 것은 옛것만 고집해서이다. 새로운 문물을 받아들여 나라의 힘을 길러야 한다. 가장 먼저 단발령을 시행하여 신분을 나타내는 머리를 잘라야 한다.

상대편 주장 반론하기

찬성 팀이 반대 팀 주장에 대해 반론을 한 다음 반대팀이 찬성팀 주장에 대해 반론합니다.

찬성 팀의 반론

개화는 자연스럽게 일어나야지 누군가 강제적으로 머리를 자르는 것은 폭력입니다. 상투를 자른다고 신분제가 없어지는 것은 아닙니다.

반대 팀의 반론

개화는 막을 수 없는 역사적 흐름이었습니다. 새로운 세상을 만들기 위해 신분제가 없어져야 하므로 신분을 나타내는 상투도 잘라야 했습니다.

주장 다지기

　　찬성 팀이 먼저 반대 팀이 제기한 반론에 대한 답변을 참고하여 주장을 정리합니다. 그런 다음 반대 팀이 찬성 팀이 제기한 반론에 대한 답변을 넣고 주장을 정리하여 발표합니다.

찬성 팀 주장 다지기

외세에 의해 강압적으로 이루어지는 개화는 민족성을 말살시키려는 나쁜 의도가 숨겨 있습니다. 개화는 우리 민족에 의해 자발적으로 서서히 진행되어야 합니다.

반대 팀 주장 다지기

그 당시 조선은 개화를 차단하는 쇄국 정책(통상 수교 거부 정책)을 펼쳤기 때문에 다른 나라의 간섭을 받고 침략을 당한 것입니다. 앞선 기술과 새로운 문화를 받아들여야 강한 나라가 될 수 있습니다.

　　다음과 같이 토론표를 이용하여 토론을 진행하면 편리합니다. 이 책에 나와 있는 모든 양식은 성안당 홈페이지(www.cyber.co.kr)의 '자료실'에서 내려받을 수 있습니다.

〈토론표〉

논제	
주장	
근거	

예상되는 상대편 반박 의견과 질문	반론

상대편 주장	

예상되는 상대편의 근거	반론

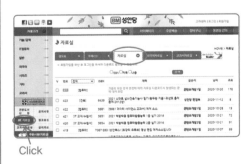

Click

토론표 작성하기

[논제] 단발령은 잘못된 칙령이다.

주장

단발령은 일제에 의해 강제로 시행된 잘못된 칙령이었다.

근거

단발령은 일제가 개화를 빌미로 우리 민족의 문화적 자존심을 해치기 위해 강제로 시행한 칙령이었다. 만약 순수하게 개화시키려는 목적이었다면 사람들의 머리를 강제로 자르고 해치지 않았을 것이다.

예상되는 상대편 반박 의견과 질문	반론
개화는 막을 수 없는 역사적 흐름이었다. 새로운 세상을 만들기 위해 신분제가 없어져야 하므로 신분을 나타내는 상투도 잘라야 했다.	개화는 자연스럽게 일어나야지 누군가 강제적으로 머리를 자르는 것은 폭력이다. 상투를 자른다고 신분제가 없어지는 것은 아니다.

상대편 주장

단발령은 개화를 위해 꼭 필요한 정책이었다.

예상되는 상대편의 근거	반론
머리를 자르면 눈에 보이는 신분의 차이가 사라져 신분 차별도 점점 사라질 것이다. 과거의 모든 것을 지킬 필요는 없다. 변화에 적응해야 한다.	서양식 단발을 한다고 곧바로 신분제가 사라지는 것은 아니다. 모든 변화는 자연스럽게 되어야 하지 강제로 되어서는 안 된다.

인문학은 인간에 관한 학문으로서 인간이 관계를 맺고 있는 대상들을 탐구하는 모든 학문을 통틀어 '인문학'이라 부릅니다. 3부에서는 인문학을 대표하는 철학, 인문 고전, 인문 문학, 한국사, 세계사 등 각 영역의 독서를 어떤 책으로 어떻게 시작해야 하는지 설명합니다.

● 삶의 답을 찾아 주는 인생 공식 '인문학'

● 지혜를 기르는 철학적 사고 훈련

● 삶의 통찰력을 기르는 철학적 주제

● 시공을 초월하는 고전의 힘

● 완성도 높은 세계 명작으로 독서력 높이기

● 한국 단편 소설로 시작하는 문학 읽기

● 단계별 맞춤 독서로 완성하는 '한국사'

● 지구촌의 일원으로 성장하기 위한 '세계사'

3부

성공적인 인문학 독서를 위한 로드맵

삶의 답을 찾아 주는
인생 공식 '인문학'

　어려운 수학 문제를 풀 때 이와 관련된 공식을 안다면 훨씬 빠르고 정확하게 풀 수 있습니다. 하나의 수학 공식을 완벽하게 터득하면 수백 개, 수천 개의 응용문제까지도 모두 풀 수 있습니다.

　살면서 어려운 문제에 부딪치거나 중요한 선택을 해야 할 때, 수학 공식처럼 대입하면 즉시 답이 나오는 '인생 공식'이 있다면 얼마나 좋을까요? 삶의 답을 찾아 주는 인생 공식이 바로 인문학입니다. 큰 어려움 없이 살 수 있다면 좋겠지만, 봄이 지나면 여름이 오는 자연의 섭리처럼 누구나 살면서 크고 작은 문제를 겪게 됩니다. 그렇다면 자녀의 행복한 삶을 위해 부모는 무엇을 해 줄 수 있을까요? 자녀 스스로 난관을 극복할 수 있도록 지혜와 용기를 기르는 것을 도와주어야 합니다.

　인생이란 험난한 바다를 잘 헤쳐 나가기 위해서는 반듯한 가치관과 자신만의 철학이 있어야 합니다. 올바른 가치관과 철학 없이 되는 대로 살거나 남이 하라는 대로 살다 보면 삶의 방향을 잃고 방황하게 됩니다. 인문학을 통해 깨우친 진리와 가치관이 우리를 올바르고 안전한 길로 이끌어 줍니다. 인문학은 앞이 보이지 않는 캄캄하고 고달픈 인생의 바다에서 나아갈 길을 비추어 주는 등대와도 같습니다.

　'인문학(人文學)'이라는 단어를 사전에서 찾아보면 '인간과 인간의 문화(文化)와 관련된 학문'으로 나옵니다. 인간이라는 존재, 인간의 마음, 인간의 생각과 행동, 인간이 관계를 맺고 있는 대상들을 탐구하는 모든 학문을 통틀어 인문학이라 부릅니다. 그러므로 인문을 대표하는 철학, 역사, 문학, 미술, 수학, 과학 등 우리가 살아가면서 필요한 모든 지식이 인문학의 범주에 들어갑니다. 이들 분야는 제각기 존재하는 것이 아니라 사람과 세상을 너르게 살필 수 있는 인문학으로 함께 어우러집니다. 세상을 잘 살아가기 위해서는 어느 한 분야만 알아서는 안 됩니다. 예를 들어, 다른 지식 없이 오직 역사 지식만 있다거나 수학만 잘한다면 사회에 적응하며 살기 어렵습니다. 인문학은 쉽게 말해 세상에 적응하며 잘 살아가는 법을 배우는 것입니다.

📖 미래에 더 필요한 인문학적 소양

인문학은 단지 교양을 높이기 위해 필요한 학문이 아닙니다. 여기에는 인류의 존폐와 사회의 운명이 달려 있습니다. 물질적 가치만을 중시하는 성과 위주의 경쟁 사회는 인간성 부재라는 부작용을 낳았습니다.

세대 갈등, 성별 갈등, 계층 갈등 같은 사회적 갈등이 점점 심해지고 있습니다. 서로 다른 입장과 상황을 무시한 채 '○○충'이라는 혐오의 말을 쏟아 내고 있습니다. 갈등을 해소하고 건강한 사회로 나아가기 위해서는 인문학적 소양을 갖춘 사람들이 늘어나야 합니다. 함께 어울려 사는 공동체에서 '나만 아니면 괜찮다'는 것은 매우 어리석은 생각입니다. 우리가 사는 이 사회가 안전하고 건강해야 나와 내 가족도 안전할 수 있습니다. 도덕성이 높은 사회일수록 이웃과 세상 문제에 공감하면서 함께 해결하려고 노력합니다. 이처럼 인간답게 살기 위해서는 어떻게 해야 할지를 고민하는 사람이 바로 인문학적 소양을 가진 사람입니다. 인문학적 소양을 기르기 위해서는 어려서부터 독서와 인성 교육을 통해 깨달은 바를 꾸준히 실천해야 합니다.

📖 시작이 중요한 어린이 인문학

최근 성인뿐만 아니라 청소년, 어린이에게도 인문학 열풍이 불고 있습니다. 세상을 살아가는 데 필요한 통찰력을 기르고 지혜를 얻기 위해 너도나도 인문학 읽기를 하려 합니다. 인문학적으로 사고하는 능력은 반드시 어려운 책으로만 길러지는 것은 아닙니다. 일상에서 영화나 드라마를 보고 깊이 있는 대화를 통해서 길러질 수도 있습니다.

성인과 비교해 직접 경험이 한정된 어린이의 경우, 책을 통해 다양한 간접 경험과 인문학적 소양을 기르는 것이 가장 좋은 방법입니다.

초등학교 저학년은 경험이 적고 학교와 집 외에는 딱히 생활 반경이 넓지 않아서 다양한 주제를 다루기가 어려우므로 쉬운 동화부터 시작합니다. 이때 지나치게 이분법적 구도의 동화만 읽으면 아이가 극단적 사고와 편협한 시각을 갖게 될 수도 있습니다. 특히 주로 권선징악과 같은 교훈을 담고 있는 전래 동화나 우화의 내용을 그대로 받아들이기보다 다른 관점에서 생각할 기회를 만들어 줍니다.

『이솝 우화』 중에서 「여우와 두루미」를 예로 들어 보겠습니다. 어느 날 여우가 두루미를 자신의 식사에 초대합니다. 여우가 음식을 접시에 담아 대접하자, 부리가 긴 두루미는 그것을 먹을 수 없었습니다. 두루미는 여우가 자신을 골탕 먹였다고 여겨서 서운함을 마음에 담아 두었습니다. 시간이 지나 이번엔 두루미가 여우를 식사에 초대했습니다. 두루미는 입구가 긴 호리병에 음식을 담아 대접했고, 여우는 주둥이가 닿지 않아 그것을 먹지 못했습니다. 이 우화는 '남에게 상처를 주면 언젠가 자신도 똑같이 상처를 받는다.' 또는 '다른 사람을 배려하자.'라는 교훈을 줍니다.

하지만 다른 관점에서 보면, 소통의 부재에서 생긴 오해라고 생각할 수 있습니다. 여우는 포유류이고 두루미는 조류라서 생김새부터 먹이, 사는 곳까지 모든 게 다릅니다. 여우는 자신이 먹는 방식대로 식사를 준비했을 뿐인데, 두루미는 자신을 골탕 먹이려고 일부러 그랬다며 서운해했고, 여우는 두루미가 음식이 맛이 없어서 안 먹은 것이라고 오해했을 수 있습니다. 만약 두루미가 상황을 말하고 먹기 편한 그릇을 부탁했다면 결말이 어떻게 달라졌을지 이야기 나누어 보는 것도 좋습니다. 책을 읽을 때 맹목적으로 작가의 생각에 끌려가기보다 다른 관점에서 바라보려고 노력하는 과정에서 생각하는 힘이 자랍니다.

📖 초등학생을 위한 인문학 독서 로드맵

인문학 독서가 사고력 향상에 좋다는 건 알지만, 그 범위가 너무 넓어서 어떻게 시작해야 할지 막막하게 느껴질 수 있습니다. 3부에서는 대표적인 인문학 영역인 철학, 인문 고전, 문학, 한국사, 세계사 영역에서 어떤 책으로 어떻게 시작해야 하는지 설명하고 있습니다.

철학

철학은 인간과 세계에 대한 근본 원리와 삶의 본질 등을 연구하는 학문입니다. 자아 성찰, 더불어 사는 법, 행복, 자기 계발, 정의 등 대표적인 철학적 주제와 관련된 책들을 통해 철학적 사고력을 기릅니다.

인문 고전

인문 고전은 그것을 읽는 방법이나 목적이 여느 책들과는 달라야 합니다. 고전은 어떤 마음으로 어떻게 읽느냐에 따라 다르게 해석되고 전혀 다른 결과를 만듭니다. 『사자소학』과 『논어』를 읽으면서 사고를 확장하는 법을 구체적인 사례를 통해 배웁니다.

문학

완성도 높은 문학 작품 속 인물들의 꿈과 희망, 아픔, 좌절을 함께 느끼며, 그 시대를 살았던 사람들의 삶과 가치를 이해할 수 있습니다. 다양한 이야기를 통해 여러 유형의 인간들을 접하면서 세상에 대한 이해의 폭을 넓히게 됩니다. 세계 명작부터 우리 고전 문학, 단편 소설에 이르기까지, 다양한 문화적 경험을 제공하는 소설을 읽으면서 삶에 대한 통찰력을 기를 수 있습니다.

한국사

역사 공부는 시작이 중요하므로 아이의 수준과 취향을 고려하여 즐겁게 시작할 수 있는 책을 골라야 합니다. 한국사를 재미있게 시작하는 방법부터 문화로 배우는 한국사, 인물로 배우는 한국사, 시대별 흐름으로 배우는 한국사 통사, 역사 체험 등 다양한 각도에서 한국사를 접할 수 있습니다.

세계사

세계사를 배우면 역사의 흐름을 폭넓게 바라보는 눈을 기를 수 있습니다. 우리나라 중심의 편협한 관점에서 벗어나 세계의 일원으로 더불어 잘살기 위해서 세계사 공부는 필수입니다. 세계사를 구체적으로 배우기 전에 나라별 지정학적 특징과 문화 등을 알아 둘 필요가 있습니다.

2

지혜를 기르는
철학적 사고 훈련

철학을 뜻하는 영어 단어 '필로소피(philosophy)'는 그리스어로 사랑하다는 의미의 접두사 '필로(philo-)'와 지혜를 의미하는 '소피아(sophia)'가 합쳐진 '필로소피아(philosophia)'에서 유래했습니다. 그렇다면 왜 철학이란 단어가 '지혜에 대한 사랑'이라는 어원을 지니고 있을까요? 누군가를 사랑하게 되면 하루 종일 그 사람을 생각하고 그로부터 사랑받기 위해 온갖 노력을 다하게 됩니다. 철학자들은 평생을 지혜와 사랑에 빠져 세상에 대해 더 많은 것을 알기 위해 밤낮으로 노력합니다.

철학은 인간과 세계에 대한 근본 원리와 삶의 본질 등을 연구하는 학문입니다. 철학은 어떻게 사는 것이 올바르게 사는 것인지 생각하도록 우리를 이끌어 줍니다. 우리가 살아가면서 겪는 삶, 죽음, 행복, 사랑, 고통 등의 문제는 결국 철학적인 문제입니다.

이 책의 목적은 철학을 학문적으로 연구하는 것이 아니라 세상 이치를 꿰뚫어 볼 수 있는 지혜를 위해 철학적 사고를 기르는 데 있습니다. 어떤 문제가 발생하거나 무슨 일을 할 때마다, 우리는 알고 있는 모든 지식과 경험을 모두 꺼내어 판단하는데, 이러한 과정이 바로 철학적 사고입니다.

철학적 사고란 쉽게 말해 생각하는 힘입니다. 우리는 매 순간 생각을 하며 살고 있는데, 철학적 사고는 무엇이며 어떻게 해야 하는 걸까요?

오늘날에는 세상에 없던 새로운 것을 만들어 내는 능력이 아니라 기존의 것을 다르게 바라보며 그 안에서 새로운 가치를 만들어 내는 능력이 필요합니다. 이처럼 다르게 생각하는 힘은 철학적 사고를 통해 길러집니다. 어릴 때부터 철학적 사고를 기르려면 평소에 주변의 사물이나 현상에 의문을 품고 스스로 답을 찾는 훈련을 해야 합니다.

독해력과 공부력을 키우는 머리읽기 독서법

이러한 생각 훈련은 정해진 답이 없기에, 지금껏 주어진 문제의 정답만을 찾던 사람에게는 생각한다는 것 자체가 귀찮고 부담스럽게 느껴질 수 있습니다.

철학적 사고는 꼭 어려운 철학책을 통해서만 할 수 있는 게 아닙니다. 학교나 가정에서 생기는 고민, 쉬운 동화를 통해서도 철학적인 사고를 할 수 있습니다. 오 헨리의 단편 소설「크리스마스 선물」을 예로 들어 보겠습니다.

이야기의 주인공인 젊은 부부는 너무나 가난했습니다. 그들에게 유일한 자랑거리는 남편의 멋진 금시계와 아내의 아름다운 머리카락이었습니다. 아내는 크리스마스를 맞아 금시계에 어울리는 시곗줄을 남편에게 선물하고 싶었지만, 가진 돈이 모자랐습니다. 그래서 길고 탐스러운 자신의 머리카락을 잘라 판 돈으로 시곗줄을 마련합니다. 하지만 남편의 크리스마스 선물은 금시계를 팔아서 산 값비싼 머리핀이었습니다.

이 이야기를 두고 사람들은 자신을 희생한 진정한 사랑이라고 칭송하지만 저는 이 이야기를 읽을 때마다 마음이 답답했습니다. 선물이라면 받은 사람이 볼 때마다 기분이 좋아야 합니다. 만약 시계를 팔지 않고 선물 받은 시곗줄을 사용했더라도 그것을 볼 때마다 남편은 아내의 짧은 머리에 충격을 받은 그날의 아픔이 떠오를 것입니다. 아내 역시 마찬가지입니다. 머리카락을 자르지 않았더라도 그 머리핀을 볼 때마다 남편이 팔아 버린 금시계 생각에 마음이 편치 않았을 겁니다. 결과적으로 시곗줄과 머리핀은 '크리스마스 선물'이 아니라 '크리스마스 상처'로 기억될 것입니다.

사랑하는 사람에게 꼭 비싼 선물을 해 주어야 행복할까요? 서로를 위하는 마음만 있다면 아무리 작은 선물이라도 감동을 줄 수 있습니다. 행복의 기준은 사람마다 다릅니다. 행복의 기준이 너무 높아 실현 가능성이 작을수록 삶의 만족감은 떨어집니다. 더구나 행복의 척도를 물질적인 가치에서 찾는다면 가질 수 없다는 좌절감에 평생 불행한 삶을 살 수도 있습니다.

이처럼 단순한 생각이 꼬리에 꼬리를 물고 이어져 '진정한 행복이란 무엇일까.' 하는 철학적 물음으로 확장되고 자신만의 가치관이 형성됩니다. 이러한 철학적 사고는 처음에는 책 읽기만으로는 얻기 어렵습니다. 혼자서도 사색하는 단계가 되기 전까지는 부모와 아이가 대화를 통해 함께 철학적 사고를 끄집어내야 합니다.

📖 질문으로 열리는 철학적 사고

철학적 사고에서 질문은 생각의 문을 여는 '열쇠'입니다. 일상에서, 책을 읽으며, 밥을 먹다가도 문득 떠오르는 삶에 대한 질문이 우리를 철학적 사고로 이끕니다.

'나는 누구이며 어디서 왔을까?', '행복이란 무엇일까?'와 같은 철학적 질문에는 정답이 없습니다. 이러한 생각을 하는 것만으로도 생각의 문이 열리고 세상을 보는 지혜가 쌓입니다.

인류 역사상 위대한 발견과 발명은 항상 '왜?'라는 질문을 던지고 그 답을 찾는 과정에서 이루어졌고, 그 덕분에 오늘날과 같은 문명의 발전을 이룰 수 있었습니다.

부모는 아이가 질문을 통해 문제의 본질을 파악하고 문제 해결의 실마리를 찾을 수 있도록 도와야 합니다. '누구지?', '무엇이지?'와 같은 1차원적인 질문이 아니라 근본적인 문제에 접근할 수 있는 심층적인 질문을 던짐으로써 아이에게 생각할 기회를 주어야 합니다. 좋은 질문이 무엇인지 알기 위해서는 부모 역시 스스로 질문을 던지고 답을 찾는 생각 훈련을 해야 합니다.

📖 철학적 사고를 기르는 추천 도서

유명한 철학자의 이론을 이해하는 것은 성인에게도 어렵습니다. 초등학생의 철학교육은 사물을 다른 관점에서 바라보고 생각하는 힘을 기르는 것이 목적입니다. 글자의 비중이 적다고 저학년 책이고, 많다고 고학년 책이 아닙니다. 철학책은 어린이부터 성인까지 모든 연령의 사람이 읽고 생각할 수 있는 책입니다.

📖

초등학생을 위한 철학 추천 도서		
도서명	저자	출판사
『생각한다는 건 뭘까?』	채인선	미세기
『져야 이기는 내기』	피터 시스	베틀북

『그럴 수도 있고, 아닐 수도 있지』	댄 바커	지식공간
『철학하는 내가 좋다』	어린이철학교육연구소	해냄주니어
『생각하는 내가 좋다』	어린이철학교육연구소	해냄주니어
『논리야, 놀자』	위기철	사계절
『EBS 철학 학교』	EBS	가나출판사
『머릿속을 헤엄치는 지혜 물고기』	최은규	소담주니어
『생각 깨우기』	이어령	푸른숲주니어
『생각의 힘을 키우는 철학 이야기』	패테르 엑베리	함께자람
『생각하는 것이 왜 중요할까요?』	이관호	나무생각
『생각하는 습관을 키우는 어린이 철학 교실』	이나 슈미트	생각의날개
『세상에서 가장 쉬운 철학책』	우에무라 미츠오	비룡소
『재미있는 철학 이야기』	김민송 외	가나출판사
『안다는 것은 무엇일까요?』	오스카 브르니피에	상수리
『옳을 수도 있고, 그를 수도 있지』	댄 바커	지식공간
『지혜를 충전하는 73가지 세상 이야기』	김종상	북멘토
『철학자는 왜 거꾸로 생각할까?』	요술피리	빈빈책방
『한비자가 들려주는 상과 벌 이야기』	임옥균	자음과모음

청소년을 위한 철학 추천 도서

도서명	저자	출판사
『철학은 엄마보다 힘이 쎄다』	박기복	행복한나무
『나는 왜 나를 좋아하지 않을까?』	애니 폭스	뜨인돌
『아리스토텔레스, 이게 행복이다!』	이성주	생각비행
『도덕을 위한 철학 통조림: 매콤한 맛』	김용규	주니어김영사
『생각한다는 것』	고병권	너머학교
『니코마코스 윤리학』	아리스토텔레스	풀빛
『이솝 우화로 읽는 철학 이야기』	박승억	이케이북
『프로이트 씨, 소통은 어떻게 하나요?』	이남석	탐
『프랑켄슈타인과 철학 좀 하는 괴물』	문명식	나무를심는사람들
『거짓말을 하면 얼굴이 빨개진다』	라이너 애를링	비룡소
『나눔과 배려의 적정기술』	김찬중	허원북스
『데카르트, 철학에 딴죽을 걸다』	김용관	탐

EBS에서 인성과 철학 관련 강의 보기

　　EBS 초등 홈페이지(https://primary.ebs.co.kr)를 방문하여 '창의체험'에 있는 '스쿨랜드' 메뉴를 선택하면 인성과 철학 관련 애니메이션을 볼 수 있습니다. 주인공을 통해 누구나 한 번쯤 생각했을 만한 철학적 궁금증을 제시하고 전문가의 조언과 함께 고민을 해결하는 과정을 보여줍니다.

스쿨랜드 '인성' 강의 목록
1. 길에서 돈을 주웠어요
2. 나는 스마트폰의 주인일까, 노예일까?
3. 누군가 하겠지?
4. 웃음의 힘
5. 욕해도 괜찮을까?
6. 포기하지 마
7. 외국에서 온 아이
8. 진정한 리더
9. 나무 귀신이 나타났다!
10. 다나의 선택
11. 기적을 일으키는 염소
12. 착한 초콜릿이 뭐예요?
13. 넌 꿈이 뭐야?
14. 현명한 판결
15. 용기 있는 선택
16. 너를 따르마!
17. 나를 사랑하는 힘
18. 공공의 이익
19. 말하는 대로
20. 공짜는 없다
21. 남을 돕는다는 것
22. 괜찮아!
23. 적당히 주문해
24. 천 원의 행복
25. 부치지 못한 편지

스쿨랜드 '철학' 강의 목록
1. 나다운 나란 무엇일까?
2. 큰 것은 얼마나 클까?
3. 선의의 거짓말은 괜찮을까?
4. 다수를 위해 소수를 희생할 수 있을까?
6. 세상 모든 일에는 원인이 있을까?
7. 변해도 변하지 않는 것은?
8. 의도가 좋으면 다 좋은 일일까?
9. 가장 빠른 길은 직선일까?
10. 아름다움은 제 눈에 안경일까?
11. 시간이 사라질 수 있을까?
12. 눈으로 본 것은 모두 진짜일까?
13. 내 삶은 이미 결정되어 있는 것일까?
14. 여자는 남자보다 힘이 세면 안 될까?
15. 음악이나 기술에도 주인이 있을까?
16. 삶의 모든 순간을 기억할 수 있다면?
17. 경험이 어떻게 지식이 될까?
18. 이름을 부른다는 것은 어떤 의미일까?
19. 돈으로 행복을 살 수 있을까?
20. 죽으면 정말 끝일까?
21. 동물을 사랑하면서 먹을 수 있을까?
22. 목격하지 않은 사건의 증거를 찾아낼 수 있을까?
23. 이게 사랑일까?
24. 말하지 않아도 알 수 있을까?
25. 너는 커서 뭐가 될래?

삶의 통찰력을 기르는 철학적 주제

어떤 책을 읽더라도 그 안에서 삶에 대한 철학적 질문을 찾아내어 생각을 확장할 수 있다면, 그것만으로도 철학적 사고력을 충분히 기를 수 있습니다. 여기서는 책 속에서 찾을 수 있는 대표적인 철학적 주제들이 무엇이고, 어떻게 철학적 사고를 끌어낼 수 있는지 알아보겠습니다.

📖 첫 번째 철학 주제 '자아 성찰'

철학에서 가장 기본적으로 던지는 질문은 '나는 누구인가?'입니다. 인간에게는 자신을 성찰하는 능력이 있는데, 자아 성찰은 자신을 되돌아보고 관찰하는 능력으로 자신의 생각과 행동을 점검하는 것입니다.

"가랑잎이 솔잎더러 바스락거린다고 한다."라는 속담이 있습니다. 자기 허물은 생각하지 않고 도리어 남의 허물만 나무란다는 뜻입니다. 많은 사람이 남의 작은 잘못에는 엄격하고 자신에게는 한없이 관대합니다. 지혜로운 사람이 되기 위해서는 가장 먼저 자신의 모습을 제대로 볼 수 있어야 합니다.

자아 성찰이 몸에 배어 있는 사람은 다른 사람을 더욱 잘 이해하고 세상을 제대로 볼 수 있습니다. 이처럼 스스로를 반성하고 돌아보는 과정을 통해 마음속에 가지고 있는 자기 자신의 모습인 자아상을 형성하게 됩니다. 자아상의 기반이 되는 것이 바로 '자아 존중감'입니다.

자아 존중감은 자기 자신이 가치 있고 소중하며, 유능하고 긍정적인 존재라고 믿는 마음으로 '자존감'이라고도 합니다. 자아 존중감은 모든 행동의 핵심 근원이며 행복한 인생을 위해 꼭 필요한 요소입니다. 부모는 아이가 태어나면서부터 성장하는 동안 아이의 자존감을 높이기 위해 많은 정성을 쏟아야 합니다.

교육방송(EBS)의 다큐멘터리 〈아이의 사생활〉 3부인 「자아 존중감」 편에서는 자존감 지수가 높은 아이들과 낮은 아이들을 대상으로 자아 존중감이 아이의 다른 성격 분야에 어떤 영향을 미치는지를 알아보았습니다. 다섯 가지 실험을 통해, 자존감과 다섯 가지 성격 영역인 '신체상', '자아상', '공감 능력', '리더십', '성취도'와의 관계를 알아보는 것이었습니다.

이해를 돕기 위해 다섯 가지 실험 중 세 개를 간단히 소개하겠습니다.

첫 번째는 '신체상' 실험으로, 종이에 자신의 모습을 그리게 합니다. 종이의 크기, 사용한 색상, 그림의 모습 등으로 자신의 외모에 대한 생각을 파악하는 실험입니다. 자아 존중감이 높을수록 자신의 외모에 대한 만족도가 높은 반면, 자아 존중감이 낮을수록 외모에 대한 만족도가 낮았습니다.

두 번째는 '자아상' 실험으로, 상자를 골라 안과 밖을 꾸미게 합니다. 상자의 밖은 다른 사람이 생각하는 나의 모습으로, 안쪽은 내가 생각하는 나의 모습으로 꾸미는 것입니다. 상자의 안과 밖은 현실적 자아와 이상적 자아를 의미하는데, 둘의 차이가 클수록 자아 존중감은 낮았습니다.

세 번째는 '공감 능력' 실험으로, 연극을 보고 등장인물들의 감정에 대해 어느 정도 공감하는지 알아보는 것이었습니다. 자아 존중감이 높은 아이는 다른 사람의 마음과 깊은 내면까지 공감했지만, 자아 존중감이 낮은 아이는 표면적인 감정만 이해할 뿐 내면의 감정까지 깊이 공감하지 못했습니다. 자신이 사랑받지 못한다고 생각하는 사람은 다른 사람의 마음을 이해할 여유가 없어, 이를 왜곡하여 받아들이기 때문에 건강한 인간관계를 형성하기 어렵다고 합니다.

실험 결과는 자아 존중감이 다른 성격 영역에도 큰 영향을 미치는 것으로 나타났습니다. 자아 존중감이 높은 아이는 모든 성격 영역의 수치 역시 높게 나왔지만, 자아 존중감이 낮은 아이는 수치가 모두 낮게 나왔습니다.

자아 존중감이 높으면 다른 사람에 대한 공감 능력이 뛰어나기 때문에 다른 사람의 실수나 잘못에 너그러워집니다. 반면 자아 존중감이 낮은 아이는 자신의 의견을 드러내는 데 소극적이라서 자기표현에 어려움을 겪을 수 있습니다. 또한 자신을 부정적으로 평가하는 경향이 있고, 다른 사람에게 관대하지 못하여 남 탓을 많이 합니다.

"곳간에서 인심 난다."라는 속담처럼 내 마음이 긍정적인 에너지로 가득 차 있어야 다른 사람에게 너그러울 수 있습니다. 높은 자아 존중감은 마음을 여유롭게 만들어, 살면서 부딪치는 문제에 유연하게 대처하게 하고 삶에 대한 행복감을 높여 줍니다.

그렇다면 자아 존중감을 높이기 위해서는 어떻게 해야 할까요?

자신이 사랑받고 존중받는 존재라고 생각하면 자아 존중감은 높아집니다. 그러므로 부모의 양육 태도에 따라 아이의 자아 존중감은 달라질 수 있습니다. 부모의 양육 태도가 너무 강압적이면 주눅이 든 아이로 성장하고, 반대로 지나치게 받아 주고 무조건 칭찬만 하면 아이는 지나치게 부풀려진 왜곡된 자아상을 갖게 됩니다.

자녀가 여러분에게 고민을 말했을 때, 아이를 탓하거나 일방적으로 설득해서는 안 됩니다. 이러한 양육 태도는 아이에게 '나는 나쁜 아이인 데다 무능력해.'라는 생각이 들게 하여 자아 존중감에 손상을 준다고 합니다. 일단 아이의 감정에 최대한 공감해 준 다음, 아이가 감정을 정리하고 이성을 찾고 나서 문제에 관해 이야기를 나눕니다. 그렇게 하면 아이의 자아 존중감을 손상시키지 않으면서 문제도 해결할 수 있습니다.

아이의 자아 존중감을 높여 주는 추천 도서

도서명	저자	출판사
『겁쟁이 빌리』	앤서니 브라운	비룡소
『달라도 괜찮아』	모르간 다비드	파랑새
『걱정은 걱정 말아요』	톰 퍼시벌	두레아이들
『아름다운 실수』	코리나 루켄	나는별
『절대로 실수하지 않는 아이』	마크 펫	두레아이들
『나는 나의 주인』	채인선	토토북

『이게 정말 나일까?』	요시타케 신스케	주니어김영사
『자석 총각, 끌리스』	임정진	해와나무
『잘 자라라 내 마음』	윤아해	스콜라
『틀려도 괜찮아』	마키타 신지	토토북
『깃털 없는 기러기 보르카』	존 버닝햄	비룡소
『먹구름 청소부』	조히	노란상상
『넌 특별한 아이야』	사라 페니패커	보물창고
『그림 도둑 준모』	오승희	낮은산
『내 멋대로 나 뽑기』	최은옥	주니어김영사
『오, 멋진데!』	마리 도를레앙	이마주
『골라 줘! 초이스 킹』	김경숙	라임
『느끼는 대로』	피터 H.레이놀즈	문학동네
『나는 누구예요?』	콘스탄케 외르벡 닐센	분홍고래
『줄무늬가 생겼어요』	데이빗 섀논	비룡소
『엉뚱이 소피의 못말리는 패션』	수지 모건스턴	비룡소
『납작이가 된 스탠리』	제프 브라운	시공주니어
『나는 소심해요』	엘로디 페로탱	이마주
『나를 발견하는 책』	스티븐 로	다림
『미움받아도 괜찮아』	황재연	인플루엔셜
『사람은 왜 꾸미는 걸까?』	정해영	논장

📖 두 번째 철학 주제 '더불어 사는 세상'

아리스토텔레스는 인간은 사회적 동물이라고 말했습니다. 인간은 혼자 살 수 없으며 사회라는 공동체 속에서 다른 사람들과 다양한 관계를 맺으며 산다는 의미입니다.

아이들이 사회라는 공동체 일원으로 잘살려면 더불어 살아가는 방법을 배워야 합니다. 생김새도 성격도 서로 다른 사람들이 함께 살려면 가장 필요한 것은 무엇일까요?

그것은 서로 다름을 인정하는 것입니다. 차별과 편견은 다름을 인정하지 않기 때문에 일어나는 문제입니다. 이는 기린에게 목이 너무 길다고 타박하고, 코끼리에게는 코가 너무 기다랗다며 억지를 부리는 것과 같습니다.

인종, 문화, 종교, 성별 등의 다름이 차별과 멸시의 이유가 되어서는 안 됩니다. 어릴 때부터 인성 교육을 통해 아이들에게 '나와 다른 것은 틀린 것이 아니라 특별한 것'임을 알려 주어야 합니다. 가장 좋은 방법은 책을 통해서 다양한 사람을 만나고 공감하는 것입니다. 지구상의 모든 생명체와 더불어 잘살 수 있는 길을 고민하는 것 역시 중요합니다.

공감 능력을 길러 주는 추천 도서

도서명	저자	출판사
『욕심쟁이 딸기 아저씨』	김유경	노란돼지
『7년 동안의 잠』	박완서	어린이작가정신
『까만 아기 양』	엘리자베스 쇼	푸른그림책
『거인의 정원』	오스카 와일드	웅진씽크하우스
『다르지만 틀리지 않아』	칼 노락	책과콩나무
『내 탓이 아니야』	레이프 크리스티안손	고래이야기
『나는 사실대로 말했을 뿐이야!』	패트리샤 맥키삭	고래이야기
『눈물바다』	서현	사계절
『늑대들이 사는 집』	허가람	비룡소
『아씨방 일곱 동무』	이영경	비룡소
『나쁜 어린이 표』	황선미	이마주
『내가 하는 말이 왜 나빠』	이현주	리틀씨앤톡
『무슨 벽일까』	존 에이지	불광출판사
『사라, 버스를 타다』	윌리엄 밀러	사계절
『가방 들어 주는 아이』	고정욱	사계절
『고래를 그리는 아이』	윤수천	시공주니어

『과수원을 점령하라』	황선미	사계절
『짜장 짬뽕 탕수육』	김영주	재미마주
『까마귀 소년』	윤구병	비룡소
『까막눈 삼디기』	원유순	웅진주니어
『야곱, 너는 특별해!』	가브리엘레 하이저	문학과지성사
『장애란 뭘까?』	엘렌 드 레스니데르 · 소피 보르데 프티용	톡
『함께 사는 게 뭐예요?』	오스카 브르니피에	상수리
『다른 사람들』	미안	고래뱃속
『햇빛마을 아파트 동물원』	정제광	창비
『내 멋대로 친구 뽑기』	최은옥	주니어김영사
『너한테도 생길 수 있는 일』	마이크 캐시디	다른
『세계의 빈곤, 게을러서 가난한 게 아니야!』	김현주	사계절
『생명, 알면 사랑하게 되지요』	최재천	더큰아이
『서로 달라서 더 아름다운 세상』	노지영 외	휴이넘

📖 세 번째 철학 주제 '행복'

아이가 어른이 되면 어떻게 살기 바라냐고 물으면 많은 부모가 행복하게 살면 좋겠다고 말합니다. 아리스토텔레스는 인간이 추구하는 궁극적인 목적은 행복이라고 말했습니다. 행복한 삶이란 어떤 삶일까요? 돈이 많으면 행복할까요? 그렇다면 부자들은 모두 행복할까요?

행복의 기준은 사람마다 다릅니다. 행복은 자신의 바람이 현실에서 얼마나 성취되느냐에 의해 결정됩니다. 예를 들어 시험 점수를 똑같이 80점을 받아도 100점을 기대했던 사람은 실망하고, 70점을 기대했던 사람은 무척 기쁠 것입니다. 이처럼 누구는 행복하고 누구는 불행한 까닭은 자신이 바라는 정도가 다르기 때문입니다.

적절한 욕구는 동기 부여가 되어 그 사람을 발전시킵니다. 하지만 수준에 맞지 않은 과도한 욕구는 삶을 불행하게 만듭니다. 잡히지 않는 먼 곳에 있는 행복을 좇지 말고 바로 앞에 있는 행복을 찾아야 행복한 사람이 됩니다.

아이와 함께 책을 읽고 주인공들이 왜 행복한지, 어떻게 행복을 만들어 가는지 이야기하다 보면 아이도 자신만의 행복 철학을 만들 수 있습니다.

행복을 이야기하는 추천 도서		
도서명	저자	출판사
『행복한 청소부』	모니카 페트	풀빛
『행복하다는 건 뭘까?』	노경실	미세기
『행복이 뭐예요?』	오스카 브르니피에	상수리
『세상에서 가장 행복한 사람은 누구인가?』	일랑 브렌만	베틀북
『한밤중 달빛 식당』	이분희	비룡소
『파리 신부』	김태호	문학과지성사
『행복을 파는 상인』	다비드 칼리	주니어김영사
『돈이 많으면 행복할까?』	박현희	웅진주니어
『최고의 행복 수업』	서지원	파란자전거
『들꽃들의 합창』	서지원	좋은책어린이
『행복한 성공 교과서』	서지원	주니어김영사
『아리스토텔레스, 이게 행복이다!』	이성주	생각비행

📖 네 번째 철학 주제 '자기 계발'

'자기 계발'이란 자신의 능력을 강화하고 다양한 각도에서 자신을 성장시키려는 노력을 의미합니다. 자기 계발의 가장 대표적인 예가 공부입니다. '공부(工夫)'의 사전적 의미는 학문이나 기술을 배우고 익히는 것입니다. 새로운 것을 알아가는 모든 일이 공부라고 할 수 있습니다. 하지만 우리나라에서는 공부가 입시나 시험을 위한 좁은 의미로 쓰일 때가 많습니다.

인간은 평생을 무언가를 배우며 살아갑니다. 아기일 때는 세상의 모든 것이 신기하고 호기심의 대상이 됩니다. 혼자 밥 먹기, 첫걸음마 떼기, 화장실 가기 등 매일매일 배우는 즐거움을 느낍니다. 하지만 자라면서 점차 배우는 것을 싫어하는 아이들이 늘어납니다.

나이가 들수록 왜 공부가 재미없어질까요? 그 이유는 자신이 공부해야 할 이유를 찾지 못했기 때문입니다.

> "목적 없는 공부는 기억에 해가 될 뿐이며,
> 머릿속에 들어온 어떤 것도 간직하지 못한다."
> – 레오나르도 다빈치

레오나르도 다빈치의 명언은 다르게 말하면 '목표가 있어야 제대로 공부할 수 있다'는 뜻입니다. "말을 물가로 데려갈 수는 있어도 억지로 물을 먹일 수는 없다."라는 외국 속담처럼 공부는 스스로 하고자 할 때만 진정한 효과를 볼 수 있습니다. 10대에 가장 많이 고민해야 할 것이 진로 문제입니다. 장차 무엇을 하고 싶은지를 목표로 정해야 그것을 이루기 위해 계획을 세우고 필요한 공부를 하게 됩니다.

공자는 배움에 대해 다음과 같은 말을 남겼습니다.

> 古之學者爲己 今之學者爲人 (고지학자위기 금지학자위인)
> –『논어』의「헌문」편 중에서

이 말은 '옛날의 학자들은 자신을 위해 공부했는데, 지금의 학자들은 남에게 보여주기 위해 공부한다'는 뜻입니다. 여기서 '위기(爲己)'는 '자기를 위해서', 다시 말해 스스로 원해서 자율적으로 공부하는 것을 의미합니다. 반면 '위인(爲人)'은 다른 사람에게 보이기 위해 공부하는 것을 의미합니다. 부모님에게 잘 보이기 위해, 주변에 좋은 성적을 자랑하기 위해 공부하는 것이 바로 남을 위해 공부하는 것입니다.

진정한 공부는 좋은 성적을 목적으로 하는 것이 아니라 무언가를 배워 이전보다 발전한 사람이 되는 것을 말합니다. 사회에 나가서도 끊임없이 자신을 성장시키려면 평생 공부해야 합니다.

자기 계발, 진로 관련 추천 도서		
도서명	저자	출판사
『책이 사라진 날』	고정욱	한솔수북
『피튜니아, 공부를 시작하다』	로저 뒤바젱	시공주니어
『내 꿈은 방울토마토 엄마』	허윤	키위북스
『꿈을 꼭 가져야 하나요?』	어린이철학교육연구소	한림출판사
『쿠키 한 입의 인생 수업』	에이미 크루즈 로젠탈	책읽는곰
『아홉 살 진로 멘토』	최수복	북멘토
『어린이를 위한 미래 직업 100』	최정원	이케이북
『커다란 일을 하고 싶어요』	실비 니만	책속물고기
『꿈을 나르는 책 아주머니』	헤더 헨슨	비룡소
『존 아저씨의 꿈의 목록』	존 고다드	글담어린이
『역사를 바꾼 별난 직업 이야기』	신현배	가문비어린이
『4차 산업 혁명과 미래 직업 이야기』	서지원	크레용하우스
『실패 도감』	오노 마사토	길벗스쿨
『내 직업은 직업발명가』	강승임	책속물고기
『어린이를 위한 그릿』	전지은	비즈니스북스
『생각이 크는 인문학 1: 공부』	김윤경	을파소

📖 다섯 번째 철학 주제 '정의'

정의란 진리에 맞는 올바른 도리를 말합니다. 정의와 관련하여 책에서 배울 수 있는 항목은 크게 나누면 '거짓과 진실', '공정함', '민주주의' 등이 있습니다.

거짓과 진실

옛날이야기에서는 선과 악을 명확하게 구분할 수 있지만, 현실에선 확실하게 선을 긋기는 어렵습니다. 손님으로 초대받았을 때 대접받은 음식이 맛이 없어도 맛있다고 거짓말을 하게 됩니다. 만약 거짓말이 누군가의 생명을 구할 수 있다면 망설임 없이 거짓말을 할 것입니다. 하지만 어떤 거짓말은 해도 되고 어떤 거짓말은 하면 안 되는지에 대해 뚜렷한 기준이 없기 때문에, 정의로운 거짓인지 진짜 나쁜 거짓인지 판단이 어려울 수 있습니다.

가치관이 형성되고 있는 시기인 아이들의 경우, 누군가를 어려움에 빠뜨리고 피해를 주는 거짓말은 절대 해서는 안 된다는 것을 명확하게 배워야 합니다. 그리고 거짓으로 당장은 작은 이득을 볼 수 있을지 몰라도, 결국 가장 값진 신뢰를 잃게 된다는 것도 알아야 합니다.

공정함

미국의 철학자 롤스는 정의에 대한 원칙을 크게 '평등의 원칙'과 '차등의 원칙'으로 구분했습니다. '평등의 원칙'은 선거권처럼 모든 성인에게 평등하게 제공될 때 실현되는 정의를 뜻합니다. '차등의 원칙'은 사회적·경제적 불평등으로 인해 혜택을 받지 못하는 사람에게 도움을 줄 때 실현됩니다. 예를 들어 생계가 어려운 저소득층이나 취약계층에게 도움을 줄 때 정의가 실현된다는 원칙입니다.

과거 신분제 사회에서는 양반의 자식으로 태어나면 양반이 되고, 천민의 자식으로 태어나면 천민이 되었습니다. 이렇게 신분의 벽이 높았던 시대를 공정하다고 말하지 않습니다. 신분제가 사라진 현대에도 공정성 문제는 끊임없이 제기되고 있습니다.

부자인 부모에게서 태어난 사람 중에는 별다른 노력 없이도 많은 것을 누리며 사는 사람도 있고, 가난한 집에 태어난 사람은 아무리 능력이 뛰어나도 발휘할 기회조차 잡기 어렵습니다. 누구에게나 기회가 열려 있으며, 노력하면 그 노력만큼 대가를 받을 수 있는 그런 공정한 사회를 만들어야 합니다.

정의를 다루는 추천 도서		
도서명	저자	출판사
『거짓말 손수건, 포포피포』	디디에 레비	이마주
『그 소문 들었어?』	하야시 기린	천개의바람
『나는 사실대로 말했을 뿐이야!』	패트리샤 맥키삭	고래이야기
『진실』	오스카 브르니피에	녹색지팡이
『거짓말 경연대회』	이지훈	거북이북스
『거짓말을 하면 얼굴이 빨개진다』	라이너 에를링어	비룡소
『거짓말 학교』	전성희	문학동네
『어린이를 위한 정의란 무엇인가』	안미란	주니어김영사
『아빠, 왜 히틀러한테 투표했어요?』	디디에 데냉크스	봄나무
『민주주의를 어떻게 이룰까요?』	플란텔 팀	풀빛
『프린들 주세요』	앤드루 클레먼츠	사계절
『어린이가 알아야 할 가짜 뉴스와 미디어 리터러시』	채화영	팜파스
『파워북: 누가, 왜, 어떻게 힘을 가졌을까?』	클레어 손더스	천개의바람
『생각이 크는 인문학 8: 정의』	서윤호	을파소
『10대를 위한 JUSTICE: 정의란 무엇인가』	마이클 샌델	아이세움

4

시공을 초월하는
고전의 힘

　고전이란 수십 년, 수백 년이 지나도 많은 사람이 그 가치를 인정하는 수준 높은 책을 의미합니다. 이때 수준이 높다는 것은 역사적으로 축적되어 온 현인들의 지식과 지혜를 담고 있다는 뜻입니다. 고전을 읽으면 시공을 초월하여 깊고 폭넓은 사상과 세계를 만날 수 있습니다. 시대가 아무리 변해도 고전의 가치와 근본 원리는 변함없이 우리 삶에 큰 영향을 줍니다.

　시험공부를 모두 끝냈다고 자신만만하게 말하는 아이에게 공부한 내용을 물어봤는데 제대로 대답하지 못하는 경우가 있습니다. 이는 아이가 거짓말을 해서가 아니라 자신이 무엇을 알고, 무엇을 모르는지를 파악하지 못했기 때문입니다. 교과서를 여러 번 읽어서 모든 내용이 술술 읽히면 자신이 해당 단원을 잘 알고 있다고 착각하기 쉽습니다. 이에 대해 공자는 제자에게 다음과 같이 말했습니다.

> 知之爲知之　不知爲不知　是知也 (지지위지지 부지위부지 시지야)
> – 『논어』의 「위정」 편 2-17에서

　인용한 부분은 "아는 것은 안다고 하고, 모르는 것은 모른다고 하는 것. 이것이 아는 것이다."로 풀이할 수 있습니다. 학습이라는 측면에서 볼 때, 이 말은 '무엇을 알고 무엇을 모르는지 아는 것이 가장 중요하다'는 뜻입니다. 많은 사람은 자신이 어떤 내용을 알고 있다고 착각하거나, 때론 잘 모르면서 안다고 우기기도 합니다. 자기가 무엇을 모르는지 분명하게 알아야 제대로 배울 수 있습니다.

이러한 공자의 견해는 오늘날 교육 전문가들이 자주 인용하는 '메타인지'라는 용어와도 맥락이 닿아 있습니다. 메타인지(metacognition)란 '더 높은'이라는 뜻을 지닌 접두사 '메타(meta‒)'와 '인지(cognition)'가 결합한 단어로 '더 높은 차원의 인지'를 의미합니다.

메타인지는 자신을 객관화하여 볼 수 있는 능력이므로, 이를 갖추면 자신이 무엇을 알고 모르는지 구분할 수 있습니다. 메타인지가 잘 형성되어 있는 아이들은 자기가 모르는 내용 위주로 공부합니다. 그래서 공부 시간이 같아도 다른 아이들보다 학습 성과가 높습니다. 반면 메타인지가 잘 형성되지 않은 아이들은 자신이 모두 안다고 착각하고 이미 아는 내용도 반복해서 공부하다 보니 좋은 성과를 거두기 어렵습니다.

고전은 오래전에 집필되어 현대에 적용하기에 무리가 있다고 생각할 수 있습니다. 그러나 인간으로서 지켜야 할 근본 도리는 시대가 바뀌어도 변하지 않습니다. 고전이 나라와 인종, 세대를 초월하여 유용하게 쓰이고, 작품성을 인정받고 있는 이유는 인류의 보편적 가치를 담고 있기 때문입니다.

📖 인문 고전 제대로 읽는 방법

고전은 어떤 마음으로 어떻게 읽느냐에 따라 해석이 달라질 수 있습니다. 그렇다면 고전을 제대로 읽는 방법은 무엇일까요?

첫째, 어려워도 끝까지 정독합니다.

생소한 단어와 어려운 문맥으로 쓰인 고전은 처음 읽으면 무슨 말인지 마음에 와닿지 않아 중도에 포기하는 경우가 많습니다. 하지만 인내심을 가지고 시간과 노력을 들이면 고전의 놀라운 힘을 깨닫게 됩니다. 이런 변화를 경험하려면 끝까지 정독해야 합니다. 혼자 읽으면 완독하기 어려우므로 부모가 아이와 함께 읽으면 좋습니다. 함께 책을 읽으며 대화를 나누다 보면, 내용을 이해하는 폭이 넓어집니다.

둘째, 천천히 사색하며 읽습니다.

요즘 아이들은 학교와 학원을 오가며 많은 지식을 습득하지만, 정작 자신과 주변을 성찰하고 생각할 여유는 없습니다. 쉴 때조차 스마트폰에 빠져 시간을 보내다 보니, 아이들에게 무언가를 생각한다는 것은 너무나 어려운 일이 되었습니다. 인문 고전은 소가 되새김질하듯이 천천히 음미하며 읽어야 큰 효과를 볼 수 있습니다. 마음에 와닿은 구절을 깊이 묵상하고, 그것을 자신의 삶과 연결 지어 생각하고자 노력해야 합니다. 그러기 위해서는 '이 문장은 어떤 의미지?'라는 질문을 스스로에게 던지고 그 답을 생각하며 읽어야 합니다. 자신만의 답을 찾아가는 과정에서 사고력이 놀라울 정도로 확장됩니다. 또 고전을 통해 삶에 대해 질문을 던지고 스스로 해답을 찾는 과정에서 사색의 즐거움도 느낄 수 있습니다.

셋째, 좋은 구절은 필사를 통해 마음에 새깁니다.

마음에 드는 구절은 원문 그대로 공책에 적고 그 구절이 좋은 이유도 간단히 남깁니다. 생각과 느낌은 금세 사라지므로 바로 필사합니다. 단순히 똑같이 베껴 쓰는 것이 아니라 한 구절씩 음미하며 쓰는 것이 목적이므로 다양한 필기구로 보기 좋게 꾸밉니다. 무턱대고 베껴 쓰기보다는 목표를 정하고 어떤 내용을 어떻게 필사할지를 구상한 다음에 써야 합니다. 이렇게 필사한 내용은 오래 기억되고 깊이 있게 생각을 정리할 수 있어 독서의 효과를 높여 줍니다. 좋은 글귀를 흘러버리지 않고 외워 두었다가 일기, 독후감 등의 글쓰기나 토론에서 다양하게 활용하면 생활 속에서 고전의 가치를 느낄 수 있습니다.

세상에는 무수히 많은 책이 있습니다. 그 책을 전부 읽을 수는 없는 노릇이므로 어떤 책을 읽어야 할지 현명한 선택이 필요합니다. 그렇다면 오랜 시간 많은 사람에게 그 내용의 가치와 진정성을 인정받은 고전이 1순위일 것입니다. 이 책에서는 고전 중에서도 최고의 고전으로 뽑히는 『사자소학』과 『논어』를 사례로 들어, 고전을 어떻게 읽어야 하는지 설명하겠습니다.

📖 한자와 인성을 함께 배우는 『사자소학』

『사자소학』은 서당에서 어린이들이 가장 먼저 배웠던 기초 학습서입니다. 이 책을 통해 기초 한자들을 익히고, 반드시 지켜야 할 생활 규범과 어른 공경하는 법 등을 배움으로써 학습과 인성 교육이라는 두 마리 토끼를 한 번에 잡을 수 있습니다.

아이들의 버릇없는 행동을 꾸짖기에 앞서, 예의범절을 제대로 가르쳤는지 어른들부터 깊이 반성해야 합니다. 예의를 가르치고 올바른 생활 습관을 길러 주는 것이야말로 자녀에게 평생을 지탱해 줄 가장 든든한 재산을 남겨 주는 것과 같습니다.

서점에서 판매되는 어린이 대상 『사자소학』 단행본들을 살펴보면, 한자를 공부하는 부분과 인성을 기를 수 있는 부분으로 구성되어 있습니다. 책마다 서술의 눈높이나 구성이 다르므로, 서로 비교하여 적합한 책을 골라 시작합니다. 한자의 뜻과 음을 익힐 수 있고, 억지로 이야기를 끼워 맞춘 책보다는 유명한 일화를 바탕으로 연계성이 높은 이야기로 된 책을 고릅니다. 그리고 단편적인 지식을 나열하는 책보다는 사자성어를 구성하는 한자의 뜻과 음을 제대로 배울 수 있는 책을 권합니다.

원작의 일부를 추려서 만든 까닭에 책마다 내용도 조금씩 다르니, 여러 권을 반복해서 익히는 것도 좋습니다.

📖

『사자소학』 추천 도서

도서명	구성과 특징
『어린이 사자소학』 (한국독서지도회)	부모에 대한 효도와 가족 간의 예의범절을 주로 다룬다. 『사자소학』의 한자 뜻과 소리와 함께 보충 설명이 나오고 중간중간 내용과 관련된 옛이야기가 나온다.
『가장 쉬운 초등 사자소학 따라 쓰기』 (동양북스)	큰 소리로 따라 읽기, 낭송하기, 암기하기, 한자 원문 쓰기, 배운 내용 넣어 일기 쓰기 등으로 구성되어 있다.
『사자소학으로 배우는 인성 한자』 (허시봉, 상상의집)	『사자소학』의 뜻을 현재의 생활과 연결하여 이해를 돕는다. 비슷하거나 연관된 사자성어를 하나 더 알려 주고 한자의 생성 원리와 어원을 깊이 있게 다룬다.

『사자소학』 활용 사례 1

❶ 1단계 – 운율에 맞춰 음독하기

옛날 서당에서 학생들이 공부할 때 운율에 맞춰 '하늘천 따지 검을현 누를황……' 『천자문』을 소리 내어 읽는 것처럼 운율에 맞춰 익숙해질 때까지 여러 번 읽습니다. 그런 다음 어떤 내용인지 꼼꼼하게 읽습니다.

> 父母出入 每必起立
> 부모출입 매필기립
>
> 뜻 부모께서 나가고 들어오실 때 매번 반드시 일어나 서라.

❷ 2단계 – 한자의 뜻과 음으로 속뜻 이해하기

고사성어를 구성하는 한자의 뜻과 음을 따라 쓰면서 익힙니다. 한자 뜻풀이를 통해 담겨 있는 속뜻을 정확하게 이해합니다. 무작정 외우려고 하는 것보다 한자들의 뜻을 알고 서로 연결하여 외워야 오랫동안 기억할 수 있습니다.

父	母	出	入	每	必	起	立
아비 부	어미 모	나갈 출	들다 입	매양 매	반드시 필	일어설 기	서다 립
부모께서		나가고 들어오실 때		매번 반드시		일어나 서라.	

❸ 3단계 – 자신과 연결하고 활용하기

부모님이 나가고 들어오실 때마다 일어나서 인사하는 것은 쉬운 것 같지만 실제로 실천하기는 어렵습니다. 여러분이 집을 나가거나 들어올 때 자녀와의 인사를 떠올려 보세요.

"엄마 잠깐 마트에서 장 좀 보고 올게."

"어, 다녀와."

그나마 저학년 때까지는 안아 주고 뽀뽀도 해 주며 배웅하지만, 고학년이 될수록 자기가 하던 일을 하면서 건성으로 짧게 말합니다. 인사하는 시늉만 해도 예민한 사춘기인데 인사하는 게 어디냐 하는 마음으로 넘어갑니다.

어느 날 엘리베이터를 기다리는데, 처음 본 열 살 정도의 아이가 배에 손까지 얹고 "안녕하세요." 인사하는 모습이 너무나 예뻐 보였고 부모가 가정 교육을 참 잘했다는 생각이 들었습니다. 그전까지 인사하는 태도에 대해 별생각이 없던 저에게 반성하는 기회가 되기도 했습니다.

"세 살 적 버릇이 여든까지 간다."라는 속담처럼 어릴 때 몸에 밴 버릇은 커서는 고치기 힘듭니다. 마찬가지로 어릴 때부터 예절 훈련을 하면 커서도 예의 바른 사람으로 자라게 됩니다. 요즘 부모들은 아이에게 권위적이지 않고 친구처럼 다정하게 지내려고 합니다. 예의범절을 따지면 '꼰대'라는 비속어 공격을 당하는가 하면, '가정 교육'이라는 말 자체가 너무 구태의연하고 낯선 말이 되었습니다.

처음 사람을 만나 그 사람에 관한 판단을 내리기까지는 약 10초도 채 걸리지 않는다고 합니다. 반면 비호감이었던 첫인상을 호감으로 바꾸려면 최소한 60번 이상의 만남을 가져야 한다고 합니다.

이렇게 첫인상의 위력은 엄청난 것입니다. 첫인상에서 가장 중요한 것이 바로 '인사'입니다. 인사 예절이야말로 오랜 시간에 걸쳐 몸에 밴 습관이기 때문에 성인이 되어 고치기는 어렵습니다. 특히 성격이 내성적이고 표현이 서툰 아이일수록 새로운 모습을 보이는 것을 더 어려워합니다. 처음 인사를 시키면 팔을 흐느적거리고 몸은 이리저리 흔들리며 목소리도 힘이 없습니다.

두 손을 앞으로 모아 포개고 상체를 움직이지 않고 바르게 인사하는 법을 꾸준히 훈련합니다. 올바른 인사만으로도 아이는 한 뼘 성장하게 됩니다. 예절이 바른 사람으로 자라기 위해서는 가정에서 꾸준한 훈련이 필요합니다. 가장 가까운 부모에게 정중하게 인사를 해야 밖에서 다른 사람들에게 예의를 갖춰 인사할 수 있습니다.

『사자소학』 활용 사례 2

❶ 1단계 – 운율에 맞춰 음독하기

> 非禮勿視　非禮勿聽
> 비 례 물 시　비 례 물 청
>
> 뜻 예절이나 규범에 어긋나는 것은 보지도 말고, 듣지도 말라.

❷ 2단계 – 한자의 뜻과 음으로 속뜻 이해하기

　　고사성어를 구성하는 한자의 뜻과 음을 따라 쓰면서 익힙니다. 한자 뜻풀이를 통해 담겨 있는 속뜻을 정확하게 이해합니다. 무작정 외우려고 하는 것보다 한자들의 뜻을 알고 서로 연결하여 외워야 오랫동안 기억할 수 있습니다.

非	禮	勿	視	非	禮	勿	聽
아닐 비	예도 례	말다 물	보다 시	아닐 비	예도 례	말다 물	듣다 청
예가 아니면		보지 말고,		예가 아니면		듣지 말라.	

❸ 3단계 – 실생활과 연결하고 개념 확장하기

　　눈에 보이는 것을 어떻게 보지 않고, 귀에 들리는 것을 어찌 듣지 않을 수 있을까요? 한자의 뜻을 바탕으로 그 안에 담긴 의미를 짚어보면 참된 속뜻을 알 수 있습니다.

　　가장 많이 사용하는 '보다'라는 뜻의 한자에는 '견(見)'과 '시(視)'가 있습니다. '견(見)'은 눈에 보이는 대로 보는 것을 뜻하고, '시(視)'는 자신이 의지를 갖고 집중해 보는 것을 뜻합니다.

　　또한 '듣다'를 뜻하는 대표 한자로 '문(聞)'과 '청(聽)'이 있습니다. '문(聞)'은 의도나 의지와 상관없이 내 귀에 들리는 것을 뜻하고, '청(聽)'은 의지를 갖고 어떤 이야기를 들으려는 것을 뜻합니다. 그러므로 여기에서의 참뜻은 예절이나 규범에 어긋나는 것을 보려는 생각도 들으려는 마음도 가져서는 안 된다는 것을 말합니다.

아이와 함께 읽은 다음 어떤 것을 보지 않고 듣지 않으려 노력해야 할지를 이야기합니다. 아마도 인터넷 유해 정보와 관련된 이야기를 가장 많이 하게 될 것입니다. 초등 고학년의 스마트폰 보유율은 80%대를 넘었는데, 스마트폰을 통해 선정적이고 폭력적인 유해 콘텐츠에 노출되는 것이 사회적인 문제가 되고 있습니다. 처음에는 호기심으로 시작하지만, 갈수록 강한 자극을 원하게 되어 왜곡된 성 의식을 갖게 됩니다. 아무리 부모가 감시해도 아이들은 마음만 먹으면 어떻게 하든 부모의 감시망을 피해 유해 콘텐츠를 접할 수 있습니다. 부모가 강제로 막는 것보다 아이 스스로 유해 콘텐츠를 보려고 하지 않는 자제력을 기르는 것이 중요합니다. 평소 아이와 함께 유해 콘텐츠의 문제점을 이야기하고 다양한 사례를 통해 이해시키는 것이 좋습니다.

📖 세상의 이치를 깨닫게 해 주는 『논어』

전 세계 지식인들에게 가장 큰 사랑을 받아 온 대표적인 인문 고전은 『논어』입니다. 『논어』는 중국 춘추시대의 사상가 공자와 그 제자들의 언행을 기록한 유교 경전으로 총 200편, 600여 문장으로 전해 내려옵니다. 여기에는 진정한 배움, 진실한 우정, 부모의 사랑, 더불어 사는 법 등 세상을 살아가는 데 도움이 되는 가치들이 담겨 있습니다. 『논어』를 처음 접하면 제대로 뜻을 알기 어려우므로 사례와 함께 쉽게 풀이된 책으로 시작합니다. 그러다가 점차 수준을 높여서 원본에 가까운 책으로 확장하여 읽습니다. 한 번 읽고 말 것이 아니라 반복해서 읽어야 하니, 점차 수준 높은 책으로 바꾸어 가면서 읽으면 좋습니다.

입문 단계: 주제와 관련된 이야기로 배우는 『논어』 읽기

각 주제에 맞는 인물, 역사, 옛날이야기 등을 통해 『논어』의 참뜻을 쉽게 이해할 수 있습니다.

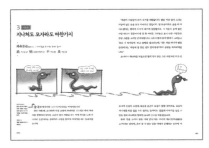

『힘 되는 논어 한 문장』
(신상필, 김태영 / 북스마니아)

중급 단계: 공자와 제자의 대화를 쉽게 풀이한 『논어』 읽기

앞의 단계보다 수준을 높여 원본을 쉽게 재해석한 책, 공자와 제자가 나눈 대화를 어린이 눈높이에 맞춰 재해석한 책으로 읽습니다.

『논어』
(김경윤 / 파란자전거)

고급 단계: 원본에 가깝게 해석한 『논어』 읽기

『논어』에 대한 기본 바탕이 만들어지면 점차 원본에 가까운 책으로 확장하여 읽습니다.

『어린이와 청소년을 위한 논어』
(박지숙 / 보물창고)

『논어』 추천 도서		
도서명	저자	출판사
『나는 공부 대신 논어를 읽었다』	김범주	바이북스
『논어, 사람의 길을 열다』	배병삼	사계절
『논어 필사 노트』	범입본 원저	시사패스
『논어』	공자 지음, 김원중 옮김	휴머니스트

『논어』 활용 사례 1 – 「학이(學而)」편 16장(章)

고전을 제대로 읽으려면 먼저 문장부터 제대로 이해해야 합니다. 고전에 있는 한 단어, 한 문장에는 수천 년 수백 년의 지혜가 축적되어 있습니다. 단어의 표면적인 의미가 아닌 숨겨진 뜻을 알기 위해 노력하며 읽어야 합니다.

❶ 1단계 – 독음과 해석

내용이 익숙해질 때까지 여러 번 소리 내어 읽습니다. 해석을 읽으면서 그 내용을 자신과 연결 지어 생각합니다.

> 不患人之不己知 患不知人也
> 불 환 인 지 불 기 지　환 부 지 인 야
>
> 뜻 남이 자신을 알아주지 않음을 걱정하지 말고, 남을 알지 못함을 걱정해야 한다.

❷ 2단계 – 한자의 뜻

한자 뜻풀이를 통해 담겨 있는 속뜻을 정확하게 이해합니다. 따로 한자 공부를 하지 않아도 이런 과정을 통해 한자 실력을 키울 수 있습니다.

不	患	人	之	不	己	知
아닐 불	근심할 환	다른 사람 인	어조사 지	아닐 불	자기 기	알 지

患	不	知	人	也
근심할 환	아닐 부	알 지	다른 사람 인	어조사 야

❸ 3단계 – 한자 연결하여 해석하기

남이 자신을 알아주지 않음을 걱정하지 말고,
人之 己 不知 不患
남을 알지 못함을 걱정해야 한다.
人 不知 患也

『논어』 활용 사례 2 – 「술이(述而)」편 21장(章)

❶ 1단계 – 독음과 해석

三人行 必有我師焉
삼 인 행 필 유 아 사 언
擇其善者而從之 其不善者而改之
택 기 선 자 이 종 지 기 불 선 자 이 개 지

뜻 세 사람이 길을 가면 반드시 내 스승이 거기에 있으니
선한 사람을 가려서는 그를 따르고
선하지 못한 사람을 가려서는 잘못을 고쳐야 한다.

❷ 2단계 – 한자의 뜻

三	人	行	必	有	我	師	焉
석 삼	사람 인	갈 행	반드시 필	있을 유	나 아	스승 사	어조사 언

擇	其	善	者	而	從	之
가릴 택	그 기	잘할 선	사람 자	말이을 이	따를 종	그것 지

其	不	善	者	而	改	之
그 기	아니 불	잘할 선	사람 자	말이을 이	고칠 개	그것 지

❸ 3단계 – 한자 연결하여 해석하기

세 사람이 길을 가면 반드시 내 스승이 거기에 있으니,
三人　　行　　必　　我師　　焉　　有

그 선한 것을 가려서 그것을 따르고,
其善者　　擇而　　之　　從

그 선하지 않은 것을 가려서 그것을 고친다.
其不善者　　而　　之　　改

187

📖 지혜와 통찰력을 길러 주는 인문 고전 추천 도서

고전 속 선현들의 가르침은 우리가 현실에서 부딪히는 수많은 문제를 해결할 수 있는 지혜와 세상을 꿰뚫어 보는 통찰력을 갖게 합니다. 이러한 지혜와 통찰력을 기르는 데 도움이 되는 대표적인 인문 고전에 대해 알아보겠습니다.

이이의 『격몽요결(擊蒙要訣)』

조선 시대의 정치가이자 사상가인 율곡 이이가 이제 막 공부를 시작하는 어린 학생들에게 공부의 기본자세와 삶의 태도를 가르치기 위해 쓴 책입니다. 책 제목의 뜻을 살펴보면 擊(칠 격), 蒙(어리석을 몽), 要(요긴할 요), 訣(비결 결)로, '어리석은 사람을 깨우쳐 주는 중요한 비결'이라는 의미를 담고 있습니다.

도서명	저자	출판사
『격몽요결』	이상각	파란자전거
『어린이 격몽요결』	한문희	연암서가
『청소년 격몽요결』	김학주	연암서가

김만중의 『구운몽(九雲夢)』

조선 숙종 때 귀양을 간 서포 김만중이 어머니를 위해 지은 한글 소설로, '아홉 구름의 꿈 이야기'라는 뜻입니다. 젊은 승려 '성진'이 여덟 선녀와 더불어 부귀영화, 향락을 누리다가 깨어 보니 모두 꿈이었다는 내용입니다. 여기에는 임진왜란과 병자호란 이후 기존의 사회 질서가 무너져 가던 시기, 지배층인 양반들의 고민이 담겨 있습니다.

도서명	저자	출판사
『김만중이 들려주는 구운몽』	최태림	세상모든책
『구운몽』	전경원	파란자전거
『청소년 구운몽』	진경환	휴머니스트

니콜로 마키아벨리의 『군주론』

1513년에 이탈리아의 사상가 니콜로 마키아벨리가 지은 『군주론』은 중세의 신 중심적 생각에서 벗어나, 국가라는 질서의 중요성과 그 질서를 확립하기 위한 지도자의 역할을 강조하였습니다. 현실에 대한 분석을 바탕으로 인간의 본성을 이해하며, 크고 작은 집단을 잘 이끌기 위한 지도자의 자질, 사람들의 이기심과 선한 마음을 다루는 방법 등을 담고 있습니다.

도서명	저자	출판사
『군주론』	김선희	파란자전거
『마키아벨리가 들려주는 군주론』	신복룡	자음과모음

김시습의 『금오신화(金鰲新話)』

매월당 김시습이 쓴 우리나라 최초의 한문 소설집입니다. 「만복사저포기」, 「이생규장전」, 「취유부벽정기」, 「용궁부연록」, 「남염부주지」 이렇게 다섯 편의 작품이 실려 있습니다.

도서명	저자	출판사
『처음 만나는 금오신화』	김유진	미래주니어
『금오신화』	최성수	휴머니스트
『금오신화』	이상현	꿈소담이

이순신의 『난중일기(亂中日記)』

충무공 이순신 장군이 1592년부터 1598년까지 임진왜란 때 겪은 일들을 기록한 일기입니다. 군사 체계와 전쟁에 대한 상황 등이 자세히 기록되어 있어서 당시의 군사 연구와 임진왜란의 상황 등을 알 수 있는 중요한 역사적 자료입니다. 이순신 장군의 나랏일에 대한 생각, 부하와 백성을 사랑하는 마음, 부모에 대한 효심과 자식에 대한 애정 등이 담겨 있습니다.

도서명	저자	출판사
『이순신의 마음속 기록, 난중일기』	이진이	책과함께어린이
『난중일기』	이명애	파란자전거
『이순신』	송찬섭	서해문집

맹자의 『맹자(孟子)』

기원전 372년에서 기원전 289년까지 살았던 사상가 맹자가 쓴 유교 경전입니다. 맹자의 성선설(性善說)은 인간이 '남을 불쌍히 여기는 마음인 측은지심(惻隱之心), 부끄러워하는 마음인 수오지심(羞惡之心), 남을 공경하는 마음인 사양지심(辭讓之心), 옳고 그름을 판단할 수 있는 마음인 시비지심(是非之心)' 이렇게 네 가지 선한 마음을 가지고 태어난다는 주장입니다.

도서명	저자	출판사
『초등학생을 위한 맹자』	조희전	지식과 감성
『맹자님, 참된 마음은 어떻게 닦나요?』	우쩌라이	봄나무
『맹자가 들려주는 대장부 이야기』	임옥균	자음과모음

추적의 『명심보감(明心寶鑑)』

고려 충렬왕 때 추적이 어린이들의 학습을 위하여 만든 책입니다. 중국 고전에서 선현들의 금언, 명구를 편집하였습니다.

책 제목의 뜻은 明(밝을 명), 心(마음 심), 寶(보배 보), 鑑(거울 감)으로 '마음을 밝혀 주는 보배로운 거울'로 풀이됩니다.

도서명	저자	출판사
『어린이 명심보감』	김종상 엮음	한국독서지도회
『명심보감으로 배우는 인성 한자』	허시봉	상상의집
『명심보감 필사 노트』	시사정보연구원	시사패스

정약용의 『목민심서(牧民心書)』

조선 시대 실학자 다산 정약용이 쓴 책입니다. 지방 관리들의 폐단을 비판하고 백성들의 고통을 헤아리며 앞으로 모두가 잘살기 위해서 고을의 수령인 목민관이 갖춰야 할 덕목들에 대해 세세하게 설명하고 있습니다. 정약용이 추구하고자 했던 실학 정신의 핵심인 민본주의 사상, 애민 정신 등을 담고 있습니다.

도서명	저자	출판사
『목민심서』	이성률	파란자전거
『조선특별수사대 1: 비밀의 책, 목민심서』	김해등	비룡소
『목민심서』	장승희	풀빛

사마천의 『사기(史記)』

중국 전한 시대의 역사가인 사마천이 쓴 책으로, 연대순의 역사 서술 방식에서 벗어나 인물을 중심으로 서술한 기전체 역사서입니다. 사마천의 뛰어난 통찰력을 바탕으로 선과 악, 거짓과 진실, 용기와 비겁함, 거만함과 겸손함, 권력욕 등 인간에 깊은 성찰을 담고 있습니다.

도서명	저자	출판사
『사마천과 사기 1~2』	강창훈	휴먼어린이
『사마천의 사기 이야기 1~5』	강창훈	웅진주니어
『청소년을 위한 사기』	소준섭	서해문집

김부식의 『삼국사기(三國史記)』

현존하는 가장 오래된 역사책으로, 고려 시대 유학자인 김부식이 썼습니다. 고구려, 백제, 신라의 삼국 시대부터 통일 신라 시대에 이르기까지를 자세하게 기록하고 있습니다.

도서명	저자	출판사
『처음 만나는 삼국사기』	함윤미	미래주니어
『그림으로 보는 삼국사기 1~5』	임지호	계림북스
『어린이 삼국사기 1~5』	어린이삼국사기 편찬위원회	주니어김영사

일연의 『삼국유사(三國遺事)』

　　고려 후기 승려인 일연이 집필한 역사서로 고조선에서부터 고려까지의 역사를 담고 있습니다. 일연이 『삼국유사』를 썼던 시기의 백성들은 나라 안으로는 무신정권의 혼란으로 힘들고, 나라 밖으로는 몽골과의 전쟁으로 힘든 시절이었습니다. 일연은 우리 민족이 얼마나 위대하고 훌륭한 민족인지 알려주어 민족의 자긍심을 높이고 고난을 극복하기 위해 이 책을 집필했습니다.

도서명	저자	출판사
『한 권으로 읽는 우리 역사 이야기 34편: 삼국유사』	김진섭	아이즐북스
『처음 만나는 삼국유사』	함윤미	미래주니어
『삼국유사 이야기』	김수업	휴머니스트

나관중의 『삼국지연의(三國志演義)』

　　후한 말의 혼란기에 패권을 놓고 다투던 '위(魏), 오(吳), 촉(蜀)' 세 나라의 역사를 기록한 진나라 진수의 역사서를 바탕으로 명나라의 나관중이 지은 역사 소설입니다.

도서명	저자	출판사
『어린이 삼국지 1~5』	하상만	청솔출판사
『그림으로 보는 삼국지 1~5』	스카이엠	계림

정약용의 편지

조선 후기 실학을 집대성한 학자이자 사상가인 다산(茶山) 정약용이 유배지에서 가족과 지인들에게 보낸 편지를 묶은 책입니다. 18년 동안의 유배 생활에서 쓴 이 편지들은 엄하면서도 자상한 아버지이자 스승으로서의 가르침과 진실한 마음이 구절구절 담겨 있습니다.

도서명	저자	출판사
『아버지의 편지』	정약용 저 / 한문희 편	함께읽는책
『정약용이 귀양지에서 아들에게 보낸 편지』	김숙분	가문비어린이

토머스 모어의 『유토피아』

1516년 영국의 정치가인 토머스 모어가 쓴 소설입니다. 책 제목인 '유토피아(Utopia)'는 '어디에도 없는 곳(Outopia)'과 '좋은 곳(Eutopia)'이라는 두 가지 뜻으로 해석됩니다. 화폐가 없는 공동체 생활과 공유재산 제도, 수준 높은 도덕성을 바탕으로 정치, 경제, 교육, 문화 등 여러 면에서 '모두가 행복하게 살아가는 이상적인 나라'에 대한 구상을 담고 있습니다.

도서명	저자	출판사
『유토피아』	이나무	이숲아이
『유토피아』	김선희	파란자전거
『유토피아, 농담과 역설의 이상 사회』	주경철	사계절

장자의 『장자(壯者)』

중국 송나라 사람인 장자와 제자들이 쓴 책입니다. 다양한 이야기를 통해 마음속에 있는 욕심을 버리고 덕을 키워서, 거울처럼 맑은 마음을 갖는 것이 가장 중요함을 강조하고 있습니다. 자기 삶의 주체가 되어 사는 것과 민주주의의 핵심 요소인 '자유'와 '평등'에 대해 이야기합니다.

도서명	저자	출판사
『장자님, 욕심을 꼭 버려야 하나요?』	우쩌라이	봄나무
『장자』	김경윤	파란자전거
『장자 아저씨네 미용실』	이기규	주니어김영사

찰스 다윈의 『종의 기원』

영국의 찰스 다윈이 쓴 생물학책입니다. 다윈은 직접 항해를 다니며 화석을 채집하고, 다른 장소에 사는 다양한 모습의 생물을 관찰하고 연구했습니다. 생물이 맨 처음 생명체에서 어떻게 지금의 모습에 이르게 되었는지, 어떻게 지구상에 다양한 생물이 존재하는지, 생물들은 어떻게 변이했는지 등을 체계적으로 정리하고 있습니다.

도서명	저자	출판사
『어린이를 위한 종의 기원』	사비나 라데바	달리
『종의 기원』	한진영	파란자전거
『종의 기원, 자연선택의 신비를 밝히다 (청소년)』	윤소영	사계절

유성룡의 『징비록(懲毖錄)』

조선 시대의 문신 유성룡이 7년 동안 치러진 임진왜란에 대해 일어난 배경, 전개 과정, 결과까지 자세하게 기록한 책입니다. 후손들이 또다시 임진왜란 때와 같은 실수를 되풀이하지 않기를 바라는 마음이 담겨 있습니다.

도서명	저자	출판사
『책임지는 용기, 징비록』	최지운	상상의집
『징비록, 임진왜란을 낱낱이 기록하다』	강창훈	사계절
『징비록 : 비참한 전쟁에 대한 반성의 기록』	이상각	파란자전거

홍자성의 『채근담(菜根譚)』

중국 명나라 학자인 홍자성에 의해 지어진 책으로 전편 222조, 후편 135조로 구성되었습니다. 전편에서는 사람들과 교류하는 방법을, 후편에서는 자연에 대한 즐거움과 인생의 처세를 다룹니다. 유교, 도교, 불교의 사상을 융합하여 인생을 사는 데 필요한 지혜와 교훈을 담고 있습니다.

도서명	저자	출판사
『처음 만나는 채근담』	함윤미	미래주니어
『채근담』	김성중 편역	홍익출판사
『채근담 필사 노트』	시사정보연구원	시사패스

기타 인문 고전 추천 도서

도서명	저자	출판사
애덤 스미스가 들려주는 국부론 이야기	박주헌	자음과모음
아리스토텔레스 아저씨네 약국	박현숙	주니어김영사
조선의 과학자 홍대용의 의산문답	김성화, 권수진	한국고전번역원
동방견문록	마르코 폴로	파란자전거
박지원의 한문소설	김수업	휴머니스트
어린이와 청소년을 위한 백범일지	김구	보물창고
마르크스 자본론	최성희	주니어김영사
루소 사회계약론	손영운	주니어김영사
성호사설	김남길	파란자전거

5

완성도 높은 세계 명작으로
독서력 높이기

세계 명작은 문학사의 큰 획을 그은 유명 작품들로, 이야기 구성이 짜임새가 있고 탄탄합니다. 작품의 줄거리와 흐름이 논리적이며 고급 어휘와 탄탄한 문장력으로 쓰여 동화책에서 경험하지 못했던 독서의 깊은 맛을 느낄 수 있습니다.

세계 명작은 문학 영역뿐만 아니라 다양한 사회 영역에 영향을 미쳤습니다. 그래서 세계 명작을 읽으면 배경지식을 넓히고 지식수준을 높일 수 있습니다. 등장인물들의 꿈과 희망, 아픔, 좌절을 함께 느끼는 과정에서, 그 시대를 살았던 사람들의 삶과 가치를 이해할 수 있습니다. 여러 이야기를 통해 다양한 인간의 모습을 접하면서 세상에 대한 이해 또한 깊어집니다.

📖 세계 명작을 완역본으로 읽어야 하는 이유

세계 명작을 읽는 것은 지식이나 정보를 얻으려는 이유보다는 깊은 감동을 얻고 싶은 마음이 더 클 것입니다. 초등 저학년까지는 발달을 고려하여 내용을 훼손하지 않은 범위의 축약본을 읽더라도 초등 고학년부터는 완역본 읽기를 권장합니다. 지나치게 축약된 작품을 읽으면 원작이 주는 감동을 온전히 느낄 수 없고, 줄거리 정도만 기억하는 수준에 그칩니다.

예를 들어 『돈키호테』를 축약본으로 읽을 경우, 사건이 일어나게 된 배경과 이유에 대한 설명이 축소되고, 주인공의 세밀한 감정 표현이 생략됩니다. 축약본에서 돈키호테는 그저 이상하고 어리석은 사람으로 표현됩니다. 하지만 완역본에서는 돈키호테의 순수하고 열정적인 모습과 정의로운 마음에 깊은 감명을 받습니다.

『홍당무』의 경우 축약본에서는 주인공이 가족들의 무관심과 미움을 받는 장난꾸러기 소년으로 재미있게 묘사됩니다. 그러나 완역본에서는 무관심한 아버지와 신경질적인 어머니, 이기적인 형과 누나 사이에서 정서적 학대를 당하면서도 이러한 상황을 담담하게 받아들이는 소년의 모습이 독자의 심금을 울립니다.

📖 대표적인 세계 명작 추천 도서

완성도 높은 세계 명작은 읽기의 호흡을 늘리고, 독서의 참된 묘미를 느끼면서 독서력을 향상시킬 수 있는 최고의 책들입니다. 다음은 뒤로 갈수록 수준이 점점 높아지도록 구성된 세계 명작 추천 도서입니다.

세계 명작 추천 도서

도서명	저자	출판사
『크리스마스 선물』	오 헨리	어린이작가정신
『크리스마스 캐럴』	찰스 디킨스	인디고
『겨울 이야기』	메리 램	예림당
『로빈 후드의 모험』	하워드 파일	비룡소
『시튼 동물기 1』	어니스트 톰프슨 시튼	논장
『눈의 여왕』	안데르센	웅진주니어
『닐스의 모험』	셀마 라겔뢰프	삼성당
『톰 소여의 모험』	마크 트웨인	시공주니어
『톰 아저씨의 오두막』	해리엇 비처 스토	지경사
『하멜 표류기』	김경화	파란자전거
『걸리버 여행기』	조나단 스위프트	비룡소
『피노키오』	카를로 콜로디	시공주니어

『피터 팬』	제임스 매튜 배리	아르볼
『플랜더스의 개』	위다 원	비룡소
『정글 북』	루드야드 키플링	보물창고
『아낌없이 주는 나무』	셸 실버스타인	시공주니어
『초등 학생을 위한 탈무드 111가지』	편집부 편	세상모든책
『사자왕 형제의 모험』	아스트리드 린드그렌	창비
『지킬 박사와 하이드』	로버트 루이스 스티븐슨	삼성출판사
『15소년 표류기』	쥘 베른	삼성출판사
『돈키호테』	미겔 데 세르반테스	비룡소
『소공녀』	프랜시스 엘리자 버넷	지경사
『보물섬』	로버트 루이스 스티븐슨	삼성출판사
『동물 농장』	조지 오웰	보물창고
『로미오와 줄리엣』	윌리엄 셰익스피어	지경사
『사자와 마녀와 옷장』	C. S. 루이스	시공주니어
『몬테크리스토 백작』	알렉상드르 뒤마	비룡소
『삼총사』	알렉상드르 뒤마	크레용하우스
『샐리 존스의 전설』	야코브 베겔리우스	산하
『아서 왕 이야기』	토머스 불핀치	지경사
『타임머신』	H.G. 웰스	지경사
『허풍선이 남작의 모험』	고트프리트 A. 뷔르거 외 1명	비룡소
『나의 라임 오렌지나무』	J. M. 바스콘셀로스	동녘주니어
『로빈슨 크루소』	대니얼 디포	삼성출판사
『아라비안나이트』	이안 편	미래엔아이세움
『로빈 후드의 모험』	하워드 파일	비룡소
『리어왕』	윌리엄 셰익스피어(원작) / 노경실 글	파랑새
『비밀의 화원』	프랜시스 호지슨 버넷	시공주니어

『빨간 머리 앤』	루시 모드 몽고메리	시공주니어
『트리갭의 샘물』	나탈리 배비트	대교북스주니어
『어린 왕자』	생텍쥐페리	비룡소
『오즈의 마법사』	L. 프랭크 바움	시공주니어
『왕자와 거지』	마크 트웨인	시공주니어
『이상한 나라의 앨리스』	루이스 캐롤	시공주니어
『홍당무』	쥘 르나르	시공주니어
『키다리 아저씨』	진 웹스터	시공주니어
『작은 아씨들』	루이자 메이 올콧	시공주니어
『허클베리 핀의 모험』	마크 트웨인	시공주니어
『호두까기 인형』	에른스트 호프만	시공주니어
『파랑새』	모리스 마테를링크	시공주니어
『물의 아이들』	찰스 킹즐리	시공주니어
『버드나무에 부는 바람』	케네스 그레이엄	시공주니어
『모비 딕』	허먼 멜빌	지경사
『베니스의 상인』	윌리엄 셰익스피어	창비
『해저 2만 리』	쥘 베른	시공주니어
『햄릿』	윌리엄 셰익스피어	파랑새어린이
『마르코폴로의 아름다운 여행』	안케 되르차프	아르볼
『올리버 트위스』	찰스 디킨스	스푼북
『80일간의 세계 일주』	쥘 베른	시공주니어
『갈매기에게 나는 법을 가르쳐준 고양이』	루이스 세뿔베다	바다
『꿀벌 마야의 모험』	발데마르 본젤스	비룡소
『끝없는 이야기』	미하엘 엔데	비룡소
『사람은 무엇으로 사는가』	톨스토이	창비
『레미제라블』	빅토르 위고	비룡소
『노인과 바다』	어니스트 헤밍웨이	삼성출판사
『제인 에어』	샬롯 브론테	시공주니어

세계 명작 단편 모음 추천 도서

도서명	저자	출판사
『행복한 왕자 외(外)』	오스카 와일드	시공주니어
『라퐁텐 우화』	장 드 라퐁텐	넥서스주니어
『마지막 잎새 외(外)』	오 헨리	효리원
『이솝 우화 123가지』	이솝	영림카디널
『이솝 이야기』	이솝	어린이작가정신

신화와 전설 추천 도서

도서명	저자	출판사
『공부가 되는 그리스 · 로마 신화』	글공작소	아름다운사람들
『북유럽 신화: 신과 거인의 이야기』	에드거 파린 돌레르	시공주니어
『그리스 신화 속 별자리 이야기』	재클린 미튼	조선북스
『어린이를 위한 북유럽 신화』	헤더 알렉산더	봄나무
『환상 동물 특급』	프로오르터 즈비흐트만	라이카미
『그림으로 보는 그리스 · 로마 신화』	스카이엠	계림
『둥글둥글 지구촌 신화 이야기』	김춘옥	풀빛

재미있는 우리 고전 문학 읽기

『토끼전』, 『홍길동전』, 『흥부전』 등의 우리 고전 문학은 유아 시절부터 동화나 옛이야기로 접해 매우 익숙합니다. 하지만 대부분이 줄거리 위주로 줄여진 옛이야기 책이므로, 원전의 감동을 제대로 느낄 수 없습니다. 예를 들어 『흥부전』의 경우, 옛이야기 책으로 접할 때는 흥부가 의존적이고 무능한 인물로 그려집니다. 반면 원전에서는 흥부네 가족이 열심히 일해도 가난할 수밖에 없는 이유를 충분히 알 수 있고, 축약본에 생략되었던 다양한 사건과 감정 표현이 구체적으로 나와 있어 더욱 큰 재미와 감동을 느낄 수 있습니다. 이미 알고 있던 이야기라도 아이와 함께 원전을 꼭 읽어 볼 것을 권합니다.

우리 고전 문학 추천 도서

도서명	저자	출판사
『금방울전』	송언	웅진주니어
『홍계월전』	백승남	마음이음
『전우치전』	김남일	창비
『별주부전』	박숙희	예림당
『두껍전』	김해등	웅진주니어
『최치원전』	임어진	마음이음
『허생전』	최나미	웅진주니어
『양반전 외(外)』	최옥정	주니어김영사
『강림도령』	이용포	웅진주니어
『홍길동전』	정종목	휴머니스트
『흥부전』	신동흔	휴머니스트
『심청전』	정출헌	휴머니스트
『박씨전』	장재화	휴머니스트
『장화홍련전』	권순긍	휴머니스트
『금오신화』	송언	파랑새
『박문수전』	이효성	꿈소담이
『배비장전』	권순긍	휴머니스트
『사씨남정기』	김현양	휴머니스트
『열하일기』	박지원	파란자전거
『임진록』	김종광	창비
『춘향전』	조현설	휴머니스트

한국 단편 소설로 시작하는 문학 읽기

초등 고학년이 되면 동화에서 서서히 소설로 넘어가야 합니다. 동화에서 갑자기 어려운 장편 소설로 독서 수준을 올리면 아이들이 어려움에 부딪힐 수 있습니다. 이럴 때 동화와 장편 소설 사이의 간극을 좁혀 주는 가교 역할을 하는 것이 바로 '단편 소설' 입니다.

단편 소설은 아이들의 정서와 진솔한 삶을 담은 작품부터 그 시대의 사회상과 삶의 현실이 생생하게 반영된 작품까지 아우르는 문학 작품입니다. 비록 분량은 짧아도 인물, 사건, 배경과 같은 구성 요소와 소설의 짜임을 완벽하게 익힐 수 있습니다. 다양한 문화적 경험을 제공하므로, 단편 소설을 읽으면 인생을 폭넓게 이해하고 삶에 대한 통찰력을 기를 수 있습니다.

📖 시대별 주요 단편 소설 읽기

단편 소설을 읽을 때 근대 단편 소설부터 현대 단편 소설까지 시대별로 작품을 읽거나 작가별로 묶어 읽으면 좋습니다. 읽기 전에 작품 속 배경에 대한 정보를 미리 알아 둔다면 훨씬 깊이 있게 작품을 이해할 수 있습니다. 그 시대의 사회적·정치적 배경을 알고 소설을 읽으면, 그 시대 사람들은 어떻게 살았으며 어떤 상황에서 어떤 마음으로 살았는지 공감하면서 읽을 수 있습니다.

【개화기】 시대 상황과 소설의 특징

갑오개혁(1984)에서 국권피탈(1910)에 이르는 시기를 '개화기'라고 합니다. 이 시기는 서구 열강과 일본, 중국이 한반도에서 치열한 세력 다툼을 벌였던 시대로, 외세의 침탈에 맞서 독립 · 의병 운동이 거국적으로 일어났습니다.

갑오개혁 이후 보수와 개화 세력의 대립이 심해지고, 일본을 거쳐 유입된 서구의 문화가 하나의 신문학 운동으로 확산되었습니다.

문학적 측면에서는 고전 소설에서 현대 소설로 넘어가는 과도기적 시기였습니다. 근대 지향적 문학이 태동하고, 개화, 계몽, 자주독립, 애국 등이 문학의 중요한 주제로 부상하였습니다. 소설에 현실적 인물을 등장시켜 자주독립, 신교육, 남녀평등 같은 개화사상을 고취하고자 한 것이 특징입니다.

작품	저자	내용
「은세계」	이인직	지배층의 수탈과 이에 대한 민중의 항거
「추월색」	최찬식	봉건적 인습을 타파, 신교육 사상
「자유종」	이해조	자주독립, 여권 신장
「구마검」	이해조	미신 타파의 사상

【1920년대】 시대 상황과 소설의 특징

1919년 3 · 1 운동 이후 일제의 회유적인 문화 정책으로 인해 문학의 창작과 소통이 활발해졌습니다. 각종 문예 동인지들이 생겨나면서 한국 문학사는 커다란 전환점을 맞게 되었습니다.

이 시기 작품들은 일제 강점기 현실에서 민족의 나아갈 길을 모색하였으며, 개성의 자각을 담고 시대 현실의 어두운 면을 포착한 사실적인 단편 소설이 주류를 이루었습니다. 도시 노동자들과 농민들의 궁핍하고 참혹한 삶을 소재로 한 계급주의 작품들 또한 많이 창작되었습니다.

작품	저자	내용
「배따라기」	김동인	운명 앞에 선 한 인간의 무력감과 회한
「만세전」	염상섭	암담한 현실에 대한 지식인의 고뇌(중편)
「운수 좋은 날」	현진건	하층민의 궁핍한 삶을 사실적, 반어적으로 표현
「감자」	김동인	환경으로 인하여 파멸해 가는 인간상
「화수분」	전영택	굶어 죽은 어느 부부의 참혹한 실상
「고향」	현진건	일제 강점기 우리 민중의 참혹한 생활상 폭로

【1930년대 ~ 광복 이전】 시대 상황과 소설의 특징

1930년대 일제는 만주 사변(1931)을 신호탄으로 대륙 침략을 본격적으로 시작하였습니다. 한반도를 대륙 침략의 병참기지로 삼으면서 억압과 수탈이 더욱 심해졌습니다. 일제는 국가 총동원령을 내려 강제 징용으로 한국인 노동력을 착취했고, 학도 지원병, 징병제 등으로 수많은 젊은이를 전쟁에 동원하였습니다. 젊은 여성은 물론이고 어린 소녀들까지 '정신대'라는 이름으로 군수 공장에 강제 동원하여 혹사시켰으며, 그중 일부는 '일본군 위안부'라는 명목 아래 성노예로 삼는 만행을 저질렀습니다.

1940년대에는 일제의 군국주의 강화와 태평양 전쟁의 발발로 인해, 우리 문화계가 강한 탄압을 받게 되면서 각종 검열이 강화되었습니다. 아예 우리말을 사용하지 못하게 했기 때문에 우리말로 된 소설은 거의 발표되지 못하였고, 주제 의식이 모호한 농촌 소설, 순수 소설, 역사 소설 몇몇 단편만이 명맥을 유지하였습니다.

작품	저자	내용
「서화(鼠火)」	이기영	쥐불놀이를 통해 본 황폐한 농촌의 현실
「달밤」	이태준	사회에서 소외된 인물에 대한 연민
「인간문제」	강경애	일제 강점기 농민과 노동자의 힘든 삶과 투쟁
「모범 경작생」	박영준	농촌 현실의 부조리와 가난한 농민들의 저항
「레디메이드 인생」	채만식	식민지 현실을 살아가는 지식인의 비애
「화랑의 후예」	김동리	과거의 권위에 갇힌 몰락한 양반에 대한 풍자

독해력과 공부력을 키우는 머리읽기 독서법

「무녀도」	김동리	무속 신앙과 종교의 갈등으로 인한 혈육간의 비극
「금 따는 콩밭」	김유정	비참한 현실에서 헛된 꿈을 꾸는 인간의 어리석음
「만무방」	김유정	식민지 농촌 사회에서 농민들이 겪는 가혹한 현실
「봄·봄」	김유정	순박한 데릴사위와 교활한 장인 간의 갈등
「동백꽃」	김유정	사춘기 시골 남녀의 풋풋한 사랑
「사랑손님과 어머니」	주요섭	봉건적 윤리관과 애틋한 사랑 사이의 갈등
「날개」	이상	무력한 삶 속에서 자아를 찾고자 하는 의지
「메밀꽃 필 무렵」	이효석	떠돌이 삶의 애환과 육친의 정(情)을 그림
「복덕방」	이태준	근대화의 변화 속에서 소외된 세대의 좌절과 비애
「치숙」	채만식	일제 강점기에 순응하는 삶에 대한 풍자
「돌다리」	이태준	물질만 중시하는 근대적 사고방식에 대한 비판
「나비를 잡는 아버지」	현덕	소작인과 마름의 갈등, 아들을 향한 아버지의 사랑

【광복 이후 ~ 1950년대】 시대 상황과 소설의 특징

광복 이후 6·25 전쟁이 발발하기까지 우리 문학계는 민족 문학 건설에 대한 의견 차이로 좌익과 우익으로 나뉘어 극심한 이데올로기의 갈등을 보였습니다.

문학계에서도 계급 이념을 주도하는 문인들과 민족주의 이념을 내세운 문인들로 양분되었습니다. 이 시기 작품들에는 광복 이후의 사회적 혼란을 다룬 작품들이 많이 나왔습니다.

1950년부터 3년간에 걸친 비극적인 6·25 전쟁과 분단 상황은 문학계에도 큰 영향을 미쳤습니다. 전쟁의 상처를 안고 있는 전후의 사회 현실을 바탕으로, 민족 분단의 비극적 상황, 전후의 가치관 혼란 등을 형상화된 작품들이 많았습니다.

작품	저자	내용
「미스터 방」	채만식	권력에 기생하며 이익만을 추구하는 인간상 비판
「역마」	김동리	역마살이라는 운명에 대한 갈등과 순응
「임종」	염상섭	이기적인 인간의 본능과 죽음과 삶에 대한 의문

「고무신」	오영수	엿장수와 식모의 순수하고 애틋한 사랑
「후조」	오영수	각박한 현실 속에서도 사라지지 않는 따뜻한 인정
「독 짓는 늙은이」	황순원	전통적 가치의 붕괴와 이를 지키려는 노인의 집념
「이리도」	황순원	이리의 생존력과 한민족의 생명력을 결부시킨 작품
「소나기」	황순원	소년과 소녀의 첫사랑을 서정적으로 그린 작품
「학」	황순원	전쟁의 이념을 넘어서는 우정과 인간애의 회복
「너와 나만의 시간」	황순원	전쟁의 극한 상황 속에서 발휘되는 삶의 의지
「오 분간」	김성한	인간 사회의 부조리 고발하고 인간의 근원을 해명
「유예」	오상원	전쟁 속에서 죽을 수밖에 없는 인간 실존의 문제
「탈향」	이호철	전쟁으로 고향을 버리고 월남한 실향민들의 애환
「나상」	이호철	극한 상황에서 모색하는 올바른 삶의 방향
「모반」	오상원	정치적·사회적 혼란 속에서의 인간성 회복
「비 오는 날」	손창섭	전쟁 직후의 비참하고 절망적인 삶
「잉여인간」	손창섭	전쟁 직후의 혼란스러운 사회와 인간 소외
「오발탄」	이범선	전후 부조리한 사회 속 소시민들의 삶과 비애
「흰 종이수염」	하근찬	전쟁 직후의 고달픈 삶과 이를 극복하려는 의지
「수난 이대」	하근찬	민족의 수난과 그에 대한 극복 의지

【1960 ~ 1970년대】시대 상황과 소설의 특징

1960년대와 1970년대는 급속한 산업화로 농어촌 공동체의 해체와 도시 인구의 급증에 따른 농촌 문제, 도시 빈민 문제, 노동 문제 등이 발생했습니다.

이전의 전후 소설과는 달리 분단의 원인과 치유 방안에 대한 새로운 인식을 형상화하였습니다. 작품 속에서 민족의 분단이 현재의 삶에 얼마나 큰 상처로 남아 있는가를 날카롭게 제시했습니다. 또한 인간의 기본 권리와 자유를 구속하는 것에 대해 비판하는 작품들도 나왔습니다.

작품	저자	내용
「젊은 느티나무」	강신재	현실의 굴레를 극복한 순수한 남녀의 사랑
「꺼삐딴 리」	전광용	사회 지도층의 반민족적 행태를 비판하고 풍자
「동행」	전상국	분단이 남긴 아픔과 그것을 치유하는 인간애
「전쟁과 다람쥐」	이동하	생명을 하찮게 만드는 전쟁의 폭력성
「큰 산」	이호철	현대인들의 이기적인 태도에 대한 비판
「산거족」	김정한	가난한 사람들의 애환과 노력
「타인의 방」	최인호	자기 정체성을 상실한 현대인의 소외 의식
「삼포 가는 길」	황석영	산업화 과정에서 소외된 하층민들의 삶과 연대
「겨울 나들이」	박완서	가족 간의 사랑을 통한 분단의 아픔 극복
「노새 두 마리」	최일남	급변하는 시대에 적응하지 못하는 서민의 삶
「뫼비우스의 띠」	조세희	도시 빈민 계층의 좌절과 고통
「전차 구경」	하근찬	시대의 변화에 대한 노인의 감회와 세대교체
「무진기행」	김승옥	일상을 벗어나고 싶어 하는 현대인의 심리
「서울, 1964년 겨울」	김승옥	도시인들의 방황과 분열로 인한 절망
「우리 동네 황 씨」	이문구	농촌의 공동체 의식 상실과 회복
「눈길」	이청준	어머니의 무한한 사랑과 화해
「잔인한 도시」	이청준	폭력적인 세계에 대한 부정과 현대인의 소외
「기억 속의 들꽃」	윤흥길	전쟁의 참혹함과 인간성 상실
「땔감」	윤흥길	가난 때문에 도둑질을 하게 되는 비극적인 현실
「옥상의 민들레꽃」	박완서	물질만능주의에 대한 반성과 인간성 회복
「중국인 거리」	오정희	중국인 거리를 배경으로 한 아이의 성장

【1980년대】시대 상황과 소설의 특징

1980년대는 5 · 18 광주 민주화 운동을 계기로 민주화에 대한 열망이 커졌고, 자본가와 노동자, 반공 사상, 남녀평등 등의 문제들이 제기되어 정치적으로나 사회적으로 큰 변화의 시기였습니다. 소시민들의 삶과 정서를 담은 작품들이 창작되었습니다.

작품	저자	내용
「유년의 뜰」	오정희	전쟁으로 인한 혼란과 가족의 해체
「모든 별들은 음악 소리를 낸다」	윤후명	모든 인간이 지닌 고유한 가치에 대한 깨달음
「사평역」	임철우	산업화에 대한 비판과 삶의 성찰
「어린 왕자」	조세희	억압당하는 현실과 작가의 고뇌
「아버지의 땅」	임철우	이념 대립이 가져온 아픔과 화해
「신열」	현길언	역사적 진실을 왜곡하는 사회 비판
「비 오는 날이면 가리봉동에 가야 한다」	양귀자	변두리에 사는 소외된 사람들의 갈등과 화해
「원미동 시인」	양귀자	이기적인 생활에 대한 비판과 인간애에 대한 향수
「일용할 양식」	양귀자	소시민들의 일상과 이웃 간의 갈등, 화해
「한계령」	양귀자	현대 사회에서 소외된 소시민의 삶과 소박한 꿈
「흐르는 북」	최일남	예술과 삶에 대한 세대 간의 갈등과 화해
「육촌 형」	이현주	분단의 아픔과 화해

【1990년대】 시대 상황과 소설의 특징

1990년대 들어서는 민주적인 정권 교체를 이루었고, 문민정부의 시작과 함께 대중문화의 황금기가 시작되었습니다. 정치적 이념 대신 문화와 개성을 중시하게 되었으며, 무한 경쟁 시대에 돌입했고, 개인주의가 강화되었습니다. 시대적 문제에서 점차 일상적인 삶의 문제들과 개인의 내면과 개성을 다룬 작품들이 창작되었습니다.

작품	저자	내용
「그 여자네 집」	박완서	개인의 아픔을 통해 본 민족의 비극
「자전거 도둑」	박완서	순수한 소년의 눈에 비친 어른들의 부도덕성
「옛 우물」	오정희	서로 연결되어 순환되는 삶과 죽음의 의미
「숨은 꽃」	양귀자	인간적인 아름다움을 간직한 사람들의 이야기
「말을 찾아서」	이순원	갈등과 화해를 통한 인간의 내적 성숙 과정

「은어 낚시 통신」	윤대녕	건조한 일상에서 벗어나고 싶은 현대인의 갈망
「댈러웨이의 창」	박성원	진실과 거짓에서 방황하는 현대인의 삶
「아내의 상자」	은희경	현대인의 존재론적 비극과 아픔
「염소를 모는 여자」	전경린	억압된 삶을 벗어나 자기 정체성을 찾기
「곰팡이 꽃」	하성란	쓰레기에 진실이 있다고 믿는 남자의 이야기

📖 대표적인 한국 단편 소설 모음집

대표적인 한국 단편 소설들을 묶어 놓은 책으로 읽기 편리합니다. 작품 소개부터 용어 설명, 주제와 인물 관계도 등 추가 정보들도 있습니다.

도서명	출판사
『중고생이 꼭 읽어야 할 한국 단편 소설 40』	리베르
『중고생이 꼭 읽어야 할 한국 단편 소설 70』	리베르
『국어 교과서가 사랑한 중학교 소설 읽기: 중 1, 중 2, 중 3』	해냄에듀
『국어 교과서 작품 읽기 소설: 중 1, 중 2, 중 3』	창비
『중고생이 꼭 읽어야 할 한국 단편 소설 45』	생각뿔
『국어 시간에 소설 읽기: 1~3』	휴머니스트

한국 단편 소설의 작품 설명 참고하기

ZUM학습백과(http://study.zum.com)에서 한국 단편 소설을 검색하면 해당 작품의 설명이 나타납니다. 작품의 배경, 인물의 관계도, 사건과 갈등, 주제 등 반드시 알아야 할 내용이 정리되어 있습니다.

중학교 『국어』 교과서 9종에 수록된 한국 단편 소설

현재 중학교 『국어』 교과서는 모두 9종으로 조금씩, 책마다 다르게 구성되어 있습니다. 처음 단편 소설을 읽을 경우에는 교과서에 수록된 작품부터 시작하길 권합니다.

작품	저자
「구운몽」	김만중
「꺼삐딴 리」	전광용
「내가 그린 히말라야시다 그림」	성석제
「너와 나만의 시간」	황순원
「노새 두 마리」	최일남
「달걀은 달걀로 갚으렴」	박완서
「동백꽃」	김유정
「두근두근 내 인생」	김애란
「메밀꽃 필 무렵」	이효석
「박씨전」	작자 미상
「봄이 온다」	김해원
「사랑손님과 어머니」	주요섭
「사씨남정기」	김만중
「선생님의 밥그릇」	이청준
「소나기」	황순원
「수난 이대」	하근찬

작품	저자
「심청전」	작자 미상
「아들과 함께 걷는 길」	이순원
「야, 춘기야」	김옥
「양반전」	작자 미상
「운수 좋은 날」	현진건
「이상한 선생님」	채만식
「일가」	공선옥
「자전거 도둑」	박완서
「촌놈과 떡장수」	이금이
「춘향전」	작자 미상
「토끼전」	작자 미상
「하늘은 맑건만」	현덕
「허생전」	박지원
「홍길동전」	허균
「흑설 공주」	이경혜
「흥부전」	작자 미상

7 단계별 맞춤 독서로 완성하는 '한국사'

역사를 배워야 하는 이유는 무엇일까요? 이것저것 공부할 게 많은 요즘 아이들에게 역사를 꼭 알아야 한다고 설득하기란 쉽지 않습니다. 하지만 많은 학자나 현인은 역사의 중요성을 한목소리로 강조하고 있습니다.

> "현재가 과거와 다르길 바란다면 과거를 공부하라."
> – 스피노자

네덜란드 철학자 스피노자의 명언은 '역사란 여러 세대의 경험과 지혜를 습득하여 현재를 살아가는 데 큰 교훈이 되는 것'이라는 의미를 담고 있습니다. 현대 사회의 문제를 해결하기 위해서는 어떤 역사적 과정을 거쳐서 현재 상황에 이르게 되었는지 역사의 큰 줄기를 알아야 합니다. 그래야 같은 실수를 되풀이하지 않고 문제를 슬기롭게 극복할 수 있기 때문입니다. 역사를 공부해 보면 한 나라가 탄생하고 멸망하는 과정이 대부분 비슷하게 전개됩니다. 지배층의 분열과 타락이 결국 나라를 멸망에 이르게 하고, 그 틈을 타서 새로운 나라가 등장합니다.

한 개인이 살아온 과거도 현재의 삶을 변화시킵니다. 에디슨은 전구를 발명하기까지 400번이 넘는 실패를 경험했습니다. 하지만 그는 '400번의 실험은 실패가 아니라 전구가 만들어질 수 없는 400가지 사례를 발견한 것'이라고 말했습니다. 실패라는 개인의 역사를 교훈 삼아 현재의 성공을 이룬 것입니다. 이처럼 역사는 우리에게 어떻게 살아야 더 나은 삶을 살 수 있을지 알려 주는 훌륭한 스승입니다.

📖 좋은 역사책 고르는 요령

시중에 넘쳐나는 역사책 중에서 아이에게 맞는 책을 고르는 것이 쉬운 일은 아닙니다. 학부모 중에는 그저 읽기만 해도 다행이라는 생각에 만화로 된 역사책을 읽히는 분들도 많습니다. 하지만 역사의 경우 단편적인 지식보다 흐름을 아는 것이 중요하므로 학습 만화로 공부하는 것은 적합하지 않습니다. 역사책을 선택할 때 참고할 몇 가지 사항을 알려드리겠습니다.

재미와 농담 위주의 만화책은 NO!

어려운 내용을 쉽고 재미있게 공부할 수 있다는 장점으로 인해 학습 만화가 다양한 분야에서 쏟아져 나오고 있습니다. 최근에는 역사 학습 만화도 큰 인기를 누리고 있습니다.

하지만 이러한 책들은 단순히 흥미를 유발할 뿐, 역사의 흐름을 이해하거나 사건의 인과 관계를 파악하는 데 도움이 되지 않습니다. 아이가 핵심적인 내용보다 코믹한 장면에 빠져 중요한 맥락을 놓칠 수 있기 때문입니다.

단편적인 지식보다 맥락을 짚어 주는 역사책

역사의 범위가 워낙 방대하다 보니, 지나치게 압축하여 단편적인 지식 위주로 나열된 책보다는 역사적 사건이 일어날 당시의 시대적 상황과 그 사건 사이의 개연성을 이해할 수 있도록 구성된 책이 좋습니다. 예를 들어 석기 시대를 지나 청동기의 등장으로 어떤 변화가 있었는지 공부하는 방법을 비교해 보겠습니다.

> 청동기의 원료인 구리가 아주 귀했기 때문에 지배자의 권위와 힘을 상징하는 청동검, 청동 거울, 청동 방울 같은 것을 주로 만들었다.

이처럼 단편적인 정보들로 구성된 책의 경우, 어떤 이유로 그랬는지에 대한 설명이 없으므로 독자는 이 내용을 이해하기 어렵습니다. 다음 내용을 읽고 비교해 보겠습니다.

> 청동은 재료도 구하기 어려웠고 특별한 기술과 지식이 필요했기 때문에 주로 지배자들이 힘을 과시할 때 사용되었다. 족장이 하늘에 제사를 지낼 때, 허리에 단 청동 방울은 움직일 때마다 신비한 소리를 냈고, 목에 매단 청동 거울은 햇빛을 반사해 눈부신 광채가 났다. 사람들은 신기한 물건을 가진 족장을 신성한 존재로 생각하였다.

이 인용문은 청동을 왜 지배층만 쓰게 되었는지, 족장은 청동 거울과 청동 방울을 어떻게 활용했는지 원인과 결과에 대해 연관을 지어 설명하고 있습니다. 그래서 독자는 이 내용을 더욱 쉽게 이해하고 오래 기억할 수 있습니다.

어려운 용어를 쉽게 풀어 쓴 역사책

전문적이고 어려운 용어를 많이 사용한다고 좋은 책이 아닙니다. 특히 생소한 내용이 많은 역사책의 경우 딱딱한 용어보다 쉽게 설명된 책이 좋습니다. 다음은 '고조선의 8조법'에 대한 설명한 내용인데, 두 설명을 비교해 보겠습니다.

> 8조법은 곡물을 화폐와 같이 교환의 표준으로 삼고, 계급 분화로 노예를 사유 재산시하던 시대의 산물임을 알 수 있다. 여성의 정절을 강조하는 가부장적인 사회 모습을 드러내고 있다.

> 8조법에 사람을 죽이면 사형에 처한 것으로 보아, 고조선은 생명을 소중히 여기는 사회였다. 그리고 곡식으로 보상한다는 내용은 농사를 짓는 농경 사회였다는 것을 알려 준다. 또 도둑질을 한 사람을 노예로 만든 것은 고조선 사회에 계급이 존재했음을 알 수 있다.

비슷한 내용을 설명하고 있지만, 첫 번째 설명은 용어가 너무 어려워 어린이가 읽고 이해하기 어렵습니다. 단순히 그림이 많다거나 글씨가 크고 편집이 쉬워 보인다 등의 외형적인 모습만 보고 책을 골라서는 안 됩니다. 어려운 부분을 찾아 읽으며 설명이 매끄러운지 이해하기 쉽게 표현되었는지 등을 확인해야 합니다.

사진과 그림이 많은 역사책

역사책은 사진, 그림, 지도 등 다양한 시각 자료가 풍부하게 수록된 것을 선택하는 것이 좋습니다. 역사 용어가 낯설어도 사진과 그림이 많으면 전체적인 맥락을 이해할 수 있습니다. 한국사를 처음 배우거나 글이 많은 책을 부담스러워하는 아이일수록 그림이 많은 책으로 시작합니다. 무엇보다 역사 공부에서 가장 중요한 것은 시간과 공간을 함께 살펴볼 수 있는 지도입니다. 지도를 통해 주요 역사 사건에 지리적 조건이 어떤 영향을 미쳤는지도 알 수 있습니다.

다양한 관점으로 접근하는 역사책

'역사는 승자의 기록'이라는 말처럼 같은 사건이라도 기록하는 사람의 정치적 견해에 따라 해석이 달라질 수 있습니다. 어떤 관점에서 바라보냐에 따라 나라를 구한 영웅이 될 수도 반역자가 될 수도 있습니다. 한 가지 관점에 편중된 책보다는 다양한 관점에서 생각할 수 있는 역사책을 선택합니다.

📖 성공적인 한국사 로드맵

역사를 좋아하는 아이와 싫어하는 아이는 역사에 대한 접근 방법도 달라야 합니다. 역사를 싫어하는 아이에게 처음부터 글 위주의 한국사 통사를 읽게 하면 역사는 역시 지루하고 재미없다고 단정할 것입니다. 모든 내용을 기억해야 한다는 것에 초점을 맞추지 않고 옛이야기를 읽듯 재미있게 접근해야 합니다.

초등 교육과정에서의 한국사는 세세한 것까지 완벽하게 외울 필요 없이 각 시대의 의미를 이해하고 대략적인 역사의 흐름만 알면 됩니다. 현재 초등 교육과정에서는 한국사를 5학년 2학기에 집중적으로 배웁니다.

이전에 1년 동안 배운 한국사 내용을 한 학기에 배우게 되면서 교과서 내용이 대폭 간추려졌습니다. 그래서 교과서 내용만으로는 한국사의 흐름을 제대로 이해하기가 어려워졌습니다. 게다가 범위가 방대하여 외워야 할 것이 많으므로, 초등 저학년 때부터 독서를 통해 한국사 관련 지식을 꾸준히 쌓아 가야 합니다.

다음 네 가지 단계를 참고하여, 한국사에 대한 흥미를 끌어내는 것부터 한국사 통사 읽기에 이르기까지 체계적으로 한국사를 공부하는 방법을 알아보겠습니다.

1단계 – 한국사에 대한 흥미 키우기

한국사는 첫인상이 가장 중요합니다. 아이의 수준과 취향을 고려하여 즐겁게 시작할 수 있는 역사책을 고릅니다. 만들기와 연계된 역사책이나 옛날이야기처럼 구성된 역사책으로 시작합니다.

2단계 – 한국사 기본 지식 익히기

옛날 사람들이 무엇을 먹고, 어떤 옷을 입고, 어디서 살고, 어떻게 놀았는지 등과 같이 그 시대의 생활과 관련된 문화를 통해 기본 지식을 익힙니다. 역사적 사건을 배경으로 한 역사 동화도 좋습니다.

3단계 – 인물 이야기로 배우는 한국사

통합적 사고능력이 부족한 저학년의 경우에는 인물 중심의 책으로 한국사를 시작합니다. 각 나라를 대표하는 인물을 중심으로 나라별 전성기, 전쟁 등을 연결하면 시대상을 파악하기가 조금 더 수월해집니다. 시대를 대표하는 인물 이야기를 통해 역사의 전체 흐름을 꿰뚫고 탄탄한 기본기를 다질 수 있습니다.

4단계 – 시대의 흐름에 따라 배우는 한국사 통사

한국사에 대해 기본 지식과 흥미가 생겼다면 한국사를 시대별로 다룬 통사로 한국사를 깊이 공부해야 합니다. 어떤 사건이 일어난 역사적 배경과 원인을 이해하고 전체적인 역사의 흐름을 익히는 것이 중요합니다.

📖 흥미의 싹을 틔우는 한국사 입문

역사 공부는 어떻게 시작하느냐가 중요합니다. 처음부터 너무 어려운 책으로 시작하면 자칫 역사를 지루한 과목으로 생각해 평생 싫어할 수도 있습니다. 아이의 수준과 취향을 고려하여 즐겁게 시작할 수 있는 역사책을 골라야 합니다. 여기서는 한국사를 재미있게 공부할 수 있는 책들을 소개하겠습니다. 모든 책을 소개하기는 어려우므로 내용을 참고하여 적합한 책을 고릅니다.

흥미를 키우는 재미있는 한국사

초등 저학년의 경우 '삼국시대 → 통일 신라 시대 → 고려 시대 → 조선 시대' 등 기본적인 명칭과 대략적인 흐름 정도만 익히는 것을 목표로 합니다. 각 시대를 대표하는 역사적 사건이나 인물, 유물 등으로 한국사에 대한 흥미를 키웁니다.

도서명	저자	출판사
『뚝딱 뚝딱 만들기 한국사』	바오, 마리	길벗스쿨
『한눈에 펼쳐보는 한국사 연표 그림책』	정연	진선아이
『딱 한마디 한국사』	이보림	천개의바람
『전래동화보다 재미있는 한국사 100대 일화』	표시정	삼성출판사
『열 살에 꼭 알아야 할 한국사』	김영호	나무생각
『한 권으로 보는 그림 한국사 백과』	지호진	진선아이
『초등학생이 딱 알아야 할 한국사 상식 이야기』	전기현	파란정원
『단숨에 읽고 박식하게 깨치는 한국사』	오주영	주니어중앙
『눈으로 보고 손으로 만드는 한국사 유물 열아홉』	안민영	책과함께어린이

『우리나라 구석구석 지도 위 한국사』	정일웅 외	이케이북
『역사야, 나오너라!』	이은홍	푸른숲주니어
『어린이가 처음 배우는 인류의 역사』	홍기한	토토북
『처음 나라가 생긴 이야기』	김해원	해와나무
『우르르 쾅쾅 하늘이 열린 날』	김태호	스푼북
『어린이들의 한국사』	역사교육연구소	휴먼어린이
『땅과 사람을 담은 우리 옛 지도』	이기봉	사계절
『술술 읽히는 삼국사기 이야기』	김종렬, 한대규	늘푸른아이들
『초등학생을 위한 한국사 사건 사전』	이진경	시공주니어
『어린이를 위한 한국 근현대사』	이광희	풀빛

옛사람들의 생활과 문화로 배우는 한국사

역사를 처음부터 시대별로 배운다면 너무 방대하고 어렵게 느껴질 수 있습니다. 역사는 사람들의 삶에 대한 기록입니다. 그러므로 그 당시 사람들이 무엇을 먹고, 어떤 옷을 입고, 어디서 살고, 어떻게 놀았는지 등, 그 시대의 생활과 관련된 문화를 통해 접하면 역사에 쉽게 흥미를 느낄 수 있습니다.

도서명	저자	출판사
『곱구나! 우리 장신구』	박세경	한솔수북
『어린이 문화재 박물관 2』	문화재청	사계절
『세계와 만난 우리 역사』	정수일	창비
『관혼상제, 재미있는 옛날 풍습』	우리누리	주니어중앙
『옛날 사람들은 어떻게 살았을까』	조은수	창비

『역사를 바꾼 새로운 물건들』	김온유	M&Kids
『벽화로 보는 고구려 이야기』	이소정	리잼
『유쾌발랄 궁궐 여행』	김경복	니케주니어
『조선왕실의 보물, 의궤』	유지현	토토북
『조선 사람의 하루』	구완회	북스마니아
『조선 왕이 납신다』	어린이역사연구회	위즈덤하우스
『경복궁에서의 왕의 하루』	청동말굽	문학동네
『조선을 놀라게 한 요상한 동물들』	박희정	푸른숲주니어

역사 동화로 시작하는 한국사

　역사 동화는 한국사를 가장 부담 없이 시작하는 방법입니다. 독자가 주인공이 되어 주요한 역사적 사건을 더욱 생생하게 경험할 수 있습니다. 역사적 사실 위주로 서술된 역사서보다 훨씬 다양하고 흥미로운 소재와 주제, 그리고 매력적인 인물로 풀어내어 역사 읽는 즐거움을 느낄 수 있습니다.

도서명	저자	출판사
『4만 년 전 비밀을 품은 아이』	한영미	개암나무
『요나라에 간 고려 유학생』	손주현	스콜라
『문신의 나라 무신의 나라』	홍기운	푸른숲주니어
『이선비, 한양에 가다』	세계로	미래엔아이세움
『궁녀 학이』	문영숙	문학동네
『구멍 난 벼루』	배유안	토토북
『임진년의 봄』	이현	푸른숲주니어

『빼앗긴 들에도 봄은 오는가』	김영주	하마
『새 나라의 어린이』	김남중	푸른숲주니어
『백 년 아이』	김지연	다림
『돌 던지는 아이』	서성자	사계절
『서찰을 전하는 아이』	한윤섭	푸른숲주니어
『어린 만세꾼』	정명섭	사계절
『오월의 달리기』	김해원	푸른숲주니어

『역사 일기』 사계절 (전 10권)

그 시대에 살던 아이가 쓴 일기 형식으로 그 시대의 의식주를 비롯한 대표적인 생활과 문화를 어린이의 관점에서 보여 줍니다. 일기의 공간적 배경을 나타내는 지도와 시대 배경에 대한 설명글도 있습니다.

1권 곰 씨족 소년 사슴뿔이, 사냥꾼이 되다
　　[신석기] (조호상, 송호정 지음 / 김병하 그림)

2권 고조선 소년 우지기, 철기 공방을 지켜라
　　[청동기] (김남중, 송호정 지음 / 이강 그림)

3권 고구려 평양성의 막강 삼총사
　　[삼국 시대] (송언, 임기환 지음 / 김주경 그림)

4권 백제 꼬마 와박사 소마, 미륵사에 가다
　　[삼국 시대] (박효미, 김영심 지음 / 정은희 그림)

5권 화랑이 되고 싶었던 신라 소년 한림
　　[삼국 시대] (강무홍, 나희라 지음 / 이수진, 차재옥 그림)

6권 불과 흙의 아이 변구, 개경에 가다
　　[고려 시대] (김남중, 서성호 지음 / 이영림 그림)

7권 백발백중 명중이, 무관을 꿈꾸다 [조선 전기]
　　(박상률, 염정섭 지음 / 이영림, 이준선 그림)

8권 얼음 장수 엄기둥, 한양을 누비다 [조선 후기]
　　(이영서, 이욱 지음 / 김병하 그림)

9권 부산 소학생 영희, 경성행 기차를 타다
　　[일제 강점기] (안미란, 장경준 지음 / 김종민, 이준선 그림)

10권 시골 소녀 명란이의 좌충우돌 서울살이
　　[산업화 시기] (조호상 지음 / 김효은 그림)

동영상으로 한국사 개념 잡기

한국의 역사에 대해 전혀 지식이 없거나 한국사 책을 읽기 싫어하면 동영상으로 기본 개념을 잡습니다. EBS 초등 홈페이지에서 '한국사'를 검색하면 초등 저학년부터 성인까지 볼 수 있는 다양한 한국사 강의를 찾을 수 있습니다. 한국사를 처음 배우는 초등학생에게는 '스토리 한국사'가 적합합니다. 동영상으로 한국사에 대해 기본 지식과 역사적 흐름을 이해하고 역사책으로 넘어가면 좋습니다.

▲ EBS 초등 스토리 한국사 1   ▲ EBS 초등 스토리 한국사 2

📖 인물 이야기로 배우는 한국사

초등 시기에 모든 역사적 사실을 자세하게 이해하기 어렵습니다. 따라서 각 나라의 역사를 대표하는 인물을 나라별 전성기나 전쟁과 연결하면 한국사의 흐름을 보다 쉽게 이해할 수 있습니다. 인물의 일생을 통해 인물이 살았던 시대를 이해하고, 그들이 어떻게 위기를 극복했는지를 보면서 과거 사실에 대한 인식의 폭을 넓힐 수 있습니다.

『EBS 역사가 술술』 에픽캔 (전 20권) 편집부 지음

재미있는 사건과 그 시대 중요한 인물을 주제로 다룬 역사 이야기로 EBS 홈페이지(http://www.ebs.co.kr)에 있는 '역사가 술술' 프로그램과 연계하여 책을 읽으면 훨씬 쉽고 재미있게 한국사를 배울 수 있습니다.

<역사를 만든 위대한 왕>

1권 남으로 남으로 장수왕

2권 지증왕과 석빙고

3권 마를 팔던 소년, 왕이 되다

4권 대조영, 옛 고구려 땅에 발해를 세우다

5권 세종대왕의 비밀명령

<세상을 빛낸 뛰어난 학자>

1권 목화씨를 들여온 문익점

2권 세종, 황희를 말하다

3권 이수광, 우리나라 최초의 백과사전을 쓰다

4권 조선의 베스트셀러 작가 박지원

5권 정약용, 수원 화성을 설계하다

<나라를 구한 용감한 장군>

1권 삼국 통일의 주역이 되는 김유신

2권 바다의 왕 장보고

3권 아시아의 역사를 바꾼 강감찬

4권 이성계의 위화도 회군

5권 떴다, 홍의장군 곽재우

<열정과 끈기로 최고가 된 명인>

1권 무기 발명가 최무선

2권 조선의 명의 허준

3권 큰 상인 김만덕

4권 조선의 한류 스타 추사 김정희

5권 영화로 민족정신을 깨운 나운규

『그림으로 보는 한국사 인물』 계림북스 (전 5권)

　이 시리즈는 그림의 분량이 많고 이야기 속 주요 장면과 핵심 내용을 그림으로 재미있게 표현했습니다. 책 속에 나오는 인물들이 서로 긴밀하게 연관되어 있어 역사의 흐름을 파악할 수 있습니다. 기업가, 상인, 과학자, 문화유산 수집가, 정치가, 학자 등에는 다양한 직업군이 등장하고 각 인물과 관련된 유적지도 소개합니다. 인물들의 업적과 생애가 담긴 연표가 있어, 인물들의 생애뿐만 아니라 그 당시의 주요 사건 등을 한눈에 살펴볼 수 있습니다.

1권 그림으로 보는 세종대왕

　　(김미애 지음 / 우지현 그림)

2권 그림으로 보는 이순신

　　(김경민 지음 / 송진욱 그림)

3권 그림으로 보는 시대를 이끈 인물들

　　(황은희 외 지음 / 송영훈 그림)

4권 그림으로 보는 정의로운 인물들

　　(왕홍식 외 지음 / 이미진 그림)

5권 그림으로 보는 도전하는 인물들

　　(김현숙 외 지음 / 윤유리 그림)

『초등학생을 위한 인물 한국사』 길벗스쿨 (전 5권)

　　단군에서 김구까지 우리 역사에 대표적인 58명의 인물을 다루고 있습니다. 왕과 장군뿐만 아니라 노비, 여성, 예술가, 과학자 등 다양한 분야의 인물이 고루 소개됩니다. 인물의 업적뿐만 아니라 시대에 따라 달라지는 인물의 평가도 있습니다.

1권 고대: 단군 ∼ 대조영

　　(윤희진 지음 / 이광익 그림)

2권 고려: 견훤 ∼ 최무선

　　(윤희진 지음 / 최현묵 그림)

3권 조선(상): 이성계 ∼ 소현 세자

　　(윤희진 지음 / 이수영 그림)

4권 조선(하): 영조 ∼ 최제우

　　(윤희진 지음 / 이경석 그림)

5권 일제 강점기: 흥선 대원군 ∼ 김구

　　(윤희진 지음 / 최미란 그림)

📖 시대 흐름으로 배우는 한국사 통사

본격적으로 한국사를 배우는 초등 고학년에는 흥미 위주의 역사 공부에서 벗어나 한국사를 시대별로 다루는 통사로 한국사를 깊이 공부해야 합니다. 초등학교 때 배운 역사 지식이 중학교와 고등학교를 거쳐 심화되고 확장되는 만큼, 이 시기에는 역사 학습에 대한 기본기를 탄탄하게 다져야 합니다.

역사 공부에서 사건의 이름과 연도, 인물의 이름 같은 단편적인 지식을 외우는 것은 중요하지 않습니다. 어떤 사건이 일어난 역사적 배경과 원인을 이해하고 전체적인 역사의 흐름을 익히는 것이 중요합니다. 쉬운 수준의 한국사 통사부터 점점 높은 수준의 통사에 이르기까지 대표적인 한국사 통사 시리즈를 살펴보겠습니다.

『그림으로 보는 한국사』 계림북스 (전 5권)

길고 장황한 설명 위주에서 벗어나 간결한 설명과 재미있는 그림으로 구성한 것이 특징입니다. 역사의 주요 장면과 핵심을 재치 있는 그림으로 재미있게 표현하고 있습니다. 읽는 도중에 참고할 만한 역사 정보와 다른 그림 찾기, 숨은그림찾기 등의 퀴즈도 있습니다.

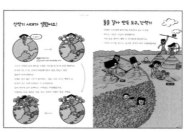

1권 선사 시대부터 백제까지
(최종순 지음 / 이경석 그림)
2권 신라부터 발해까지
(황은희 지음 / 이명애 그림)
3권 고려 전기부터 고려 후기까지
(유재광 지음 / 유설화 그림)

4권 조선 전기부터 조선 후기까지
(황은희 지음 / 이동철 그림)
5권 조선의 개항부터 현대까지
(황은희 지음 / 송진욱 그림)

『초등 저학년을 위한 처음 한국사』 주니어RHK (전 10권)

김정호, 이희근 지음, 한용욱 그림

한국사의 흐름을 처음 접하는 초등학생들이 쉽게 읽을 수 있도록 옛날이야기를 이용해 역사적 사실을 풀어냅니다. 이해를 돕는 그림과 생생한 사진이 페이지마다 담겨 있습니다. 역사적 사건의 인과 관계를 쉽게 설명하여 자연스럽게 한국사의 흐름을 익힐 수 있습니다. 각 시대의 구체적인 특징과 사회 변화를 살펴보기 전에 당시를 살아간 조상의 하루를 통해 그 시대의 전반적인 분위기를 알 수 있습니다.

1권 문명의 형성과 고조선의 성립
2권 삼국의 성립과 발전
3권 남북국 시대에서 고려로
4권 고려의 발전
5권 조선의 건국과 발전

6권 사림의 집권과 외세의 침략
7권 조선 후기의 새로운 흐름
8권 조선의 멸망과 대한 제국
9권 일제 강점과 독립운동
10권 대한민국의 발전

『재미있다! 한국사』 창비 (전 6권) **구완회 지음, 심차섭, 김재희 그림**

각 권별로 내용과 관련한 박물관이나 유적지 등 전국 곳곳의 역사 현장을 찾아가 유물, 유적과 관련된 사건이나 시대 배경을 설명합니다. 눈에 보이는 유물이나 유적 등을 통해 역사 인물을 만나고 역사적 사건들을 유추하고 상상하며 한국사의 흐름을 이해할 수 있습니다. 역사 체험 장소에 대한 소개와 꼭 봐야 할 것, 추천 코스 등 답사 현장에 관한 정보도 소개합니다.

1권 선사 시대부터 백제까지
2권 신라부터 발해까지
3권 고려 전기부터 고려 후기까지

4권 조선 전기부터 조선 후기까지
5권 조선의 개항부터 현대까지

『**한국사 편지**』 책과함께어린이 (전 5권) **박은봉 지음, 류동필, 박지훈 그림**

　정치사, 생활사, 문화사, 인물 등의 다양한 주제로 한국사 전체 흐름을 파악할 수 있게 구성되어 있습니다. 200컷이 넘는 유물, 유적지 사진, 그림, 지도 등 다양한 자료를 담고 있고 편지글 형식으로 쓰여 누구나 쉽게 읽을 수 있습니다.

 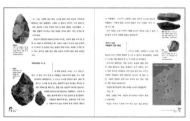

1권 원시 사회부터 통일 신라와 발해까지
2권 후삼국 시대부터 고려 시대까지
3권 조선 건국부터 조선 후기까지

4권 조선 후기부터 대한제국 성립까지
5권 대한제국부터 남북 화해 시대까지

『한국사 편지 생각책』 책과함께어린이 (전 5권) **박은봉, 생각샘 지음, 김중석 그림**

　　『한국사 편지』의 워크북으로, 다양한 단원별 활동으로 구성되어 있습니다. 각 주제를 그림으로 보여주고 간단한 퀴즈가 나옵니다. 유물과 유적, 지도 등을 스티커나 만들기 등으로 활동합니다. 역사적 사건이나 인물, 시대 상황에 대해 생각을 쓰는 글쓰기도 있습니다.

📖 직접 보고 듣고 느끼는 역사 체험

　　'백문불여일견(百聞不如一見)'이라는 말처럼 역사의 현장에 가서 직접 보고 듣고 느끼는 것이 아이들에게 좋은 경험이 됩니다. 아이들은 추상적인 개념을 이해하기 어렵기 때문에 사물에서 옛것을 직접 느낄 수 있게 해 주는 방법이 효과적입니다. 옛 의복이나 예술품 유물을 직접 눈으로 보면서 설명을 들으면 역사적 사건이나 인물을 더 깊이 있고 생생하게 이해할 수 있습니다.

　　아는 만큼 보이고 생각할 수 있으므로, 유적지나 박물관을 방문하기 전에 그와 관련된 시대적 배경이나 역사적 사건 등을 책이나 인터넷에서 찾아본 다음 체험할 것을 권합니다. 여행 계획을 세울 때 여행지 주변에 있는 유적지나 박물관을 일정에 넣고, 계획부터 보고서 작성까지 직접 해 보는 것도 좋습니다.

선사 시대 유적지 · 박물관

명칭	위치	특징
연천전곡리유적	경기도 연천군	구석기 생활 유적
석장리 박물관	충남 공주시	구석기 시대 유물 전시
서울 암사동 유적	서울시 강동구	신석기 생활 유적
강화역사박물관	강화군 하점면	강화도의 시대별 역사
강화고인돌유적	강화군 하점면	고인돌 공원
국립중앙박물관 선사관	서울시 용산구	선사 시대 유물 전시

삼국 시대 유적지 · 박물관

명칭	위치	특징
몽촌토성	서울시 송파구 방이동	백제 유적
석촌동 고분군	서울시 송파구 석촌동	백제의 중심고분군
한성백제박물관	서울시 송파구	백제 역사박물관
무령왕릉	충남 공주시	백제 무령왕과 왕비의 능
국립공주박물관	충남 공주시	충청남도의 역사와 문화

국립부여박물관	충남 부여군	백제 시대 유물 전시
국립중앙박물관 삼국관	서울시 용산구	삼국 시대 유물 전시
고구려대장간마을	경기도 구리시	고구려 철기 문화 유적
고구려박물관	경기도 구리시	고구려 시대 유물 전시
국립경주박물관	경주시 일정로	신라 시대 유물 전시

고려 시대 유적지 · 박물관

명칭	위치	특징
강화역사박물관	인천시 강화군	강화도의 시대별 역사
고려궁지	인천시 강화군	고려왕이 머물렀던 궁궐 터
용흥궁	인천시 강화군	철종이 살던 집
고인쇄박물관	충북 청주시 흥덕구	흥덕사지, 직지
해인사	경상남도 합천군	팔만대장경 봉안
국립중앙박물관 중 · 근세관	서울시 용산구	고려 시대 유물 전시
대전시립박물관	대전시 유성구	고려 시대 유물 전시
한남대 중앙박물관	대전시 대덕구	고려 시대 유물 전시
개태사	충남 논산시	태조 왕건이 창건한 사찰
연자도	울산 울주군	고려 시대 집터와 유물

조선 시대 유적지 · 박물관

명칭	위치	특징
낙산공원	서울시 종로구	낙산전시관, 옛 성곽
남산골한옥마을	서울시 중구	민속자료, 한옥 마을
서울역사박물관	서울시 종로구	서울의 역사, 전통문화
현충사	충남 아산시	이순신의 사당, 충무공이순신기념관
수원화성	경기도 수원시	조선 후기의 성곽, 유네스코 세계문화유산
국립민속박물관	서울시 종로구(경복궁)	민속자료의 수집 · 보존 · 전시
국립중앙박물관 조선	서울시 용산구	조선 시대 유물
국립고궁박물관	서울시 종로구	궁중 유물의 연구 · 조사 · 수집 · 보관 및 전시
경복궁	서울 종로구	조선 왕조의 법궁
창덕궁	서울 종로구	독특한 궁궐 건축과 정원 문화
창경궁	서울 종로구	세종이 상왕인 태종을 위해 지은 궁
세종대왕릉	경기도 여주시	세계유산 조선왕릉
구리 동구릉 역사문화관	경기 구리시	9개의 조선왕릉과 전시실
남양주 광릉 역사문화관	남양주시 진접읍	세조와 정희왕후릉과 전시실

개항기와 일제 강점기

명칭	위치	특징
백범김구기념관	서울시 용산구	김구의 삶과 사상, 근·현대사
전쟁기념관	서울시 용산구	전쟁 관련 유물과 자료 전시
유관순열사기념관	충남 천안시	유관순 관련 기록, 다양한 체험
독립기념관	충남 천안시	독립운동 자료 전시
서대문형무소	서울시 서대문구	독립운동 및 민주화 운동 관련 역사관
군산근대역사박물관	전북 군산시	군산의 근대 문화 및 해양 문화

국립중앙박물관(https://www.museum.go.kr) 홈페이지에서 '어린이박물관'을 방문하면 유용한 자료와 정보를 구할 수 있습니다.

지구촌의 일원으로
성장하기 위한 '세계사'

교통과 통신의 발달로 세계에서 일어나는 일들을 바로 알 수 있을 만큼 세계는 하나의 사회처럼 긴밀하게 연결되어 있습니다. 세계화 시대에 경쟁력 있는 인재로 성장하기 위해서는 다른 나라의 문화와 생활양식을 이해하고 존중해야 합니다.

다른 나라를 깊이 이해하려면 그 나라가 어떻게 생겨났고, 어떤 과정을 거쳐 발전해 왔는지 알아야 합니다. 그 나라의 역사를 깊이 알게 되면, 진정한 이해와 공감을 바탕으로 바람직한 교류를 할 수 있습니다.

우리 역사도 세계라는 큰 흐름에 따라 변화하고 발전했습니다. 그러므로 세계사를 공부하면 세계 속에서 변화하고 성장한 한국의 역사를 더욱 넓고 깊게 배울 수 있습니다. 세계사를 배우면 아이들이 현재 세계의 흐름을 폭넓게 바라보는 눈을 키우고, 지구촌의 구성원으로서 모든 사람과 더불어 잘사는 법을 배울 수 있습니다. 우리나라 중심의 편협한 관점에서 벗어나 세계의 일원으로 살아가려면 세계사를 공부해야 합니다.

📖 체계적으로 배우는 세계사 로드맵

우리나라 교육 과정에서는 초등학교 때 세계 여러 나라의 기본 특징을 배우고, 중학교 때부터 세계사를 배우기 시작합니다. 세계사를 배우기 전에 먼저 세계 여러 나라에 대한 배경지식을 갖출 필요가 있습니다. 다른 나라들이 지구상 어느 위치에 있는지, 어떤 기후인지, 어떤 관습과 문화가 있는지 등 기본적인 정보를 알아야 합니다.

세계 여러 나라에 대해 알게 되면 세상의 흐름을 이해하고 폭넓게 바라보는 눈을 키울 수 있습니다.

다음 세계사 로드맵은 세계사를 공부하기 전에 어떤 지식을 습득해야 하고, 어떤 순서로 세계사를 시작해야 하는지를 알려 줍니다.

1단계 – 세계지도로 나라별 지정학적 특징 익히기

세계사를 배우기 전에 먼저 세계에 어떤 나라들이 있으며, 각 나라 사람들은 어떤 지형이나 기후에서 사는지, 어느 나라끼리 국경을 맞대고 있는지 등의 지정학적 정보를 알아야 합니다.

2단계 – 세계 여러 나라 배경지식 쌓기

세계 여러 나라의 수도, 국기, 언어, 정치, 경제 등 각 나라에 대한 기본적인 특징에 대해 익힙니다.

3단계 – 세계 여러 나라의 다양한 문화 이해하기

세계 여러 나라의 음식, 의복, 주거, 종교, 언어, 환경, 놀이, 축제 등 문화에 대해 배웁니다.

세계적 사건들을 옛날이야기처럼 재미있게 시작하는 세계사 입문 과정입니다. 방대한 내용의 세계사보다 가장 필수적이고 기본적인 내용 위주로 된 세계사 책으로 흥미를 키웁니다.

5단계 – 포괄적으로 배우는 세계사 통사

관련 지식을 기반으로 세계사를 시대별로 깊이 있게 공부합니다. 전체적 흐름 위주로 개괄적으로 설명한 세계사 통사로 시작하여, 차츰 세부적이고 구체적인 내용의 세계사 책을 읽습니다.

📖 세계지도로 지정학적 특징 익히기

세계사는 드넓은 세계를 배경으로 하기 때문에 더욱 어렵게 느껴집니다. 사람들은 저마다 사는 곳의 지형이나 기후, 문화로부터 많은 영향을 받으며 살아가기 때문에 사는 공간을 아는 것은 매우 중요합니다. 세계사를 배우기 전에 먼저 세계에 어떤 나라들이 있으며, 각 나라 사람들은 어떤 지형이나 기후에서 사는지, 어느 나라끼리 국경을 맞대고 있는지 지정학적 정보를 알아야 합니다.

세계 지리를 공부하면 다른 나라에 호기심이 생기고, 그 나라 역사에도 관심이 생기게 됩니다. 책을 고를 때 나라의 위치와 이름이 나열된 단순한 세계지도 위주의 책보다는 각 나라의 지형, 정치, 경제, 문화적 배경까지 알 수 있는 책을 읽기 바랍니다.

출처: 『초등 사회과 부도』중에서

도서명	저자	출판사
『세계사를 한눈에 꿰뚫는 대단한 지리』	팀 마샬	비룡소
『세계 지리와 문화』	알렉스 프리스	어스본코리아
『어린이를 위한 지도 위 세계사 100』	정일웅	이케이북
『지구본 세계 여행』	박수현	책읽는곰
『손으로 그려 봐야 세계 지리를 잘 알지』	정은주	토토북
『어린이를 위한 세계 지도책』	신지혜	아이세움
『재미있는 세계 지리 이야기』	김영	가나출판사
『지도와 그림으로 보는 참 쉬운 세계사』	르트랑 피슈	풀빛
『지리를 알면 세계가 보인다』	홍석민	아이세움

📖 세계 여러 나라의 배경지식 쌓기

세계 모든 나라는 경제적, 정치적, 사회적, 지리적 환경이 모두 다릅니다. 나라와 나라 사이의 관계도 국제 정세에 따라 시시때때로 변합니다.

어떤 나라도 국제적 교류 없이 혼자만의 힘으로 살아가는 것은 불가능합니다. 그래서 여러 나라들은 서로 협력하기도 하고 경쟁하기도 하며 때로는 심각한 분쟁을 겪기도 합니다. 그들은 인종과 언어, 역사와 문화, 경제적인 상황이 모두 다릅니다. 영토 분쟁, 종교와 인종 문제 등에서 비롯된 국가 간의 분쟁을 없애고 평화롭게 살기 위해서는 다른 나라에 대해 잘 알아야 합니다.

도서명	저자	출판사
『세계의 국기는 어떻게 만들었을까?』	로버트 프레송	바이킹
『105개의 수도로 만나는 세계』	박동석	책숲
『세계를 움직이는 국제기구』	박동석	봄볕
『와글와글 세계의 수도』	타라네 가자르 제르벤	그린북
『문화마다 달라요, 세계의 장례』	오진원	현암주니어
『1초마다 세계는』	브뤼노 지베르	미세기
『지구가 100명의 마을이라면』	데이비드 J. 스미스	푸른숲주니어

나라별 정보를 다룬 추천 도서

　세계 여러 나라를 포괄적으로 다룬 책보다 한 나라에 대해 집중적으로 다룬 책도 배경지식을 쌓는 데 큰 도움이 됩니다.

도서명	저자	출판사
『중국, 세계 1위를 꿈꾸다!』	강창훈	사계절
『처음 만나는 아프리카』	신현수	열다
『어린이 이슬람 바로 알기』	이희수	청솔출판사
『어린이 외교관 일본에 가다』	김용운	뜨인돌어린이
『러시아 이야기』	이병훈	아이세움
『캐나다를 캐내다』	박세경	열다
『여럿이 모여 하나가 된 나라 미국 이야기』	손세호	아이세움
『아픔을 딛고 미래로 향하는 나라 베트남 이야기』	김현아	미래엔아이세움
『안녕! 이탈리아』	노미노	착한책방
『자유, 평등, 박애의 나라 프랑스 이야기』	장석훈	미래엔아이세움
『동북 · 동남아시아』	펠리시아 로 엮음	주니어RHK
『무지개 나라를 꿈꾸는 남아프리카공화국 이야기』	장용규	미래엔아이세움

📖 세계 여러 나라의 다양한 문화 이해하기

　현대 사회는 국경의 경계가 무의미한 세계화 시대에 살고 있습니다. 하지만 아직도 정치적 · 종교적 · 문화적 대립으로 크고 작은 분쟁이 발생하고 있습니다. 서로 이해하고 평화로운 세계를 위해서는 서로의 문화를 인정하고 존중해야 합니다.

　다양한 세계 문화 음식, 의복, 주거, 종교, 언어, 환경, 놀이, 축제 등을 알고 이해한다면 차별과 편견이 사라질 수 있습니다

도서명	저자	출판사
『세계일주보다 재미있는 세계 문화유산 100대 일화』	박현철	삼성출판사
『세계 음식 한입에 털어 넣기』	김인혜	사계절
『한입에 꿀꺽! 맛있는 세계 지리』	류현아	토토북
『신화로 만나는 세계 문명』	김일옥	스푼북
『세계의 초등학교』	에스텔 비다르	이마주
『세계 음식 지도책』	주영하	상상의집
『어린이를 위한 유쾌한 세계 건축 여행』	배윤경	토토북
『놀면서 배우는 세계 축제』	유경숙	봄볕

📖 재미있게 시작하는 세계사 기초 입문서

세계사는 주로 중·고등학교에서 배우기 때문에 초등에서는 분량이 그리 많지 않고 재미있게 읽을 수 있는 책부터 시작합니다. 깊이가 얕아도 내용이 짧고 그림은 많은 책이 좋습니다. 옛날이야기처럼 역사적 사건을 재미있게 접할 수 있는 책으로 시작해도 좋습니다.

도서명	저자	출판사
『초등학생이 알아야 할 세계사 100가지』	알렉스 프리스 외	어스본코리아
『세계사 개념 사전』	공미라 외	아울북
『어린이를 위한 첫 세계사』	캐서린 바아	위즈덤하우스
『고대부터 현대까지, 탐험과 발견』	에밀리 본	어스본코리아
『세계사로 배우는 법 이야기』	유재원 외	살림어린이
『세계 역사 아틀라스』	티아고 드 모라에스	사파리
『길로 통하는 세계사』	임레 파이너	북스토리아이
『세계사와 놀자!』	김성화	창비
『세계사를 뒤흔든 20가지 전쟁 1, 2』	이광희	생각을담는어린이
『열 살에 꼭 알아야 할 세계사』	황근기	어린이나무생각
『그래서 이런 세계사가 생겼대요』	우리누리	길벗스쿨
『초등학생을 위한 빅 히스토리』	김서형	해나무
『한 권으로 보는 어린이 인류 문명사』	이방 포모	한울림어린이
『한눈에 펼쳐보는 세계사 연표 그림책』	정연	진선아이

📖 포괄적으로 배우는 세계사 통사

초등학생에게 '세계사'는 부담스러운 영역입니다. 가 본 적도 없는 다른 나라의 역사를 왜 배워야 하는지, 배우면 뭐가 좋은지 와 닿지 않기 때문입니다.

그러나 세계사는 세상의 흐름을 알고 미래를 준비하는 데 토대가 되는 가장 기초적인 교양입니다. 세계사 과목은 중학생이 되면 본격적으로 배우기 시작합니다. 그런데 아무런 기본 지식 없이 세계사를 처음 접하면 방대한 내용과 낯선 용어로 버거울 수 있습니다. 그러니 초등학생 때부터 쉬운 세계사 책부터 차근차근 시작하여 탄탄한 기본 지식을 쌓아야 합니다.

다음은 대표적인 세계사 시리즈를 소개한 내용입니다. 대략적인 구성과 내용을 파악하도록 간단한 설명과 미리보기 페이지가 있습니다. 아이의 수준과 성향에 맞는 책을 고르는 데 참고하세요. 쉬운 단계부터 어려운 단계까지 순서대로 소개하고 있습니다.

『그림으로 보는 세계사』 계림북스 (전 5권)

세계사의 주요 흐름을 짧은 글과 생생한 그림으로 표현한 시리즈입니다. 중학교 역사 교사들이 집필하여 초등 사회 교과와 중학교 역사 교과 내용 위주로 설명이 전개됩니다. 그림이 글의 내용을 함축적으로 표현하고 있어 이해에 큰 도움을 줍니다.

1권 고대 이야기 (김현숙 지음 / 원혜진 그림)
- 1장 인류의 등장과 문명의 발생
- 2장 메소포타미아와 이집트 문명 지역을 차지한 페르시아
- 3장 유럽 문화의 바탕이 된 그리스와 로마
- 4장 인더스 문명과 불교의 탄생
- 5장 황허 문명과 중국의 역사

2권 중세 이야기 (김민우 지음 / 이창우 그림)
- 1장 큰 변화 속의 동아시아
- 2장 다양한 문화 속 인도와 동남아시아
- 3장 사막에서 세계로 뻗어 나간 이슬람
- 4장 크리스트교와 중세 유럽

3권 근세 이야기 (김현숙 지음 / 우지현 그림)
- 1장 동아시아 사회의 변화
- 2장 동아시아 사회의 성장
- 3장 서아시아 지역과 이슬람 세계의 확대
- 4장 인도와 동남아시아의 발전
- 5장 유럽의 성장

4권 근대 이야기 (김애숙 지음 / 송진욱 그림)
- 1장 커다란 변화를 겪은 유럽
- 2장 아메리카 대륙의 독립과 변화
- 3장 꿈틀거리는 동아시아
- 4장 서아시아와 아프리카의 변화
- 5장 인도와 동남아시아의 저항

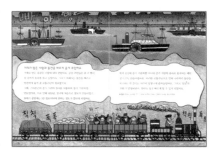

5권 현대 이야기 (최경란 지음 / 윤유리 그림)
- 제1차 세계 대전
- 제1차 세계 대전 이후 세계의 변화
- 제2차 세계 대전
- 제2차 세계 대전 이후 세계의 변화

『나의 첫 세계사 여행』 휴먼어린이 (전 4권) 전국역사교사모임 지음, 송진욱, 이경석 그림

지리적 공간에 대한 이해가 부족한 아이들을 위해 대륙과 같은 지역을 중심으로 구성된 시리즈입니다. 시대마다 중요한 세계사의 핵심 내용을 짚어 주면서 주요 도시도 여행지로 소개합니다.

1권 유럽 · 아메리카

1. 유럽 문명의 뿌리, 그리스
2. 위대한 유산 로마
3. 이민족 이동과 유럽 탄생
4. 크리스트교 세상
5. 왕권의 회복
6. 예술과 과학 르네상스
7. 종교 개혁
8. 신항로 발견
9. 부강함을 좇는 유럽
10. 영국 산업 혁명
11. 미국 탄생과 성장
12. 자유와 평등 프랑스 혁명
13. 라틴 아메리카의 독립과 시련
14. 1차 세계 대전과 러시아 혁명
15. 2차 세계 대전과 새로운 국제 질서
16. 지금 우리가 사는 세상

『초등 눈높이에 맞춘 처음 세계사』 주니어RHK (전 10권)

초등역사교사모임 지음, 한동훈, 이희은 그림

역사 속 인물이 직접 전해 주는 이야기를 통해 시대별 핵심 정보를 쉽고 재미있게 설명합니다. 역사 속 사건과 유물, 인물 등을 그림과 사진으로 보여 줍니다. 연표를 통해 각 나라와 시대를 대표하는 유물 사진과 그림을 보면서 세계사의 흐름을 자연스럽게 익힐 수 있습니다.

1권 인류의 등장과 고대 국가의 성립
2권 통일 제국의 형성과 세계 종교의 탄생
3권 다양한 문화권의 형성과 발전
4권 여러 문화권의 충돌과 변화
5권 르네상스와 대항해 시대
6권 절대 왕정과 산업 혁명
7권 프랑스 혁명과 시민 사회의 발전
8권 제국주의와 제1차 세계 대전
9권 전체주의와 제2차 세계 대전
10권 현대 세계의 냉전과 변화

『초등 통째로 이해되는 세계사』 가나출판사 (전 10권)

김상훈 지음, 이유나, 이창섭, 최현묵, 김상훈 그림

　　세계사의 핵심 내용을 시대별 · 주제별로 엮었습니다. 주제와 관련된 지도, 만화, 사진, 그림 등 다양한 자료를 활용하여 설명하고 있습니다. 연표를 통해 시대를 개괄적으로 설명하고, 지도를 통해 역사적 사건의 배경이 되는 지리적 위치를 확인할 수 있도록 구성하였습니다.

『교양으로 읽는 용선생 세계사』 사회평론 (전 15권)

이희건, 차윤석, 김선빈, 박병익, 김선혜 지음, 이우일 그림

　　이 시리즈는 과거와 현재를 연결하여 설명하는 것이 가장 큰 특징입니다. 각 단락의 시작마다 그 시대를 대표하는 나라의 지도, 문화, 명물, 음식 등 그 나라의 현재의 모습과 특징을 설명합니다. 그리고 각 단락을 읽고 나면 정리 노트를 통해 핵심 내용을 한 번 더 정리하고 퀴즈를 통해 이해 수준도 점검할 수 있습니다. 딱딱하지 않은 대화체로 되어있어 방대한 내용이지만 큰 어려움 없이 읽을 수 있습니다. 인물과 용어 풀이가 있고 배운 내용을 정리할 수 있는 정리 노트와 퀴즈도 있습니다.

📖 세계사 통사 추천 도서

『처음 읽는 이웃 나라 역사』 책과함께어린이 (전 4권)

1권 중국사 편지

2권 일본사 편지

3권 미국사 편지

4권 세 나라는 늘 싸우기만 했을까?

『통통 세계사』 휴이넘 (전 4권)

1권 선사 시대부터 통일 제국의 형성까지

2권 통일 제국의 번성부터 중세의 성립까지

3권 중세의 전개부터 르네상스까지

4권 근대의 성립부터 현대까지

『공부가 되는 세계사』 아름다운사람들 (전 3권)

1권 선사 · 고대

2권 중세

3권 근 · 현대

『교양 있는 우리 아이를 위한 세계 역사 이야기』 꼬마이실 (전 5권)

1권 고대편

2권 중세편

3권 근대편

4권 현대편 · 상

5권 현대편 · 하

『살아있는 세계사 재미있는 논술』 성안당 (전 4권)

1권 고대편: 인류 등장~위진 남북조 시대까지

2권 중세편: 게르만족 이동~중세 시대 몰락까지

3권 근대편: 르네상스에서 독일 통일까지

4권 현대편: 제국주의에서 자각하는 인류까지

『끄덕끄덕 세계사』 아카넷주니어 (전 3권)

1권 고대 제국의 흥망

2권 중세에서 근대로

3권 자본주의의 시대

『세계사 뛰어넘기』 열다 (전 3권)

1권 인류의 탄생부터 십자군 전쟁까지

2권 몽골 제국의 등장부터 유럽 계몽주의 시대까지

3권 프랑스 혁명부터 함께 여는 미래

『한눈에 쏙 세계사』 스푼북 (전 9권)

1권 인류의 탄생과 고대 문명

2권 고대 통일 제국의 등장

3권 지역 문화권의 형성

4권 격변하는 세계 – 서양편

5권 절대 왕정과 과학 혁명

6권 격변하는 세계 – 동양편

7권 혁명의 시대

8권 제국주의와 세계 대전

9권 냉전 체제와 현대 세계

초등학교, 중학교, 고등학교의 교육과정은 유기적으로 연계되어 있어 각각의 교육과정을 제대로 학습하지 않고 상급 학년으로 진학하면 학습 결손이 생깁니다. 교과서는 해당 학년에서 알아야 할 지식은 물론 전 학년에 걸쳐 습득해야 할 지식을 단계적이고 체계적으로 배울 수 있도록 구성한 최적의 교재입니다. 4부에서는 과목별 공부법을 설명하고 각 학년의 교육과정이 어떻게 구성되었는지 확인하며, 교과서와 함께 연계해서 읽기 좋은 추천 도서를 알려줍니다.

- 자기주도 학습 능력을 만드는 공부 비법
- 모든 공부의 기본이 되는 교과서 활용 공부법
- 상위 1%의 공부 비법 '교과 연계 독서'
- 사회 과목 공부법과 교과 연계 독서법
- 과학 과목 공부법과 교과 연계 독서법
- 수학 과목 공부법과 교과 연계 독서법
- 국어 과목 공부법과 교과 연계 독서법

4부

공부력을 키우는
교과 연계 독서법

자기 주도 학습 능력을 만드는 공부 비법

흔히 공부는 자기 자신과의 싸움이라고 합니다. 아무리 효율적인 공부법을 알려 줘도 본인 스스로 하려는 마음이 없다면 한낱 잔소리에 불과합니다. 어릴 때부터 아이 스스로 공부에 대한 목표 의식을 갖고 한 단계씩 올라설 수 있도록 돕는 것이 부모의 중요한 역할입니다. 그러기 위해서는 부모가 먼저 공부를 왜 해야 하는지 진지하게 고민해 보고, 대화를 통해 아이가 스스로 동기 부여를 할 수 있도록 도와야 합니다.

좋은 학교와 직장에 들어가는 것이 공부의 목표라고 생각하는 사람이 많습니다. 하지만 이러한 근시안적인 목표를 위해 공부한다면, 그 목표가 없어지거나 거기에 도달하지 못했을 때 인생의 방향을 잃고 큰 혼란에 빠질 수 있습니다. 목표가 없으면 공부할 마음도 안 생기고 열정적으로 공부하기 어렵습니다. '자신의 꿈을 이루기 위해서'라든가 '사회에 기여하는 능력을 갖추기 위해서'와 같은 내면의 동기가 뒷받침되어야 합니다. 다음 내용을 참고하여 공부를 왜 해야 하는지 아이와 깊이 대화를 나누기 바랍니다.

첫째, 공부는 평생 해야 합니다.

원하는 대학이나 직장에 들어갔다고 해서 공부가 끝나는 것이 아닙니다. 인간은 평생 무엇인가를 배우며 살아야 합니다. 어떤 일을 하든지 그 일을 잘하기 위해서는 그와 관련된 공부를 해야 합니다. 나이와 상황에 따라 공부의 목적과 종류가 달라질 뿐, 평생 해야 하는 것이 공부입니다. 공부를 통해 우리는 다양한 지식을 얻고 생각하는 힘을 기를 수 있을 뿐만 아니라, 인생을 보다 가치 있게 살아가는 방법도 알게 됩니다.

둘째, 세상을 살기 위한 지식과 지혜를 쌓는 과정입니다.

사람은 아는 만큼 보고 느끼고 행동할 수 있습니다. 다시 말해 아는 것이 없으면 잘 볼 수도 없고, 실천할 수도 없습니다. 공부하지 않는 사람은 바늘구멍으로 세상을 보는 것처럼 자신의 틀에 갇혀 살게 됩니다. 학문을 통해 사람과 사회와 자연 등 만물의 이치를 깨닫고 세상을 살아가는 지혜를 배울 수 있습니다.

셋째, 공부는 미래의 꿈을 위한 투자입니다.

여기에서 말하는 '꿈'은 학생들이 원하는 '희망 직업'뿐만 아니라 인생에서 이루고 싶은 가치와 인생의 방향을 의미합니다. 최근 초등학생 사이에 인기 직업으로 꼽히고 있는 유튜버가 되고자 한다면 공부를 하지 않아도 될까요? 그렇지 않습니다. 획기적인 아이디어를 얻으려면 많은 정보를 구해야 하고, 사람들이 좋아할 콘텐츠를 찾는 기획부터 동영상 편집에 이르기까지 엄청난 노력을 들여야 합니다.

다양한 공부를 통해 필요한 지식과 경험을 쌓아야 창의적인 사고를 기를 수 있습니다. 그 어떤 일이라도 해당 분야에서 인정받으려면 남보다 더 많이 노력하고 더 열심히 공부해야 합니다.

📖 자기 주도 공부 습관 만들기

스스로 공부하는 자기 주도 공부 습관은 초등 저학년부터 시작해야 합니다. 만약 초등학교 때 공부 습관을 잡지 않은 상태로 사춘기를 맞는다면 어떻게 될까요? 이미 굳어진 공부 머리를 다시 유연하게 만들기도 어렵고, 공부 습관을 잡으려다 결국 아이와 갈등만 생길 수 있습니다.

그런 의미에서 본다면 공부 습관은 부모의 영향력이 큰 초등 저학년 때부터 차근 차근 만들어야 합니다. 이렇게 형성된 공부 습관은 중고생뿐만 아니라 성인이 되었을 때도 큰 도움을 줄 수 있습니다.

이제부터 자기 주도 공부 습관을 만드는 방법을 알아보겠습니다.

공부 자립을 위한 부모의 단계적 코칭

자기 주도 학습이라고 해서 아이 혼자서 공부 방법을 터득하는 것은 아닙니다. 손흥민, 김연아 선수와 같이 뛰어난 재능의 소유자도 어릴 때 부모의 적극적인 도움이 있었기에 세계적인 선수로 성장할 수 있었습니다. 성공적인 자기 주도 학습을 위해서는 유아 때부터 초등학생에 이르는 시기에 부모의 적극적인 관심과 체계적인 교육이 반드시 필요합니다. 특히 초등 저학년 때까지는 부모의 도움이 절대적으로 필요한 시기로, 올바른 공부 습관이 자리 잡도록 아이와 함께 계획하고 실천해야 합니다.

초등 3, 4학년 때는 과도기적 공부 자립 기간으로, 가르친 방법대로 공부하는지 한 걸음 뒤에서 살펴보고 부족한 부분에서만 도움을 줍니다. 스스로 공부하는 습관이 잡힐 때까지는 부모의 개입이 어느 정도 필요합니다.

초등 고학년부터는 스스로 계획하고 실천하는 자기 주도 학습을 완성해야 합니다. 이후 부모의 역할은 자리 잡은 공부 습관이 무너지지 않도록 관심을 가지고 지켜보는 것입니다. 성인도 자신이 정한 계획을 실천하려면 마음을 굳게 먹고 엄청난 노력을 기울여야 합니다. 오랜 시간 공들인 공부 습관이라도 하루아침에 무너질 수 있으므로, 자녀가 올바른 방향을 잡고 실천할 때까지 부모가 적절한 수준에서 개입할 필요가 있습니다. 예를 들어 정해진 공부 시간이 되면 같은 공간에서 부모는 책을 읽거나 자기 일을 하고, 아이는 그날 해야 할 공부나 독서를 하는 것만으로도 자기 주도 공부 습관을 유지할 수 있습니다.

성공적인 부모표 교육을 위한 절대 원칙

첫째, 공부와 관련해서 절대 혼내서는 안 됩니다.

부모표 공부의 가장 큰 부작용은 아이와의 관계가 나빠질 수 있다는 점입니다. 이 문제의 원인은 대개 감정 조절을 하지 못한 부모에게 있습니다. 함께 공부하면서 아이의 실수나 부족함을 꾸짖거나 화를 내면 아이는 점점 공부를 싫어하게 됩니다.

여러 번 배운 것을 잊더라도 혼내서는 안 됩니다. 내 아이지만 옆집 아이를 가르친다는 마음으로 감정을 내려놓고, 객관적으로 바라보아야 합니다. 아이가 이해하지 못한다고 탓하지 말고, 이해할 때까지 알려 주면 된다는 마음의 여유를 가져야 합니다.

부모가 공부와 시험에 지나치게 간섭하고 결과에 예민하게 반응하면, 아이는 공부와 시험을 자신의 일이 아닌 부모의 문제로 여겨서 오히려 관심을 두지 않을 수도 있습니다. 공부에 대한 부정적인 감정이 쌓일수록 아이는 공부와는 멀어진다는 사실을 명심하셔야 합니다.

둘째, 공부 주체는 부모가 아닌 자녀여야 합니다.

부모의 적극적인 도움이 필요하지만 그렇다고 부모가 주체가 되어서 하나부터 열까지 혼자 결정해서는 안 됩니다. 부모가 의견을 제시하거나 조언할 수는 있지만, 공부를 계획하고 실천하는 모든 과정에서 주체는 자녀가 되어야 합니다. 공부 시간, 과목, 학습량 등의 학습 계획을 아이와 함께 의논하여 결정하고, 실천하기 어려운 점이 있다면 다양한 해결책을 제시해 주어 아이가 스스로 문제를 해결할 수 있도록 합니다. 아이의 자기 주도력에 따라 부모의 개입을 점점 줄여나가면 점차 스스로 계획하고 실천해 나가는 '자기 주도 학습자'로 성장하게 될 것입니다.

셋째, 아이는 성공과 실패의 경험을 통해 성장합니다.

살면서 만나는 난관들을 해결할 때 가장 중요한 것은 '도전 정신'입니다. 어려움을 극복하려는 도전 정신을 기르려면 작은 것부터 이루는 성공의 기쁨을 맛보아야 합니다. 처음에는 충분히 성공할 수 있는 작은 도전부터 시작해야 합니다. 지나치게 무리한 목표를 세워 많은 실패를 경험한다면 자신감과 성취감이 낮아지게 됩니다. 계획을 세우고 한 걸음씩 원하는 목표에 다가가서 마침내 성공하는 경험은 뒷날 많은 도전과 실패 속에서도 아이를 일으켜 세워 주는 버팀목이 될 것입니다.

넷째, 부모의 노력 없이는 불가능합니다.

우연히 텔레비전에서 일곱 살 남자아이를 입양하여 길러 온 한 부부의 이야기를 접했습니다. 그 다큐멘터리는 입양한 아이를 지극 정성으로 기르는 부모의 사랑에 관한 내용이었지만, 저는 부모의 교육 방식에 더 큰 관심이 갔습니다.

그 아이는 입양 당시에는 '경계선 지적 지능'으로 판단될 정도로 암기력, 인지력, 분별력 등의 학습 능력이 또래보다 현저히 떨어졌습니다. 하지만 부모의 따뜻한 보살핌과 사랑으로 초등 고학년이 되었을 때 전교 1등을 차지할 정도로 학습 능력이 크게 향상되었습니다. 프로그램 성격상 구체적인 교육 방법이 나오지는 않았지만, 그런 결과를 이루어 내기까지 부모가 얼마나 노력했을지를 알기에 존경심이 들었습니다.

많은 부모는 아이가 모든 것을 알아서 척척 잘해 주기를 바라지만, 그건 지나친 욕심입니다. 이런 기대가 높을수록 아이가 스스로 해내지 못할 때마다 크게 실망할 수 있습니다.

부모가 한 걸음 앞서 노력해야 합니다. 부모가 먼저 아이와 함께 공부할 교과서나 책을 읽고, 어떻게 공부하면 좋을지 고민해야 합니다. 아무리 쉬운 내용의 책이라도 미리 읽어 두지 않으면 아이와 어떤 이야기를 나눌지, 어떤 활동을 하면 좋을지 당장은 생각나지 않아 서로에게 지루한 시간이 될 수 있습니다. 아이와 공부할 내용이나 책을 미리 읽으면서, 이 부분에서는 이런 대화를 나누고 이런 활동을 하면 되겠다는 식으로 간단하게나마 계획을 세워 두어야 합니다.

다섯째, 넘치지도 부족하지도 않게 딱 맞는 학습량을 정해야 합니다.

부모표 학습에서 가장 어려운 부분이 바로 아이 수준에 맞게 학습량을 맞추는 것입니다. 평소 학습량이 너무 적으면 중학교나 고등학교에서 늘어난 학습량을 감당하기 어렵고, 학습량이 너무 많으면 오히려 진짜 공부를 해야 할 때 지쳐 버릴 수 있습니다. 학년을 고려하여 학습 시간과 학습량을 적절하게 조절하되, 아이마다 발달 수준과 집중력이 다르므로 자녀의 수준에서 큰 부담을 느끼지 않을 정도가 적당합니다.

📖 기억력과 학습 능력을 높여 주는 공부 비법

학습 능력 중 가장 중요한 것은 공부한 내용을 잊지 않고 오래 기억하는 것입니다. 그러기 위해서는 배운 내용을 필요할 때마다 언제든 꺼낼 쓸 수 있게 장기 기억으로 저장해야 합니다. 기억력을 높이고 효과적인 학습 능력을 길러 주는 공부 방법을 알아보겠습니다.

스토리로 기억하는 '의미 심기' 연상법

공부에서 가장 중요한 것은 단편적으로 외우려고만 하지 말고, 기존의 다른 지식과 연결하여 이해하려는 태도입니다. 복잡하고 헷갈리는 내용을 자기만의 방식으로 재구성하여 공부하면 이해하기도 쉽고 오래도록 기억할 수 있습니다. 기억해야 할 내용을 노래로 만들거나 특별한 스토리로 만들어 기억하는 방법이 '의미 심기'라고 할 수 있습니다.

구체적인 예제를 통해 '의미 심기' 하는 방법을 알아보겠습니다. 여러분 중에는 학창 시절에 배운 조선 시대 27명의 왕을 순서대로 줄줄 말할 수 있는 분이 있을 것입니다. 몇십 년이 지나도 그 순서를 기억할 수 있는 비결은 무엇일까요? 그것은 왕의 이름 중 앞글자를 따서 노랫말을 만들어 외웠기 때문입니다.

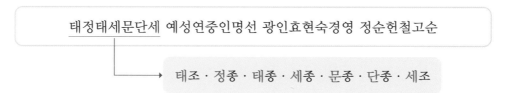

태정태세문단세 예성연중인명선 광인효현숙경영 정순헌철고순

→ 태조 · 정종 · 태종 · 세종 · 문종 · 단종 · 세조

이처럼 무조건 외우는 것보다 노래나 스토리로 만들어 외우는 것이 훨씬 오래 기억할 수 있습니다. 그리고 특별한 의미를 심어서 기억하는 방법도 유용합니다. 많은 학생이 스펠링에서 실수하는 'freind'와 'friend'에 의미를 심어 보겠습니다.

'friend'에서 'i'와 'e'의 순서에 맞게 스토리를 만들어 보겠습니다. 단어 맨 끝에 'end'는 '끝'이라는 의미가 되므로 다음과 같이 스토리로 만들어 기억하면 헷갈리지 않습니다.

friend { 친구란
아이 때부터
끝까지 가는 사람이다.

이렇게 자기만의 연상법을 만들어 본다면, 복잡하고 어려운 내용을 더욱 쉽게 기억할 수 있습니다.

숨은 의미까지 확장하여 공부하기

고학년이 될수록 내용 그대로를 묻는 단순한 문제보다는 개념을 완전히 이해했다는 전제하에 한 차원 더 높은 수준의 응용력을 요구하는 문제가 많아집니다. 그러므로 공부할 내용의 한 줄 한 줄에 담겨 있는 숨은 의미를 찾아내기 위해서는 이전보다 더 큰 노력을 기울여야 합니다.

이렇게 숨은 의미까지 알아내기 위해서는 어떻게 해야 할까요? 수업 시간에 선생님의 중요한 설명을 필기하고 이후 복습하는 과정에서 관련 자료나 부교재 등을 통해 부족한 부분을 채워야 합니다. 그렇게 해야만 부족하다고 느끼는 부분의 개념과 의미를 완전히 자신의 것으로 만들 수 있습니다.

실제로 공부할 내용을 어떤 방식으로 확장하면서 공부해야 하는지 예를 통해 설명하겠습니다.

다음은 한글의 창제 원리 중에서 '모아쓰기'를 설명하는 중등 국어 교과서 내용의 일부입니다. 이 부분을 어떻게 공부해야 하는지, 어떻게 문제로 출제가 되는지 등을 살펴보겠습니다. 우선 다음 내용을 읽은 후 관련 문제를 직접 풀어 보세요.

3. 모아쓰기

현수 세종대왕님, 그런데 한글은 다른 문자와 다르게 '강'이라는 단어를 'ㄱ ㅏ ㅇ'이라고 쓰지 않고 '강'처럼 모아쓰는데, 이렇게 하신 특별한 의도가 있나요?

세종 말소리의 특성을 문자에 담고 싶었어요. 사람의 말소리는 자음과 모음으로 나눌 수 있는데, 실제로 말을 할 때는 이것들이 한 덩어리로 소리 납니다. 그래서 글자는 음소 단위로 만들었지만, 적을 때에는 소리를 내는 단위인 음절로 모아쓰게 한 것입니다.

나영 아하, 그렇군요! 이런 한글의 특성 덕분에 현재 사용되는 24개의 자모만으로도 일만 개 이상이나 되는 글자를 만들 수 있다고 하더라고요. 한글은 참 실용적이고 효율적인 글자에요.

— 『중등 국어 2-2』(비상) 2단원 '놀라운 한글, 바른 말글살이' 중에서

〈문제〉 10. 한글의 모아쓰기 방식에 대한 설명으로 알맞은 것은?

① 한글은 로마자처럼 음소 단위로 쓴다.

② 말소리의 특성을 문자에 담을 수 없다.

③ 음절 단위로 의미를 빠르게 알 수 있다.

④ 적어야 할 글자 수가 많아지는 방식이다.

답을 쉽게 찾으셨나요? 정답은 공부하는 방법을 설명하고 난 다음에 알려드리겠습니다.

국어 시험은 중학교와 고등학교로 올라갈수록 어려워집니다. 그 이유는 지문 내용이 초등 시험처럼 그대로 출제되지 않기 때문입니다. 상급 학교 시험일수록 '문제'와 '보기'에 있는 표현이 어려운 어휘로 바뀌거나, 내용을 완전히 이해해야만 풀 수 있는 응용문제들이 많아지기 마련입니다. 핵심 내용 위주로 압축되어 서술된 교과서만 읽어서는 복잡한 응용문제를 풀 수 없습니다.

보통 교과서로 시험을 준비한다고 하면, 중요한 부분에 밑줄을 그어 가면서 읽고 관련 문제를 몇 개 풀고 나서는 해당 내용을 모두 이해했다고 생각합니다. 하지만 시험에

조금이라도 내용을 응용했거나 복잡한 문제가 나오면 헷갈리게 됩니다. 교과서의 텍스트 자체를 외우려고 하지 말고, 개념을 확장하며 이해해야 합니다. 수업 시간 선생님의 설명을 들으면서 필기하거나 관련 도서, 자료를 찾아보는 과정에서 개념을 확장할 수 있습니다.

예를 들어 다음 예시의 밑줄 친 부분을 텍스트 그대로 외우는 것이 아니라 함축된 개념을 풀어 이해하고 구체적인 사례로 생각하며 이해하는 것입니다.

현수　세종 대왕님, 그런데 한글은 다른 문자와 다르게 '강'이라는 단어를 'ㄱ ㅏ ㅇ'이라고 쓰지 않고 '강'처럼 모아쓰는데, 이렇게 하신 특별한 의도가 있나요?

함축된 문장에 숨은 내용 찾아 공부하기

개념 확장하여 이해하기

"다른 나라 문자인 영어는 알파벳(r · i · v · e · r)을 그대로 나열하여 'river'라는 단어를 만들지만, 한글은 문자 'ㄱ · ㅏ · ㅇ'을 모아서 '강'이라고 쓰는구나."

밑줄 친 내용을 제대로 이해했다면 앞의 문제에서 정답을 쉽게 찾을 수 있습니다. 한글은 음절 단위로 모아쓰므로 ①번 '한글은 로마자처럼 음소 단위로 쓴다.'는 오답입니다. 그리고 한글은 모아 쓰기 때문에 글자 수가 적어지므로 ④번 '적어야 할 글자 수가 많아지는 방식이다.'는 오답이며, 한글은 사람의 말소리로 만든 문자이므로 ②번 '말소리의 특성을 문자에 담을 수 없다.'도 오답입니다. 그러므로 ③번 '음절 단위로 의미를 빠르게 알 수 있다.'가 정답입니다.

빈칸 퀴즈로 핵심 단어 기억하기

공부할 때 가장 중요한 것은 무엇일까요? 그것은 바로 자신이 무엇을 알고, 무엇을 모르는지를 정확하게 파악하는 일입니다.

이를 위한 가장 쉽고 효과적인 방법이 바로 빈칸 퀴즈입니다. 기억해야 하는 중요한 단어를 빈칸으로 두고 내용을 정리한 후 필요할 때마다 풀어 봅니다. 이런 방식으로 직접 다양한 문제를 만들다 보면, 출제자가 만들 함정까지 예상할 수 있으므로 어려운 문제에서 실수하지 않게 됩니다.

앞에 나왔던 지문의 내용을 기억하여 빈칸을 채워 봅니다.

> **세종** 말소리의 특성을 문자에 담고 싶었어요. 사람의 (　　)는 자음과 모음으로 나눌 수 있는데, 실제로 말을 할 때는 이것들이 한 덩어리로 소리 납니다. 그래서 글자는 (　　) 단위로 만들었지만, 적을 때에는 소리를 내는 단위인 (　　)로 모아쓰게 한 것입니다.

직접 문제를 만드는 과정에서 중요하거나 헷갈리는 부분을 다시 확인할 수 있어 문제나 보기에 있는 함정에 빠지지 않게 됩니다.

2

모든 공부의 기본이 되는
교과서 활용 공부법

교과서는 그 학년에서 알아야 할 지식은 물론 전 학년에 걸쳐 습득해야 할 지식을 단계적이고 체계적으로 배울 수 있게 구성된 최적의 교재입니다. 이렇게 좋은 교재를 외면하고 다른 공부 방법을 찾아 헤매는 것은 정말 안타까운 일입니다. 교과서를 모든 학습의 기준으로 삼고, 부족한 지식과 개념은 독서를 통해 채우며 지식과 사고를 확장해 나가는 것이 가장 효과적인 공부법입니다.

시험도 없는데 교과서 공부를 해야 할까?

최근 시험이 없으니 굳이 교과서를 공부할 필요는 없다고 생각하는 사람이 많습니다. 교과 공부의 목적은 시험을 잘 보는 것이 아니라 해당 교과 과정을 완벽하게 익히는 것입니다.

교과 과정은 현재 배우는 교과 내용이 다음 학년 교과와 연결되는 나선형 구조로 되어 있습니다. 초등학교 교과를 알아야 중학교 수업을 이해할 수 있고, 중학교 교과를 알아야 고등학교 수업을 이해할 수 있습니다. 그러므로 시험과 상관없이 학교 교과 내용을 완벽하게 공부해야 합니다.

교육 정책이 바뀌어도 흔들리지 않는 기본 실력

최근 교육 정책이 자고 나면 바뀔 정도로 수시로 바뀌고 있습니다. 교과서 공부법은 기본기를 다져 필수 역량을 강화하기 때문에, 교육 정책이 바뀌어도 흔들림 없는 탄탄한 실력을 기를 수 있습니다. 그리고 교과서가 바뀌어도 배우는 시기와 내용이 조금 바뀌는 수준이지 큰 구성이나 영역은 크게 바뀌지 않습니다. 앞으로의 교육은 문제 해결력과 표현력을 기반으로 한 창의적 인재 양성이 목표인 만큼, 교과 학습과 연계된 독서를 통해 심화된 학습을 해야 합니다.

📖 교과서 제대로 공부하는 방법

성공적인 자기 주도 학습을 위해서는 교과서를 잘 읽고 효과적으로 활용하는 방법을 알아야 합니다. 우선 과목별로 전 학년의 교육과정이 어떻게 구성되어 있고, 현재 어느 부분을 배우고 있는지 정확하게 알아야 합니다.

학습의 기본인 교과서를 완벽하게 이해해야 상급 학년이 되었을 때 교과 과정을 따라갈 수 있습니다.

공부의 길잡이 '학습 목표'

단원을 시작할 때 학습 목표와 함께 배울 내용에 대한 개요가 나옵니다. 단원의 내용은 학습 목표를 기준으로 구성되므로 반드시 학습 목표를 기억하고 공부해야 합니다. 많은 양을 공부하다 보면 무엇을 공부해야 할지 길을 잃기 쉬우므로, 학습 목표를 길잡이로 삼아 공부해야 합니다.

효과적인 교과서 읽기 전략

일반적으로 공부할 내용을 반복해서 학습하는 것이 좋다고 말합니다. 하지만 무작정 교과서를 되풀이해서 읽는 것은 쏟는 시간과 노력에 비해 큰 효과를 보기 어렵습니다. 단순히 반복해서 읽는 것이 아니라 일정한 절차에 따라 전략적으로 읽는 것이 중요합니다.

내용 습득을 위해서는 교과서를 최소한 네 번 정도 읽어야 하는데, 읽을 때마다 집중해야 하는 부분이 달라집니다.

교과서 1독	학습 목표 파악하고 훑어 읽기

처음 교과서를 읽을 때에는 밑줄을 치거나 표시를 하지 않고 학습 목표와 전체적인 내용과 구조를 파악하는 데 집중하여 읽습니다. 이 문장이 중요한 것 같아서 밑줄을 쳤는데, 다음에 더 중요한 문장이 보여 또다시 밑줄을 치다 보면 결국 절반 가까이 밑줄을 치게 되어 진짜 중요한 부분을 알아보기 힘듭니다.

교과서 2독	모르는 어휘와 핵심 내용 파악하기

두 번째 읽으면서 학습 목표나 소제목과 관련된 핵심 내용을 찾아 밑줄이나 기호로 표시합니다. 밑줄이 많으면 책을 다시 읽기 어려우므로 핵심 단어를 동그라미로 표시하고, 여러 줄은 괄호로 묶어 표시합니다. 모르는 어휘도 찾아 익히고 넘어갑니다.

교과서 3독	소단원별 내용 정리하며 기억하기

세 번째 읽으면서 내용을 정리하며 기억하도록 합니다. 마인드맵이나 도표 등을 이용하여 공부한 내용을 구조화하여 기억하도록 합니다.

문제 풀기	문제 풀이로 공부가 부족한 부분 찾기

공부한 내용을 제대로 이해했는지 관련된 문제를 풀면서 확인해야 합니다. 문제를 풀다 보면 이해한 부분과 공부가 덜 된 부분을 구별할 수 있습니다.

교과서 4독	부족한 부분 채우고 복습하기

문제를 풀다 우연히 맞혔거나 몰랐던 부분을 주의 깊게 읽으며 정리합니다. 문제를 푼 다음 교과서를 다시 읽으면, 교과서 내용이 어떻게 문제화되는지도 짐작할 수 있어 훨씬 잘 기억할 수 있습니다. 완벽하게 이해할 때까지 문제 풀이와 교과서 읽기를 반복합니다.

📖 교과서의 구성과 특징 살펴보기

교과서로 기초를 다지고 예습·복습을 하며, 교과 연계 독서를 통해 지식과 사고를 확장하는 것이 가장 이상적인 공부법입니다. 그럼 교과서의 구성과 특징을 알아보고 활용하는 방법을 알아보겠습니다.

단원의 제목을 통해서 공부할 내용과 학습 목표를 알 수 있습니다. 예를 들어 사회 4학년 2학기 '2단원: 필요한 것의 생산과 교환'은 다음과 같이 '1. 경제 활동과 현명한 선택'과 '2. 교류하며 발전하는 우리 지역' 두 가지 주제로 학습합니다.

대단원 제목

소단원 제목

단원에서 배울 내용과 학습 목표를 알 수 있습니다.

소단원의 소제목들을 살펴보면 해당 소단원의 내용과 교과서 흐름을 알 수 있습니다. 소단원 '경제 활동과 현명한 선택'을 구성하는 소제목들을 통해, 이번 단원의 학습 목표가 우리 사회의 경제 활동을 이해하고 현명한 선택의 필요성과 방법에 대해 배우는 것임을 알 수 있습니다.

1. 경제 활동과 현명한 선택
- 선택의 문제가 일어나는 까닭 알아보기
- 현명한 선택이 필요한 까닭 알아보기
- 현명한 선택을 하는 방법을 알고 선택해 보기
- 현명한 소비 생활을 하기 위한 방법 알아보기

이렇게 단원의 구조와 전체 흐름이 머릿속에 있는 상태에서 교과서를 읽어야 내용을 더 잘 이해하고 기억할 수 있습니다. 교과서를 읽는 중간중간 단원 목차와 소제목을 확인하며 읽고, 이후에는 목차를 보면서 단원의 내용을 되새김하는 훈련을 합니다.

교과서는 지식 전달을 목적으로 만들어진 책이므로, 순서대로 읽다 보면 자연스럽게 지식을 익힐 수 있습니다. 먼저 자녀에게 학습 목표와 관련된 질문을 던져 생각할 기회를 주고, 적절하고 다양한 사례를 통해 스스로 느낄 수 있도록 유도합니다.

예를 들어 다음과 같이 '일상생활에서 선택의 문제가 발생하는 까닭은 무엇인가요?'라는 질문에 아이가 스스로 답을 찾도록 적절한 사례들을 보여 줍니다. 이후 답을 정확한 표현으로 설명하여 아이가 자신의 답을 보완하고 정리하도록 돕습니다.

• 공부해야 할 내용을 질문합니다.
• 쉽고 적절한 사례들로 스스로 답을 찾도록 도와줍니다.
• 배워야 할 내용을 정리하여 보여 줍니다.

단원이 끝나면 '마무리'로 해당 단원의 핵심 내용이 정리되어 있습니다. 빈칸을 채울 뿐만 아니라 다른 핵심 내용을 빈칸으로 만들어도 채울 수 있을 정도로 완벽하게 숙지해야 합니다. 단원의 내용을 얼마나 잘 이해했는지 확인하는 부분이므로, 잘 모르거나 헷갈리는 부분은 다시 공부합니다.

📖 교과서 활용하여 공부하기

교과서를 읽어야 한다는 사실을 아는 사람은 많지만, 정작 제대로 공부하는 사람은 별로 없습니다. 교과서에 나온 모든 요소를 차근차근 공부하는 것이 아니라 한두 번 읽고 나서 문제집 위주로 공부하는 사람이 대부분입니다. 여기서는 교과서를 공부하는 구체적인 방법을 설명하겠습니다.

교과서 중간중간 배운 내용을 점검하거나 평가하는 질문이 나오는데, 정확한 답을 말이나 글로 표현하여 제대로 잘 이해했는지 확인합니다. 아래 소개된 초등 4학년 2학기 국어 교과서 4단원은 소설의 구성 요소인 '인물, 사건, 배경'에 대해 배우는 단원으로, 날개 부분에 글의 내용을 이해했는지 확인하는 질문이 나옵니다.

이러한 질문에 답을 하다 보면, 자연스럽게 소설의 구성 요소인 '인물, 사건, 배경'에 대한 지식을 배우게 됩니다. 교과서의 모든 질문, 퀴즈, 문제는 반드시 풀어야 합니다.

수업 시간에 풀었던 교과서 문제일지라도 복습으로 다시 한번 말이나 글로 표현하여 내용을 제대로 이해했는지 확인합니다.

교과서에 나온 지도, 그래프, 표, 설문 조사와 같은 자료들도 말이나 글로 설명할 수 있을 정도로 완벽하게 이해해야 합니다.

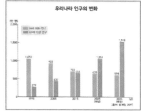
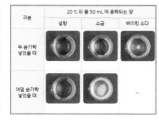

교과서에 있는 모든 내용은 중요합니다. 특히 다음과 같은 '도움말' 상자는 중요한 개념이나 주의 사항을 알려 주는 것이므로 반드시 공부해야 합니다.

단원 마지막에는 배운 내용을 생활 속에서 실천할 방법을 이야기식으로 요약하거나, 공부한 내용을 복습하고 다른 지식으로 확장할 수 있는 다양한 활동이 있습니다.

교과서 내용 구조화하여 정리하기

교과서는 쉬운 설명과 다양한 사례를 통해 이해하기 쉽게 구성되어 있습니다. 하지만 단순히 읽는 것만으로는 그 내용을 완벽하게 기억하기 어렵습니다. 교과서 내용을 핵심 내용 위주로 요약하고 구조화하는 과정을 거쳐야만 장기 기억으로 저장할 수 있습니다.

사회 교과서 내용을 구조화하는 경우를 예로 들어 보겠습니다. 먼저 제목을 쓰고 다음과 같이 가장 중요한 핵심 단어를 위주로 짧게 정리합니다. 이렇게 구조화하는 과정에서 내용에 대한 이해력과 기억력이 향상됩니다.

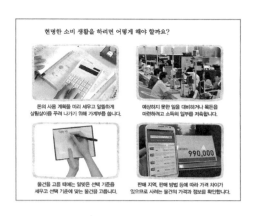

현명한 소비 생활

① 돈의 사용 계획 미리 세우기

② 미래를 대비하여 저축하기

③ 선택 기준에 맞는 물건 고르기

④ 물건의 가격과 정보 확인하기

교과서 내용이 이해되지 않거나 정보가 부족하면, 관련 있는 내용을 다룬 책을 통해 개념을 익히고 지식을 보충합니다.

3

상위 1%의 공부 비법
'교과 연계 독서'

매년 수능이 끝나면 신문이나 방송을 통해 만점자의 공부 비법이 소개됩니다. 만점자들은 모두 약속이나 한 것처럼 '교과서 위주로 공부했다'고 말합니다. 구체적인 공부 방법은 조금 다를지라도 결론은 항상 교과서가 중심이라는 것입니다. 도대체 교과서를 어떻게 공부했기에 만점을 받을 수 있는지, 당사자가 밝힌 '나름의 비법'을 듣고도 답답한 마음이 듭니다.

교과서가 답이라면 모든 교과서를 달달 외우면 공부를 잘해야 하지만, 현실은 그렇지 않습니다. 초등 교과서는 공부해야 할 방향을 제시할 뿐이지, 모든 지식을 담고 있지는 않습니다. 초등 과학 교과서를 보면, 자세한 설명보다 실험을 진행하고 관찰하는 방법 위주로 구성되어 있습니다.

4학년 1학기 과학 교과서

'식물의 한살이' 단원에서 씨가 싹 트는 데 필요한 조건을 설명하는 부분입니다. 씨가 싹을 틔우는 데 물이 어떤 영향을 미치는지를 알아보기 위해 실험하고 관찰하는 방법을 설명합니다.

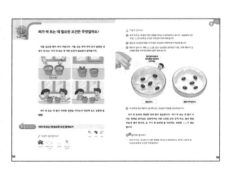

초등 국어 교과서의 경우 '교과서 수록 작품'의 일부만 실려 있고, 국어 관련 지식도 만화나 예제 위주로 간단하게 설명합니다. 이해가 부족한 부분이나 더 공부하고 싶은 내용은 수업 시간이나 다른 책을 통해 공부해야 합니다.

5학년 2학기 국어 교과서

'의견을 조정하며 토의해요' 단원으로 토의 과정에서 의견을 조정해야 하는 이유와 방법을 만화를 통해 설명하고 있습니다.

초등 교과서에 등장하는 쉬운 만화나 구체적인 사례는 학습 내용을 이해하는 데 도움이 되지만, 더 깊은 지식으로 확장하기에는 한계가 있습니다. 그러므로 교과 연계 독서를 통해 더 깊고 폭넓은 배경지식을 쌓고 교과 내용을 확장해야 합니다.

그렇다면 상위 1% 학생들의 비법인 '교과서 위주로'는 틀린 말일까요? 상위 1% 학생들은 교과서에 나오는 단 한 줄도 그냥 지나치지 않고 관련된 정보와 지식을 찾아 확실하게 공부하고 넘어갑니다. 교과서를 중심에 두고 관련된 다양한 지식과 정보로 확장하며 공부했기 때문에 '교과서 위주로 공부했다'고 말하는 것입니다.

교과서 지식을 확장하기 가장 좋은 방법이 바로 교과 연계 독서입니다. 4학년 2학기 '사회 3단원'으로 교과 연계 독서를 하는 방법을 알아보겠습니다. 이 단원의 학습 목표는 '다양한 문화의 모습을 이해하고 문화적 편견과 차별에 대해 생각하는 것'입니다. 교과서 내용은 나라별 옷차림, 음식 문화, 주거 문화 등에 대한 간단한 설명과 몇 장의 사진이 전부입니다. 더 깊이 있고 풍부한 지식을 얻기 위해서는 주제별로 자세하게 설명해 주는 책을 함께 읽어야 합니다.

4학년 2학기 사회 3단원

• 세계 여러 나라의 '옷차림'에 대한 책 읽기
• 세계 여러 나라의 '음식 문화'에 대한 책 읽기
• 세계 여러 나라의 '집'에 대한 책 읽기

학교에서 한 단원을 배우는 동안, 관련 교과 진도에 맞추어 예습용으로 읽을 책과 복습용으로 읽을 책을 나누어 읽어도 좋습니다. 교과 연계 도서를 함께 읽으면, 단 몇 줄의 설명과 한두 장의 사진으로 배운 것보다 세계 문화에 대하여 훨씬 잘 알게 될 것입니다.

세계 문화의 다양성에 대해 알고 난 다음에는 종교나 인종에 대한 편견과 차별 문제를 다룬 책으로 확장합니다. 이처럼 교과 연계 독서를 통해 두뇌와 마음이 쑥쑥 성장할 수 있습니다.

이번에는 4학년 1학기 과학 3단원인 '식물의 한살이'로 교과 연계 독서를 하는 방법을 알아보겠습니다. 이 단원에서는 씨가 싹 트는 조건, 식물이 자라는 조건, 잎과 줄기, 꽃과 열매 등에 대해 배웁니다. 특히 과학 교과서는 주로 실험과 관찰하는 방법에 대해 담고 있어, 보다 자세한 정보는 다른 과학책으로 공부해야 합니다.

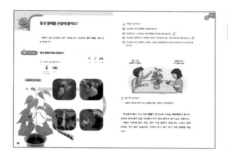

4학년 1학기 과학 3단원 식물의 한살이

- 여러 가지 씨 관찰
- 식물의 한살이
- 씨가 싹 트는 과정
- 식물이 자라는 조건
- 잎, 줄기, 꽃, 열매 특징

    단편적인 내용의 교과서를 보강하기 위해 관련된 책들을 찾아 읽으면, 해당 교과 내용에 대한 이해력도 높아지고 관련 배경지식도 얻을 수 있습니다. 책의 수준이나 내용을 고려하여 교과서의 흐름대로 교과 연계 독서를 합니다.

    추가로 알게 된 지식과 정보는 자기만의 방식으로 정리하는 과정을 거치면서 비로소 자기 지식이 됩니다. 이 책 〈2부〉에 나오는 다양한 확장 방법을 통해 지식을 정리하고 재해석합니다.

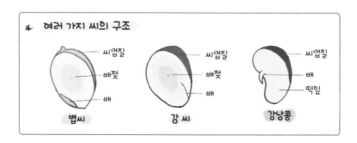

통합교과 연계 독서법

1학년과 2학년의 통합교과 과정은 '바른 생활, 슬기로운 생활, 즐거운 생활'이 합쳐진 것으로, 사회, 과학, 도덕 같은 여러 과목의 내용을 '학교', '봄', '가족', '여름' 등 주제별로 구성해 놓았습니다. 통합교과에서 배우는 내용이 상급 학년의 사회, 과학, 도덕으로 연결되므로 학습 결손이 생기지 않도록 성실하게 공부해야 합니다.

한눈에 보는 1학년·2학년 통합교과

		1학년 교과 과정			2학년 교과 과정
봄	학교 1-1	• 학교생활과 규칙 • 학교 적응과 규칙 • 친구 사귀기	나 2-1		• 몸과 마음의 건강 • 우리 몸이 하는 일 • 나의 재능과 꿈
	봄 1-1	• 봄의 특징 • 봄의 동식물 관찰 • 생명 존중과 자연보호	봄 2-1		• 봄 날씨와 일기 예보 • 봄철 생활 모습과 도구 • 봄맞이와 봄철 건강관리
여름	가족 1-1	• 가족의 소중함 • 가족 간의 대화와 예절 • 가족과 친척의 특징	가족 2-1		• 다양한 형태의 가족 • 가족 구성원의 역할 • 배려와 존중
	여름 1-1	• 여름 날씨의 특징 • 에너지 절약하기 • 배려와 감정 조절	여름 2-1		• 여름 동식물 관찰 • 여름 활동과 놀이 • 깨끗한 물 지키기
가을	이웃 1-2	• 공공장소의 올바른 사용법 • 이웃의 생활 모습 • 이웃 간에 지켜야 할 예절	이웃 2-2		• 우리 동네 탐색하기 • 동네 사람들과 직업 • 일의 소중함
	가을 1-2	• 가을 날씨와 생활 모습 • 추석과 세시 풍속 • 가을의 동물과 식물	가을 2-2		• 가을의 특징 • 가을 풍경과 낙엽, 단풍 • 가을걷이와 나들이
겨울	우리 나라 1-2	• 우리나라의 상징과 문화 • 전통 문화와 놀이 • 남북한의 생활 모습과 통일	세계 2-2		• 세계의 지리적 특징 • 세계의 문화와 놀이 • 다른 나라 문화 이해하기
	겨울 1-2	• 겨울 날씨와 생활 모습 • 겨울철 생활 도구와 놀이 • 나눔과 배려의 마음	겨울 2-2		• 겨울의 특징과 생활 도구 • 동물과 식물의 겨울나기 • 생명 존중

1단원: 학교에 가면

- 상상했던 학교생활 표현하기
- 학교 주변 관찰하기
- 학교 시설 알아보기
- 학교생활에 필요한 기본 정보
- 학교 규칙 이해하고 실천하기
- 친구와 잘 지내는 방법

교과 연계 추천 도서

도서명	저자 / 출판사	중심 내용
『초등학교 입학을 축하합니다』	최옥임 / 키즈엠	입학 준비와 학교생활에 관한 유익하고 알찬 정보를 제공한다. 초등학교 1학년 교과 내용과 학교생활에 필요한 다양한 활동을 미리 경험하도록 구성하였다.
『진짜 일 학년 책가방을 지켜라』	신순재 / 천개의 바람	물건을 챙기지 못하는 준수가 책가방을 지키기 위한 노력이 재미있게 표현되어 있다.
『하나도 안 떨려』	주디스 비오스트 / 현암주니어	모든 것은 마음먹기에 달려 있음을 깨닫고, 어려움을 극복하는 과정을 다루고 있다.
『선생님도 1학년』	김수정 / 책고래	사회생활을 처음 하는 선생님과 아이들이 서툴러도 조금씩 성장해 가는 과정을 담고 있다.
『친구를 사귀고 싶어』	이현주 / 리틀씨앤톡	주어진 미션을 따라가다 보면, 친구의 의미와 우정에 대해 생각하게 된다.
『나는 사실대로 말했을 뿐이야!』	패트리샤 맥키삭 / 고래이야기	절대로 거짓말을 하지 않겠다고 마음먹은 주인공을 통해, '거짓말'의 좋고 나쁨을 넘어서서 다른 사람과의 대화하는 방식과 진정한 소통의 의미를 알려준다.

2단원: 도란도란 봄동산

- 봄의 특징 이해하기
- 창의적 방법으로 봄 표현하기
- 봄에 볼 수 있는 동식물
- 씨앗 심고 싹이 자라는 과정 관찰하기
- 해, 물, 흙이 하는 일 알아보기
- 자연을 보호하는 방법 알고 실천하기

교과 연계 추천 도서

도서명	저자 / 출판사	중심 내용
『봄이다』	정하섭 / 우주나무	시적인 글과 포근한 세밀화로 따뜻한 봄의 정취를 느낄 수 있다.

『씨앗은 어떻게 자랄까?』	한영식 / 다섯수레	강낭콩을 화분에 심고 자라는 과정을 세밀화로 보여준다.
『작은 씨앗이 자라면』	로라 놀스 / 미래아이	씨앗에서 자라 나무가 되고 다시 씨앗이 되는 나무의 한살이를 보여 준다.
『1학년이 꼭 읽어야 할 교과서 과학 동화』	손수자 / 효리원	봄맞이, 새싹과 씨앗, 식물의 한살이 등을 생생한 사진과 그림으로 보여 준다.
『어디 갔을까, 쓰레기』	이욱재 / 노란돼지	계곡에서 놀던 아이들이 동물들의 삶을 망가뜨리는 쓰레기의 심각성을 깨닫고, 해결법을 고민한다.

1학년 여름 교과 연계 독서

3단원: 가족과 친척

- 가족의 소중함
- 가족 간의 대화나 예절의 중요성
- 가족 간의 문제 해결
- 친척의 범위와 호칭
- 가족 구성원의 특징과 역할
- 가족 행사와 친척과 함께하는 행사

교과 연계 추천 도서

도서명	저자 / 출판사	중심 내용
『어느 사랑 이야기』	질 바슐레 / 책빛	고무장갑을 주인공으로 사랑에 빠져 결혼하고 아이를 낳고 나이 들어가는 평범한 삶을 따뜻하게 표현한다.
『핸드폰이 나타났다』	박영옥 / 쉼어린이	핸드폰에 시간과 마음을 빼앗긴 가족들에 대한 이야기이다.
『감자 좀 달라고요!』	모린 퍼거스 / 책과콩나무	가족의 무관심에 투명해지던 빌이 가족의 후회와 사랑으로 다시 돌아오게 된다는 이야기이다.
『완벽한 아이 팔아요』	미카엘 에스코피에 / 길벗스쿨	한 부부가 마트에서 완벽한 아이를 사는 이야기로, 재미있는 반전과 함께 부모에게 더 큰 울림을 준다.
『내가 더더더 사랑해』	허아성 / 파란정원	사랑은 독차지하려는 마음이 아니라 아끼고 배려하는 마음임을 알려 준다.
『아빠, 미안해하지 마세요!』	홍나리 / 한울림스페셜	걷지 못해 미안해하는 아빠와 괜찮다는 딸의 가슴 따뜻한 이야기이다.

독해력과 공부력을 키우는 머리읽기 독서법

『가족의 가족』	어린이통합교과연구회 / 상상의 집	다양한 가족의 모습과 가족 간의 관계와 호칭 등을 배울 수 있다.
『가족의 가족을 뭐라고 부르지?』	채인선 / 미세기	주인공의 가족 소개를 통해 친척의 호칭과 촌수 등을 알 수 있다.
『바빠 가족』	강정연 / 바람의아이들	매일 바쁘게 지내는 가족을 따라다니느라 지쳐 버린 그림자들이 반란을 일으키는 내용이며, 바빠 가족과 그림자의 팽팽한 대결은 따뜻한 감동과 함께 깊은 반성과 여운을 남긴다.

4단원: 여름맞이

- 여름 모습 관찰하고 표현하기
- 여름철 날씨와 사람들의 생활 모습
- 여름에 사용하는 생활 도구 알기
- 여름철 자연재해에 대비하기
- 에너지를 절약하는 방법을 알고 실천하기
- 다른 사람을 배려하고 감정 조절하기

교과 연계 추천 도서

도서명	저자 / 출판사	중심 내용
『마법의 여름』	후지와라 카즈에 / 미래엔아이세움	여름 방학을 맞아 주인공과 동생은 바닷가에 사는 시골 삼촌네로 놀러 간다. 마을 어린이들과 어울리며 도시와 다른 시골의 매력에 빠져 건강하고 재미있는 시간을 보낸다.
『여름』	소피 쿠샤리에 / 푸른숲주니어	여름에 대한 다양한 정보를 통해 일상 속에서의 여름과 자연을 느낄 수 있다.
『숲으로 놀러 갈래?』	앨 맥퀴시 / 주니어김영사	도시 소녀가 시골 생활을 통해 사람도 자연의 일부임을 깨닫게 된다.
『태풍이 온다. 긴급 출동!』	박경화 / 창비	자연재해를 극복하려는 모습을 통해 자연과 인간의 관계, 공동체의 의미를 되새길 수 있다.
『지구를 위한 한 시간』	박주연 / 한솔수북	'지구촌 불 끄기 운동(Earth Hour)'을 소개하면서, 작은 실천이 지구를 지킬 수 있다는 희망을 전한다.
『우리 집 전기 도둑』	임덕연 / 미래엔아이세움	아무런 생각 없이 켜 놓은 불과 가전제품들로 인해 얼마나 많은 전기가 낭비되고 있는지 깨우쳐 준다.
『말썽괴물 스너치』	숀 페럴 / 주니어김영사	감정을 표현하는 데 서툰 아이들이 자신의 감정을 인정하고 조절하는 방법을 배울 수 있다.

5단원: 우리 이웃

- 이웃 소개하기
- 서로 돕는 이웃
- 옛날 사람들이 이웃과 하는 일
- 공공장소에서 지켜야 할 예절
- 이웃 간에 지켜야 할 예절

교과 연계 추천 도서

도서명	저자 / 출판사	중심 내용
『감자 이웃』	김윤이 / 고래이야기	할아버지가 키운 감자를 이웃에 나누어 주고, 감자는 요리가 되어 다시 할아버지 식탁으로 돌아온다.
『901호 띵똥 아저씨』	이욱재 / 노란돼지	이웃 간에 발생할 수 있는 갈등과 이를 지혜롭게 해결하는 방법을 제시한다.
『도서관에 간 사자』	미셸 누드슨 / 웅진주니어	도서관의 즐거움과 함께 지켜야 할 규칙도 배우게 된다.
『나 하나쯤 뭐 어때?』	이지현 / 키위북스	공공장소에서 왜 예절을 지켜야 하는지 이야기를 통해 아이들 스스로 느낄 수 있다.

6단원: 가을 모습

- 가을의 모습과 풍경
- 가을 날씨의 특징
- 가을에 볼 수 있는 동물과 식물
- 잠자리의 생김새
- 추석의 모든 것
- 추석과 세시 풍속 비교하기
- 수확의 계절 가을에 감사하기
- 민속놀이, 풍물놀이, 전통 악기

교과 연계 추천 도서

도서명	저자 / 출판사	중심 내용
『할머니의 가을 운동회』	한라경 / 책내음	시골 학교의 운동회에 참가하려는 할머니들을 통해, 가을 먹거리, 가을 생태, 가을 속담 등을 자연스럽게 배운다.
『잎에는 왜 단풍이 들까요?』	다섯수레 편집부 / 다섯수레	단풍이 생기는 이유, 단풍의 종류, 잎의 구조와 역할부터 낙엽을 이용한 다양한 놀이 방법까지 소개하고 있다.

『자연을 먹어요! 가을』	오진희 / 내인생의책	밤, 가을 햇빛을 닮은 감 등, 가을에만 먹을 수 있는 열매와 나물을 소개한다.
『달이네 추석맞이』	선자은 / 푸른숲주니어	조상과 자연에 감사하는 마음으로 정성껏 준비하는 달이네 추석맞이 이야기이다.
『추석에도 세배할래요』	김홍신 / 노란우산	추석에도 세배를 하려는 손자에게 할아버지가 추석의 의미, 대표 음식, 민속놀이 등에 대해 알려 주는 이야기이다.
『나는 농부란다』	이윤엽 / 사계절	1년 내내 정성을 다하는 농부의 우직함이 목판화로 잘 표현된 책이다.
『4대 명절 수수께끼왕』	박현숙 / 해와나무	우리나라 4대 명절의 유래와 명절 음식, 민속놀이 등을 수수께끼로 풀어본다.
『저절로 흥이 난다』	최향 / 대교북스주니어	대표 민속놀이의 유래, 놀이 방법 등을 사진과 그림으로 생생하게 보여준다.
『흥과 멋을 돋우는 신명 나는 우리 악기』	이영민 / 주니어RHK	서민 악기부터 궁중 악기까지 다양한 전통 음악과 악기를 만날 수 있다.

1학년 겨울 · 교과 연계 독서

7단원: 우리나라

- 우리나라를 대표하는 상징
- 우리나라 전통 문화
- 우리나라 전통 놀이
- 한복의 특징
- 이산가족에 대하여 알기
- 남북한의 공통점과 차이점 비교

교과 연계 추천 도서

도서명	저자 / 출판사	중심 내용
『우리나라를 소개합니다』	표시정 / 키다리	우리나라의 상징과 특징, 지형과 자연유산, 전통문화 등을 소개한다.
『태극기 다는 날』	김용란 / 한솔수북	태극기의 유래와 변천 과정, 태극기에 담긴 뜻과 그리는 방법, 태극기의 역사적 의미 등을 설명한다.
『한눈에 펼쳐보는 우리나라 지도 그림책』	민병준 / 진선아이	우리나라 각 지방의 대표적인 특징, 문화유적지, 지역 축제, 특산물 등을 설명한다.

『신통방통 한복』	박현숙 / 좋은책어린이	한복의 모양과 명칭, 입는 순서 등과 함께 한복의 우수성을 배울 수 있다.
『우리가 사는 한옥』	이상현 / 시공주니어	한옥의 지붕과 기둥, 문과 창의 모양, 대문과 담의 종류 등의 정보를 세밀한 그림과 사진을 통해 보여 준다.
『구석구석 숨어 있는 전통문화를 찾아라!』	한혜선 / 거인	장 담그기, 소싸움, 전통혼례 등 대표적인 우리 전통문화를 소개한다.
『신토불이 우리 음식』	우리누리 / 주니어중앙	우리나라 대표 음식 10가지 이야기를 통해 전통 음식의 역사와 특징을 알 수 있다.
『엄마에게』	서진선 / 보림	장기려 박사의 실화를 바탕으로 한 책으로, 6·25 전쟁 당시 헤어진 이산가족의 슬픔과 아픔을 느낄 수 있다.
『큰 기와집의 오래된 소원』	이규희 / 키위북스	6·25 전쟁으로 헤어진 큰 기와집 가족을 통해 전쟁의 참혹함과 평화의 소중함을 느끼게 된다.
『남북 탐구 생활 1: 학교와 일상』	김덕우·이소영 / 아이세움	평양에 사는 가족의 일상을 통해, 북한의 생활 모습과 남북한의 차이점·공통점을 알려 준다.

8단원: 겨울맞이

- 겨울 놀이 도구 만들어 놀기
- 겨울철 날씨의 특징
- 겨울철 자연재해에 대비하기
- 생활 도구 비교하기
- 겨울철을 건강하게 보내는 방법
- 눈송이의 특징 – 과학적 연결
- 겨울철 날씨에 따른 사람들의 생활 모습
- 겨울철 한파에 대처
- 나눔과 배려의 마음가짐
- 친구들에게 듣고 싶은 말

교과 연계 추천 도서

도서명	저자 / 출판사	중심 내용
『겨울』	소피 쿠샤리에 / 푸른숲주니어	겨울 동식물, 겨울 날씨, 건강관리, 겨울 관련 과학 지식 등, 겨울과 관련된 다양한 정보가 담겨 있다.
『겨울을 만났어요』	이미애 / 보림	시적인 글과 한국적인 정서의 수묵화로 겨울을 따뜻하고 포근하게 표현하고 있다.
『폭설』	존 로코 / 다림	폭설로 고립된 마을 사람들을 위해 생필품을 구하러 떠난 주인공의 용기와 지혜가 담겨 있다.

『눈 결정체는 어떻게 생겼을까요?』	마크 카시노 / 내인생의책	눈의 탄생 과정과 눈 결정체의 모습을 생생하게 보여 준다.
『쿠키 한 입의 인생 수업』	에이미 크루즈 로젠탈 / 책읽는곰	(수록) 쿠키를 통해 믿음, 욕심, 공평, 우정 등 삶의 지혜를 이야기한다.
『우렁이 각시』	소중애 / 비룡소	(수록) 비밀 친구를 상상하는 즐거움과 선이 악을 이긴다는 진리를 작가 특유의 재미난 표현으로 전달한다.
『산 아래 작은 마을』	안 에르보 / 미래아이	고립된 산 아래 작은 마을에서 벌어지는 신기한 이야기를 통해 나눔의 가치와 고난을 이겨 내는 삶의 지혜를 보여 준다.
『자두의 겨울나기』	박현숙 / 채우리	겨울나기를 준비하는 과정과 소외된 이웃을 돕는 이야기를 담고 있다.

2학년 봄 교과 연계 독서

1단원: 알쏭달쏭 나

- 내 몸을 살펴봐
- 우리 몸이 하는 일
- 오감 놀이
- 몸을 깨끗이 해요
- 아프면 어떻게 하지
- 앞니가 빠졌어요
- 이렇게 자랐어요
- 어떤 표정일까요
- 마음 신호등
- 몸 쑥쑥 마음 쑥쑥
- 몸으로 표현해요
- 나를 소개합니다
- 내가 자라면
- 꿈을 띄워요
- 우리들의 꿈
- 나를 보여 줄게

교과 연계 추천 도서

도서명	저자 / 출판사	중심 내용
『우리 몸의 구멍』	허은미 / 길벗어린이	(수록) 우리 몸의 구멍인 코, 귀, 눈, 배꼽 등이 어떤 일을 하는지를 배울 수 있다.
『우리 몸』	루이 스토웰 / 어스본코리아	우리 몸속 각 기관의 특징과 역할을 소개한다.

도서명	저자 / 출판사	중심 내용
『몸: 잘 자라는 법』	전미경 / 사계절	어린이가 자기 몸을 스스로 관리하는 데 도움이 되는 내용이다.
『야옹 의사의 몸 튼튼 비법 노트』	박지영 / 한겨레아이들	스스로 약 먹기, 운동하기 등 자기 몸을 스스로 관리할 수 있는 방법을 소개한다.
『까마귀가 친구하자 한다고?』	박규빈 / 길벗어린이	씻기 싫어하는 아이와 씻겨야 하는 엄마 이야기를 재미있게 다룬 책이다.
『나는 나의 주인』	채인선 / 토토북	**수록** 자기 몸과 마음이 하는 소리를 듣는 방법과 내 몸과 마음의 주인이 되는 방법을 알려 준다.
『나도 할 말이 있어!』	김혜원 / 키위북스	자신의 마음을 표현하는 소통의 가치와 방법
『나는 3학년 2반 7번 애벌레』	김원아 / 창비	주어진 환경에 안주하지 않는 애벌레의 고군분투가 큰 감동을 준다.
『아홉살 진로 멘토』	최수복 / 북멘토	수많은 어려움을 이겨내고 가치 있는 삶을 살아 낸 일곱 명의 이야기를 통해 아이들도 자신의 진로에 대해 고민하게 된다.
『내 꿈은 방울토마토 엄마』	허윤 / 키위북스	꿈 찾기, 적성과 재능, 미래의 직업
『누구에게나 재능은 있어요!』	루크 드울프 / 주니어김영사	진짜 재능은 평범함 속에 숨어 있다는 메시지를 경쾌한 그림에 담아내고 있다.
『나는 꿈이 너무 많아』	김리리 / 다림	'나의 꿈'이라는 글짓기 숙제를 두고 '슬비'가 여러 직업 중 하나를 못 고르고 있을 때, 엄마가 '의사'를 강요해서 벌어지는 이야기이다.

2단원: 봄이 오면	
• 봄이 오면 달라져요	• 일기 예보와 관련 직업
• 봄 날씨의 특징	• 날씨에 따른 봄철 생활 모습
• 봄의 느낌과 풍경 표현하기	• 봄철 올바른 건강관리
• 봄에는 무엇을 할까요	• 나의 봄은 어땠나요

교과 연계 추천 도서

도서명	저자 / 출판사	중심 내용
『봄이 오면』	한자영 / 사계절	**수록** 화려하고 향기로운 봄의 정취와 봄날의 나른함까지 맛볼 수 있다.

『우리 순이 어디 가니』	윤구병 / 보리	**수록** 페이지마다 아름다운 봄 풍경이 펼쳐지고, 진짜 시골의 봄을 온전히 느낄 수 있다.
『봄이 좋아!』	최형미 / 키다리	봄 날씨의 특징과 봄철 건강관리, 동식물의 봄맞이, 봄놀이 등으로 구성되어 있다.
『구름 박사님~ 날씨 일기 쓰세요?』	줄리 해너 / 봄나무	기상학자가 알려 주는 구름 분류법을 비롯하여 다양한 날씨 이야기가 담겨 있다.
『나무 심으러 몽골에 간다고요?』	김단비 / 웃는돌고래	주인공 가족이 몽골로 나무를 심으러 떠나는 이야기를 통해, 황사의 원인과 대책 등을 알 수 있다.
『콜록콜록! 오늘의 황사 뉴스』	묘리 / 뭉치	황사의 영향과 사막화 대책 마련을 위한 토의와 토론의 방향을 제시한다.
『지렁이 일기예보』	유강희 / 비룡소	다양한 날씨를 다룬 동시들을 소개하고 있다.
『1~2학년이 보는 날씨 이야기』	해바라기 / 토피	우리 생활과 떼려야 뗄 수 없는 관계인 날씨의 이모저모를 알아볼 수 있다.
『할머니, 어디 가요? 쑥 뜯으러 간다!』	조혜란 / 보리	쑥개떡, 고사리나물에 얽힌 엉뚱하고 재미있는 옥이와 할머니의 봄 이야기를 들려준다.
『텃밭에서 자라요』	유영선 / 가교	텃밭 농사를 통해 자연과 어울리고, 건강한 먹을거리의 소중함을 느낄 수 있다.
『꽃장수』	이태준 / 키즈엠	다양한 꽃의 종류와 꽃의 성장 과정이 소개된다.

2학년 여름 교과 연계 독서

3단원: 이런 집 저런 집

- 우리 집 관련 노래와 놀이
- 우리 집의 모양 살펴보기
- 우리 가족 소개하기
- 다양한 가족 관련 책 읽기
- 살고 싶은 우리 집 만들기
- 우리 가족 인형으로 인형극 하기
- 집안일과 가족 구성원의 역할
- 다양한 가족의 특징

교과 연계 추천 도서

도서명	저자 / 출판사	중심 내용
『우리 가족입니다』	이혜란 / 보림	아빠를 버렸던 할머니가 치매에 걸려 나타나는 이야기이며, 진정한 가족의 의미를 생각하게 한다.

『아빠 몰래』	조성자 / 좋은책어린이	바쁜 사회 생활로 소외감을 느끼는 아빠에게는 따뜻한 위로가, 아이들은 아빠를 이해하게 된다.
『따로따로 행복하게』	배빗 콜 / 보림	부모 문제를 고민하던 아이들이 모여 찾은 해법은 함께 사는 것이 어렵다면 '끝혼식'을 치르고 각자 따로 사는 것이다.
『돼지 책』	앤서니 브라운 / 웅진주니어	가족 구성원의 역할, 사랑과 배려 등 진지한 내용을 재미있게 담아낸 이야기이다.
『멋지다! 안별 가족』	이종은 / 노루궁뎅이	주인공인 안별이 피부색이 다른 새엄마와 곧 태어날 동생을 가족으로 받아들이는 이야기이다.
『북적북적 우리 가족』	최형미 / 키다리	프랑스에서 온 이모할머니 가족을 통해 겉모습과 생활방식이 달라도 가족이 될 수 있음을 알려 준다.
『이웃집에는 어떤 가족이 살까』	유다정 / 스콜라	고양이가 자신의 살 곳을 찾는 과정을 통해 다양한 형태의 가족이 존재한다는 것을 배울 수 있다.
『한국에서 부란이, 서란이가 왔어요!』	요란 슐츠 · 모니카 슐츠 / 고래이야기	실제로 한국에서 아이들을 입양한 외국 부부가 쓴 책으로, 자녀의 입양과 성장 과정을 담고 있다.
『촌수 박사 달찬이』	유타루 / 비룡소	삼촌의 결혼식에 모인 달찬이네 가족 이야기를 통해 친족 간의 촌수와 호칭을 배울 수 있다.
『바빠 가족』	강정연 / 바람의아이들	'바빠 가족'을 따라다니던 그림자들의 반란을 통해 마음의 여유가 없는 오늘날의 가족을 이야기한다.

4단원: 초록이의 여름 여행

- 여름에 볼 수 있는 동물
- 곤충 생김새 관찰하기
- 매미의 특징과 소리
- 나뭇잎 관찰하기
- 여름에 주의할 점과 대처법
- 물가에 사는 동물의 특징
- 물이 오염되는 까닭 알고 개선하기
- 과일과 채소 관찰하기
- 여름철 건강관리
- 여름 방학 알차게 보내기

교과 연계 추천 도서

도서명	저자 / 출판사	중심 내용
『여름을 주웠어』	한라경 / 책내음	주인공의 할머니 댁에 시골 생활 체험을 통해 여름과 관련된 채소, 곤충, 과일 등을 익힐 수 있다.

『여름 텃밭에는 무엇이 자랄까요?』	박미림 / 다섯수레	여름 채소의 종류와 이를 활용하는 조상들의 지혜도 배울 수 있다.
『놀라운 곤충의 비밀』	클라라 코르망 / 보림	세밀하게 표현되어 실제 곤충을 관찰하는 듯하며 곤충의 아름다움과 가치를 이해할 수 있다. 확대된 날개가 플랩으로 되어 있어 날갯짓도 하고 앞뒤를 자세히 볼 수 있다.
『더위야, 썩 물렀거라!』	신동경 / 웅진주니어	자연을 이용하여 지혜롭게 더위를 쫓았던 우리 조상들의 여름나기 비법을 담고 있다.
『소금쟁이가 들려주는 물속 생물 이야기』	노정임 / 철수와영희	소금쟁이가 여름철 물가에 사는 곤충과 물풀들의 한살이와 생태 등을 설명한다.
『수박이 먹고 싶으면』	김장성 / 이야기꽃	우리가 쉽게 사 먹는 수박을 얻기 위해 얼마나 큰 수고와 정성이 필요한지를 감동적으로 보여 준다.
『다 같이 하자 환경지킴이』	장지혜 / 주니어김영사	주인공이 아프리카에서 만난 친구를 통해 자신을 반성하고 환경을 지키기 위해 생활 습관을 바꾸는 이야기이다.
『뒤바뀐 여름 방학』	어린이통합교과 연구회 / 상상의집	책 읽기로 꽉 채운 '지우'와 놀 것으로 꽉 채운 '준혁'의 여름 방학 계획표가 바뀌면서 일어나는 사건을 다룬다.

2학년 가을 | 교과 연계 독서

5단원: 동네 한 바퀴

- 동네 모습 탐험하기
- 동네 모습 그리기
- 동네 사람들이 하는 일
- 우리 동네 직업
- 직업 놀이 하기
- 살기 좋은 동네 만들기
- 동네 사람에게 감사 편지 쓰기
- 우리 동네 소개하기

교과 연계 추천 도서

도서명	저자 / 출판사	중심 내용
『어슬렁어슬렁 동네 관찰기』	이해정 / 웅진주니어	별 관심 없던 동네 사람들과 물건들을 따뜻한 눈으로 바라보면 보다 행복한 동네를 만들 수 있음을 알려 준다.

『우리 동네 봉사왕』	고정욱 / 책글터	어른들의 이기심으로 두 아파트 사이에 만든 높은 벽을 아이들이 봉사와 배려로 사라지게 하는 이야기이다.
『우리 마을에 해적이 산다』	박인경 / 키즈엠	바닷가에서 발견한 낡은 지도를 해적의 보물지도라고 여긴 아이들이 해적을 찾아 다양한 마을 사람들을 만나면서 벌어지는 이야기이다.
『꿈을 다리는 우리 동네 세탁소』	강효미 / 토트북	세탁소를 찾은 이웃들을 통해 그들의 다양한 직업과 일상 세계를 만날 수 있다.
『우리 동네 슈퍼맨』	허은실 / 창비	특정 색깔이나 특수한 기능을 가진 옷을 보여 주어 아이들의 흥미와 호기심을 자극하고, 다양한 직업의 세계를 탐색할 수 있도록 안내한다.
『와글와글 직업 대탐험』	실비에 산자 / 길벗스쿨	17곳의 직업 현장에서 살펴보는 250가지의 '거의 모든 직업 이야기'를 들어볼 수 있다.
『우리 동네 행복한 직업』	노지영 / 위즈덤하우스	선생님의 과제를 해결하기 위해 아이들이 여러 직업을 둘러보며 다양한 직종의 사람들이 어떻게 일하고 어떻게 준비해야 할 수 있는지를 알 수 있다.

6단원: 가을아 어디 있니

- 가을의 소리 찾기
- 가을 날씨의 특징
- 사람들이 가을에 하는 일
- 가을철 열매 조사하기
- 가을의 색 찾고 표현하기
- 공공장소에서 질서 지키기

교과 연계 추천 도서

도서명	저자 / 출판사	중심 내용
『가을이네 장 담그기』	이규희 / 책읽는곰	전통 음식 중에서 우리 음식의 맛을 내는 기본양념인 '장'이 만들어지는 과정을 아이의 눈으로 바라보고 있다.
『가을』	소피 쿠샤리에 / 푸른숲주니어	가을은 언제 시작되고, 가을에는 어떤 명절이 있는지 등 우리나라 가을의 특징을 쉽게 배울 수 있다.
『가을은 풍성해』	박현숙 / 키다리	할머니와 함께 고구마도 캐고, 감도 따고, 벼 수확도 도우면서 시골의 가을을 경험한다.

『가을을 파는 마법사』	이종은 / 노루궁뎅이	가을을 파는 마법사가 지나가면 산과 들이 알록달록 물이 들고 온 세상이 가을로 변한다는 이야기이다.
『사계절 생태놀이: 가을』	붉나무 / 길벗어린이	동물과 식물의 생태적인 특징과 함께 여러 자연물을 이용하는 놀이 방법을 알려 준다.
『명화로 만나는 새롭고 아름다운 풍경』	시공주니어	명화에 담긴 아름다운 풍경을 통해 자연의 숭고함과 경이로움을 느낄 수 있다.
『할머니, 어디 가요? 밤 주우러 간다!』	조혜란 / 보리	자연에서 얻은 먹을거리를 이웃과 즐겁게 나누어 먹는 옥이와 할머니의 모습에서 가을의 넉넉함이 느껴진다.
『자연을 먹어요! 가을』	오진희 / 내인생의책	가을 햇볕에 익어 가는 과일, 금빛 곡식 등을 먹으며 가을의 풍성함을 담고 있다.
『잎에는 왜 단풍이 들까요?』	정유정 / 다섯수레	가을이 되면 초록잎이 왜 빨갛고 노랗게 물드는지 신비한 자연의 변화를 재미있게 설명한다. 나뭇잎을 이용한 다양한 체험과 놀이도 소개하고 있다.
『왜 마음대로 하면 안 돼요?』	양혜원 / 좋은책어린이	약속과 규칙을 지키는 것이 어떤 의미인지 알려 줌으로써, 제멋대로 행동하는 것을 아이들 스스로 줄이고, 친구를 배려하는 마음가짐을 갖게 한다.

2학년 겨울 교과 연계 독서

7단원: 두근두근 세계 여행

- 가고 싶은 나라의 국기와 특징
- 알고 싶은 나라의 자랑거리
- 다른 나라의 문화 이해하기
- 세계 여러 나라의 전통 의상
- 세계 여러 나라의 집
- 다른 나라의 음식
- 다른 나라의 놀이
- 다른 나라의 춤

교과 연계 추천 도서

도서명	저자 / 출판사	중심 내용
『한눈에 펼쳐보는 세계 지도 그림책』	최선웅 / 진선아이	대륙별로 주요 나라가 어디에 있고, 어떤 나라와 이웃해 있는지, 지형은 어떠한지 등을 한눈에 살펴볼 수 있다.

『쉽고 재미있게 지도 읽는 법』	조 폴맨 / 그린북	다양한 지도를 살펴보며 지도 속 기호, 축척, 좌표 등 지도 읽는 법을 알려 준다.
『세계의 문화』	레이나 올리비에 / 사파리	대륙별 주요 나라들의 간단한 지리적인 특징, 음식과 놀이, 인사말 등을 소개한다.
『세계와 만나는 그림책』	무라타 히로코 / 사계절	그림을 통해 생김새, 민속 의상, 집, 음식 등 세계 여러 나라 사람들의 생활 모습을 보여 준다.
『세계와 반갑다고 안녕!』	유다정 / 위즈덤하우스	세계 여러 나라의 인사법과 그 안에 담긴 역사와 문화를 소개한다.
『새콤달콤 세계 여행』	베아트리스 베이용 / 베틀북	엉뚱한 가족이 세계 곳곳을 여행하며 맛본 다양한 음식과 각 나라의 독특한 문화를 소개한다.
『세계 음식 지도책』	주영하 / 상상의집	지구 곳곳을 방문하는 산타와 사슴 롤프의 이야기를 통해서 빵, 피자, 국수, 사탕, 초콜릿 등 어린이들이 좋아하는 음식들의 역사와 숨은 이야기를 소개한다.
『숨은그림찾기로 보는 지구 사회』	전지은 / 예림당	숨은 그림을 찾으면서 지구 사람들의 생활 모습, 다양한 동식물 등을 자연스럽게 익힐 수 있다.
『패션, 세계를 만나다』	정해영 / 창비	세계 민속 의상이 각각 어떤 환경에서, 어떤 영향을 주고받아 현재 인류 문화를 이루었는지 설명한다.
『세계의 놀이』	알레산드로 마싸쏘 / 상수리	세계 5대륙의 아이들이 즐기는 놀이의 종류, 놀이의 역사, 각 나라의 전통 놀이, 놀이에 담긴 의미 등을 설명한다.

8단원: 겨울 탐정대의 친구 찾기

- 겨울잠을 자는 동물
- 겨울잠을 안 자는 동물
- 동물들의 겨울나기
- 겨울눈 관찰하기
- 식물들의 겨울나기
- 겨울철 식물 보호하기
- 각 계절에 볼 수 있는 새
- 겨울 방학 계획하기

교과 연계 추천 도서

도서명	저자 / 출판사	중심 내용
『엄마는 겨울에 뭐하고 놀았어?』	한라경 / 책내음	엄마가 딸에게 자신의 어린 시절, 겨울에 얽힌 추억을 들려준다.

『겨울눈이 들려주는 학교 숲 이야기』	노정임 / 철수와영희	겨울 동안 잎과 꽃을 품고 있는 겨울눈과 다양한 나무들의 한살이를 소개한다.
『긴긴 겨울잠에 폭 빠진 동물들』	미셸 프란체스코니 / 개암나무	겨울잠을 자는 동물들과 이유, 잠자는 동안의 변화 등을 설명한다.
『식물은 어떻게 겨울나기를 하나요?』	한영식 / 다섯수레	나무, 꽃과 같은 식물의 겨울나기 모습을 생생한 세밀화로 볼 수 있다.
『할머니, 어디 가요? 굴 캐러 간다!』	조혜란 / 보리	먹을거리가 귀한 겨울에 맛보는 다양한 겨울철 음식과 이웃 간의 소중한 나눔과 따뜻한 정을 느낄 수 있다.
『사계절 생태놀이: 겨울』	붉나무 / 길벗어린이	겨울을 나는 동식물의 모습과 자연물을 이용한 겨울 놀이 방법을 소개한다.

안전한 생활 1학년 · 2학년

	1학년 교과 과정	2학년 교과 과정
교통 안전	• 신호등과 교통 표지판 • 보행자 안전 수칙 • 교통 규칙 지키기 • 버스와 전철 안전 이용	• 자전거 탈 때의 안전 • 자동차 이용 시 안전 수칙 • 대중교통 이용 시 안전 수칙
신변 안전	• 낯선 사람의 접근 대처법 • 길을 잃었을 때의 대처법 • 학교폭력의 유형과 예방	• 학교폭력 예방과 대처법 • 성폭력 예방과 대처법 • 가정폭력 예방과 대처법
재난 안전	• 화재의 예방 • 화재 발생 시의 대피법	• 지진, 황사, 미세먼지 대처법 • 계절의 변화에 따른 자연 재난

생활 안전 추천 도서

도서명	저자 / 출판사	중심 내용
『학교 다녀오겠습니다!』	이기규 / 주니어김영사	등굣길, 교실, 수업 시간, 친구 문제 등 일상에서의 안전 문제를 다룬다.

『노경실 선생님이 들려주는 학교생활 안전』	노경실 / 알라딘북스	교실 안전, 복도 안전, 학용품 안전, 특별실 안전 등에 대해 이야기한다.
『안전 : 나를 지키는 법』	임정은 / 사계절	생활 속에서 맞닥뜨릴 수 있는 다양한 상황과 위험 요소들을 보여주고 그 상황에서 어떻게 행동해야 하는지 알려주는 책이다.
『나를 지키는 안전 수첩』	서보현 / 한솔수북	실제 일어날 수 있는 여러 상황을 통해 대처법을 배우고, 역할 놀이로 안전 교육을 한다.
『앗! 조심해! 나를 지키는 안전 교과서』	정영훈 / 뭉치	실제로 있었던 사건들을 배경으로 그 상황에 필요한 대처법을 소개한다.
『깜깜 마녀는 안전을 너무 몰라』	김은의 / 위즈덤하우스	위험을 좋아하는 깜깜 마녀가 안전을 모르는 아이를 잡아 간다는 내용으로, 안전 불감증에 대한 경각심을 일깨워 준다.
『1학년이 꼭 읽어야 할 교과서 안전 백과』	유시나 / 효리원	응급 상황과 대처법, 자연재해 대처법, 일상생활 안전 문제 등을 다루고 있다.
『안전 대장 리시토』	엘 에마토크리티코 / 도서출판 봄볕	리시토가 백설 공주, 헨젤과 그레텔 같은 동화 속 주인공들에게 위험한 상황들을 미리 알려 주는 이야기이다.

교통 · 재난 안전 추천 도서

책 제목	저자 / 출판사	중심 내용
『알고 타면 안전해요』	최승필 / 소담주니어	교통 표지판, 교통사고의 유형과 예방법 등 교통안전에 대한 책이다.
『야외 활동을 조심해!』	김은중 / 아르볼	놀이공원, 바다와 계곡 등 야외에서 지켜야 할 안전 수칙들을 알려 준다.
『교통사고를 조심해!』	최옥임 / 아르볼	교통안전 규칙을 배우고 사고를 예방하는 내용이다.
『불똥맨, 불이 나면 어떡하죠?』	에드워드 밀러 / 비룡소	화재에 관해 아이들이 꼭 알아야 할 지식을 재미있게 알려 준다.
『소방서와 경찰서』	이형선 / 주니어김영사	소방서와 경찰서에서 하는 일과 사고를 예방하는 방법을 소개한다.

『자연 재난이 위험해!』	최옥임 / 아르볼	태풍, 호우, 지진, 황사 등 자연 재난 발생 시 대처 방법을 알려 준다.
『중독을 조심해!』	서보현 / 아르볼	게임을 좋아하는 아이를 통해 중독의 부작용과 위험성을 깨닫게 해 준다.
『걱정이군, 안심이양』	박신식 / 소담주니어	걱정군과 안심양의 이야기를 통해 다양한 재난 상황에 대처하는 법을 배운다.

신변 안전 추천 도서

책 제목	저자 / 출판사	중심 내용
『다음 왕따는 누구?』	강민경 / 위즈덤하우스	왕따는 놀이가 될 수 없다는 것을 깨닫게 해 주는 동화이다.
『폭력은 싫어! 싫어!』	박신식 / 소담주니어	학교 폭력, 언어폭력, 사이버 폭력 등에 대한 처벌과 해결책을 알려 준다.
『나는 보이지 않아요』	안나 플라트 / 씨드북	친구들의 외면으로 점점 사라지는 주인공을 통해, '따돌림'과 '함께한다는 것'의 의미를 생각해 볼 수 있다.
『다다다 다른 별 학교』	윤진현 / 천개의바람	서로 다른 별에서 왔기에 각자 다른 성격과 외모와 특징을 지녔다는 이야기이다.
『장난인데 뭘 그래?』	제니스 레비 / 주니어김영사	주인공 가족을 통해 학교 폭력에 대한 부모의 올바른 역할과 상대방을 이해하는 법을 알려 준다.
『좋아서 껴안았는데 왜?』	이현혜 / 천개의바람	상대방의 마음은 생각하지 않고 내 마음대로 행동해서 생기는 갈등을 통해, 상대방을 존중하는 태도를 배울 수 있다.
『동의』	레이첼 브라이언 / 아울북	우리 몸과 관련된 대부분 문제는 '동의'를 받지 않는 데에서 시작한다. 자신의 몸에 대한 권리가 자신에게 있다는 사실을 깨닫고 여러 문제 상황에서 대처하는 방법을 익힐 수 있다.
『툭툭, 나쁜 손』	김경옥 / 소담주니어	다양한 유형의 성폭력, 아동 학대의 상황과 대처법을 이야기 형태로 들려준다.

사회 과목 공부법과
교과 연계 독서법

사회 교과는 학생들이 사회 구성원으로서의 자질을 함양할 수 있도록 사회 현상에 관한 기초적 지식을 습득하는 것을 목표로 합니다. 정치, 경제, 지리, 역사와 같은 사회 과학의 기본 개념과 원리를 발견하고 탐구하는 과목입니다.

초등학교에서 사회는 중요한 과목임에도 큰 관심을 받지 못하고 있습니다. 초등학교 교육과정에서 단일 교과로 배우는 사회는 중학교와 고등학교 교육과정에서는 국사, 세계사, 한국지리, 세계지리, 법과 정치, 경제 사회문화 등으로 세분화됩니다.

민주 시민으로서 알아야 할 기본 소양을 배우는 과목인데, 많은 학생이 사회 과목을 암기 과목으로 생각하고 있습니다. 그런데다 학년이 올라갈수록 공부할 범위가 많아지고 내용도 어려워져 점점 싫어하게 됩니다.

2015 개정 교육과정에서는 문과와 이과가 통합되기 때문에 모든 학생이 '통합 사회'를 배워야 합니다. 초등학교에서 배우는 사회는 이후 연계되는 교과목들의 기본 토대가 되고, 세상을 살아가는 데 필요한 배경지식을 얻을 수 있는 중요한 과목이므로 반드시 공부해야 합니다.

📖 효과적인 사회 과목 공부법

사회 과목을 효과적으로 공부할 방법에는 어떤 것이 있는지 구체적으로 살펴보도록 하겠습니다.

암기가 아닌 이해가 먼저다

사회는 다양한 사회적 현상을 이해하는 과목으로, 왜 그런 현상이 발생하게 되었는지 그 원인을 이해해야 합니다. 예를 들어 각 지역의 주거 형태를 무작정 외우는 것이 아니라, 왜 그런 주거 형태가 형성되었는지 그 지역의 자연적·문화적 특성을 이해해야 합니다. 인과관계를 파악하여 이해하는 것이 달달 외우는 지식보다 진짜 지식으로 힘을 발휘하게 됩니다.

특히 사회 과목을 공부할 때는 다음과 같이 연표나 마인드맵 등으로 내용을 구조화하면서 공부하는 것이 유용합니다.

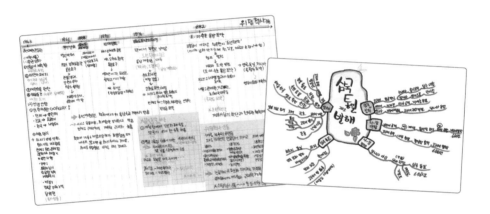

어려운 사회 용어 익히기

사회 과목은 핵심 용어의 뜻만 알고 있어도 절반을 공부한 것이나 마찬가지입니다. 교과서나 사회 관련 책을 읽으면서 정치, 법, 경제 등 분야별로 묶어서 용어를 공부하면 좋습니다.

정치 용어	법률 용어	경제 용어
인권 주권 헌법 원고 피고 증인	헌법 형법 민법 조례 의회 조약	수입 수출 소비 지출 무역 관세

지도와 친해져야 한다

사회 교과서에 나오는 그림, 도표, 지도 등의 자료를 보고 해석할 수 있어야 합니다. 특히 가장 중요한 자료는 '지도'입니다. 지도는 지리적인 정보뿐만 아니라 인구 분포, 지역 특징, 특산물, 기후 등 많은 정보를 나타냅니다. 역사에서는 지도를 통해 한 나라의 흥망성쇠를 모두 알 수 있습니다. 처음 접하는 초등학교 때부터 지도를 관찰하고 직접 그려 보면서 지도에 대한 자신감을 키워야 합니다. 공부한 내용을 정리할 때 지도를 그려 마무리하는 것이 가장 좋은 방법입니다.

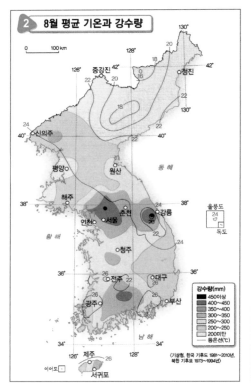

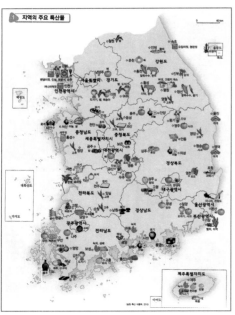

출처: 『초등 사회과 부도』 중에서

📖 신문과 뉴스를 보며 세상일에 관심 두기

사회 과목은 우리가 살아가는 사회에서 일어나는 다양한 현상을 이해하고 적응하기 위해 배우는 과목입니다. 신문, 뉴스 등을 통해 현재 사회에서 무슨 일이 일어나고 왜 발생했는지 다양한 사회 문제에 적극적으로 참여해야 합니다. 우리 주변에서 일어나는 다양한 사건과 현상을 통해 교과서에서 배운 정치, 경제, 사회, 문화와 관련된 살아 있는 진짜 정보를 얻을 수 있습니다. 시사적인 내용에 관하여 아이와 대화를 하는 것만으로도 사회 현상을 이해하는 데 큰 도움이 됩니다.

대표적인 어린이 신문 · 잡지

다음은 현재 발행되고 있는 어린이 신문과 잡지 목록입니다. 해당 홈페이지를 방문하면 다양한 기사와 정보를 볼 수 있습니다.

- 어린이동아 http://kids.donga.com
- 소년한국일보 http://kids.hankooki.com
- 어린이교육신문 http://www.children-news.kr
- 어린이경제신문 http://www.econoi.com
- 내친구서울 https://kids.seoul.go.kr
- 위즈키즈 https://www.freesam.com/FSP/MAZ/WKZ/FSPWkzMain.jsp
- 시사원정대 http://sisa.edudonga.com
- 고래가 그랬어 http://goraeya.co.kr
- 어린이동산 http://www.i-child.co.kr
- 독서평설 https://m.post.naver.com/dokpyeong
- Talk Talk 매거진 https://blog.naver.com/talk0625

📖 한눈에 보는 초등 사회 교과 과정

초등 사회 교과는 '나 〈 우리 〈 동네 〈 지역 〈 나라 〈 세계'로 영역과 지식이 점점 확장되며 유기적으로 연결되어 있습니다. 초등 3학년과 4학년 사회가 서로 연결되고, 초등 5학년과 6학년 사회가 서로 연결됩니다. 두 학년씩 묶어서 교과 과정과 교과 연계 도서를 설명하겠습니다.

	1학기	2학기
3학년	1. 우리 고장의 모습 2. 우리가 알아보는 고장 이야기 3. 교통과 통신수단의 변화	1. 환경에 따라 다른 삶의 모습 2. 시대마다 다른 삶의 모습 3. 가족의 형태와 역할 변화
4학년	1. 지역의 위치와 특성 2. 우리가 알아보는 지역의 역사 3. 지역의 공공 기관과 주민 참여	1. 촌락과 도시의 생활 모습 2. 필요한 것의 생산과 교환 3. 사회 변화와 문화의 다양성
5학년	1. 국토와 우리 생활 2. 인권 존중과 정의로운 사회	1. 옛사람들의 삶과 문화 2. 새로운 변화와 오늘날의 우리
6학년	1. 새로운 변화와 오늘날의 우리 2. 우리나라의 정치 발전 3. 우리나라의 경제 발전	1. 세계 여러 나라의 자연과 문화 2. 통일 한국의 미래와 지구촌의 평화 3. 인권 존중과 정의로운 사회

📖 초등학교 3~4학년 사회 교과 연계 독서

우리가 살아가는 곳

❶ 우리 고장의 모습

우리 마을 또는 고장의 모습을 자유롭게 그려 보고, 서로 비교하여 공통점과 차이점을 찾습니다. 다양한 지도를 통해 주요 지형지물의 위치를 파악합니다.

도서명	저자	출판사
『한눈에 펼쳐 보는 우리나라 지도 그림책』	민병준	진선아이
『백두에서 한라까지 우리나라 지도 여행』	조지욱	사계절
『손으로 그려 봐야 우리 땅을 잘 알지』	구혜경, 정은주	토토북
『지도 요리조리 뜯어보기』	권수진, 김성화	아이세움
『우리 땅 기차 여행』	조지욱, 김성은	책읽는곰
『지도는 보는 게 아니야, 읽는 거지!』	김향금	토토북
『질문을 꿀꺽 삼킨 사회 교과서: 한국 지리 편』	박정애	주니어중앙

❷ 우리가 알아보는 고장 이야기

고장의 역사적인 유래와 특징을 공부하고 대표적인 문화유산을 알아봅니다.

도서명	저자	출판사
『그래서 이런 지명이 생겼대요』	우리누리	길벗스쿨
『그래서 이런 문화유산이 생겼대요』	우리누리	길벗스쿨
『우리나라의 유네스코 문화유산』	이형준	시공주니어
『대한민국 문화유산 vs. 세계 문화유산』	이형준	시공주니어
『간송 선생님이 다시 찾은 우리 문화유산 이야기』	한상남	샘터

『내 이름은 독도』	이규희	밝은미래
『알려 줘, 인천 위인!』	김은빈	아르볼
『역사가 숨 쉬는 보물섬 강화도 이야기』	홍은경	아이세움

❸ 교통과 통신수단의 변화

옛날과 오늘날의 교통수단 및 통신 수단 발달에 따른 생활의 변화를 배웁니다.

도서명	저자	출판사
『Why? 교통수단』	이의정	예림당
『말 달리고 횃불 피우고: 옛 교통과 통신』	이향숙	주니어RHK
『미디어는 왜 중요할까요?』	이인희	나무생각
『옛사람들의 교통과 통신』	우리누리	주니어중앙

우리가 살아가는 모습

❶ 환경에 따라 다른 삶의 모습

우리 고장의 지리적 특성을 조사하고, 이것이 고장 사람들의 생활 모습에 미치는 영향을 탐구합니다. 지역과 환경에 따라 달라지는 다양한 생활 모습을 배웁니다.

도서명	저자	출판사
『Why? 한국사 의식주와 풍속』	우덕환	예림당
『패션의 역사가 궁금해!』	글터 반딧불	꼬마이실
『내가 입는 옷』	김성호	아르볼
『세상에서 가장 맛있는 밥』	우현옥	키위북
『신통방통 한복』	박현숙	좋은책어린이
『우리가 사는 한옥』	이상현	시공주니어
『햇빛과 바람이 정겨운 집, 우리 한옥』	김경화	문학동네
『재미있는 의식주 이야기』	김현숙	가나출판사

독해력과 공부력을 키우는 **머리읽기 독서법**

❷ 시대마다 다른 삶의 모습

옛날의 생활 모습과 주거 형태, 세시풍속을 알아보고, 오늘날의 변화상을 탐색하여 공통점과 차이점을 분석합니다.

도서명	저자	출판사
『12달 수수께끼 12띠 숨은그림찾기』	유재숙	상상의집
『그래서 이런 풍속이 생겼대요』	우리누리	길벗스쿨
『옛날 도구가 뚝딱! 현대 도구가 척척!』	김하늬	미래엔아이세움
『우리 민속놀이』	김이삭, 최봄	가문비어린이
『조상들은 어떤 도구를 썼을까』	우리누리	주니어중앙
『친절한 생활 문화재 학교』	이재정	길벗어린이
『얼씨구 지화자 즐거운 전통놀이』	정재은	주니어RHK

❸ 가족의 형태와 역할 변화

옛날과 오늘날의 혼인 풍습과 가족 구성을 비교하고, 시대별 가족의 모습과 가족 구성원의 역할 변화를 탐색합니다. 현대의 여러 가지 가족 형태를 조사하여 가족의 다양한 삶의 모습을 존중하는 태도를 기릅니다.

도서명	저자	출판사
『이웃집에는 어떤 가족이 살까?』	유다정	위즈덤하우스
『다를 뿐이지 이상한 게 아니야』	노경실	주니어북스
『베트남에서 온 우리 엄마』	신동일	가문비어린이
『할머니와 수상한 그림자』	황선미	위즈덤하우스
『우리 가족이 수상해』	김해우	책과 콩나무
『할머니의 씨앗 주머니』	김송순	키다리
『함께 사는 다문화 왜 중요할까요』	홍명진	나무생각

우리 지역의 어제와 오늘

❶ 지역의 위치와 특성

지도의 기본 요소에 대한 이해를 바탕으로, 고장 사람들의 생활과 밀접한 관련이 있는 지역의 중심지를 조사하고, 각 중심지의 위치, 기능, 경관의 특성을 탐색합니다.

도서명	저자	출판사
『구석구석 우리나라 지리 여행』	양승현	아이앤북
『방방곡곡 한국 지리 여행』	김은하	봄나무
『재미있는 한국 지리 이야기』	이광희	가나출판사
『지도는 보는 게 아니야 읽는 거지』	김향금	토토북
『초등 지리 바탕 다지기: 국토 지리 편』	이간용	에듀인사이트
『초등 지리 바탕 다지기: 지도 편』	이간용	에듀인사이트
『이곳저곳 우리 동네 지도 대장 나기호가 간다!』	김평	가나출판사

❷ 우리가 알아보는 지역의 역사

우리 지역을 대표하는 유형·무형의 문화유산과 역사적 인물에 대해 알아보고, 지역 역사에 자부심을 갖습니다.

도서명	저자	출판사
『술술 읽히는 우리 문화유산 이야기』	초등역사교사모임	늘푸른아이들
『초등학생을 위한 인천 역사 문화 여행』	서예나	푸른날개
『우리나라인류 무형문화유산』	한미경	현암주니어

❸ 지역의 공공 기관과 주민 참여

우리 지역에 있는 공공 기관의 종류와 역할을 조사합니다. 주민 참여를 통해 지역 문제를 해결하는 방안을 배웁니다.

도서명	저자	출판사
『출동! 도와줘요 공공기관』	손혜령	아르볼
『Job? 나는 시청에서 일할 거야!』	안광현	국일아이
『소방서와 경찰서』	이형선	주니어김영사
『안전 지도로 우리 동네를 바꿨어요!』	배성호	초록개구리
『초등학생이 알아야 할 참 쉬운 정치』	알렉스 프리스 외	어스본코리아

다양한 삶의 모습과 변화

❶ 촌락과 도시의 생활 모습

촌락과 도시의 공통점과 차이점을 비교하고, 각각에서 나타나는 문제점과 해결 방안을 공부합니다. 촌락과 도시 사이에 이루어지는 다양한 교류를 조사하고, 이들 사이의 상호 의존 관계를 탐구합니다.

도서명	저자	출판사
『사회는 쉽다 8: 왜 사람들은 도시로 모일까』	유다성	비룡소
『도시의 불빛, 시골의 별빛』	김해원	한국헤르만헤세

❷ 필요한 것의 생산과 교환

자원의 희소성으로 경제 활동에서 선택의 문제가 발생함을 파악하고, 시장을 중심으로 이루어지는 생산, 소비 등 경제 활동을 배웁니다. 우리 지역과 다른 지역의 물자 교환 및 교류 사례를 조사하여, 지역 간 경제 활동의 연관성을 알게 됩니다.

도서명	저자	출판사
『우리 집 경제 대장 나백원이 간다!』	박민선	가나출판사
『여기는 따로섬 경제를 배웁니다』	원예지	천개의바람
『아기돼지 삼 형제가 경제를 알았다면』	박원배	열다

❸ 사회 변화와 문화의 다양성

저출산·고령화, 정보화, 세계화 등이 불러오는 사회 변화에 대해 공부합니다. 다양한 문화가 확산되면서 생기는 편견과 차별을 해소하고, 다른 문화를 존중하는 방법을 배웁니다.

도서명	저자	출판사
『돈가스 안 먹는 아이』	유례진	책읽는달
『우리 엄마는 응우웬티기에우짱』	신채연	노란돼지
『차별은 세상을 병들게 해요』	오승현	개암나무
『이상해? 다양해!』	아틀리에 실험실	풀빛

 초등학교 5~6학년 사회 교과 연계 독서

국토와 우리 생활

우리나라의 위치와 영역이 지니는 특성을 배웁니다. 우리 국토를 구분하는 기준들을 살펴보고, 시도(市道) 단위 행정 구역 및 주요 도시들의 위치 특성을 설명합니다.

도서명	저자	출판사
『초등학생을 위한 개념 한국 지리 150』	고은애 외	바이킹
『초등 지리 바탕 다지기 국토지리 편』	이간용	에듀인사이트
『구석구석 우리나라 지리 여행』	양승현	아이앤북
『재미있는 한국 지리 이야기』	이광희 외	가나출판사
『질문을 꿀꺽 삼킨 사회 교과서 한국지리 편』	박정애	주니어중앙
『방방곡곡 한국지리 여행』	김은하	봄나무

인권 존중과 정의로운 사회

❶ 인권을 존중하는 삶

인권의 중요성을 인식하고 인권 신장을 위하여 노력했던 사람들에 대해 배웁니다. 인권 침해의 사례를 통해 인권의 중요성을 인식하고, 인권 보호를 실천하는 방법을 배웁니다.

도서명	저자	출판사
『사라, 버스를 타다』	윌리엄 밀러	사계절
『둥글둥글 지구촌 인권 이야기』	신재일	풀빛
『인권은 누가 지켜 주나요?』	남상욱	상상의집
『우리에게도 인권이 있을까?』	문미영	크레용하우스
『세상을 아프게 하는 말, 이렇게 바꿔요!』	오승현	토토북
『혐오와 인권』	장덕현	풀빛
『함께 사는 세상 소중한 인권』	신선웅	뭉치

❷ 인권 보장과 헌법

인권 보장 측면에서 헌법의 의미와 역할을 배우고, 헌법에서 규정하는 기본권과 의무가 일상생활에 적용된 사례를 통해 기본 권리와 의무를 알게 됩니다.

도서명	저자	출판사
『선생님, 헌법이 뭐예요?』	배성호 외	철수와영희
『생각이 크는 인문학 13: 헌법과 인권』	김은식	을파소
『헌법을 읽는 어린이』	임병도	사계절
『어느 날, 헌법이 말했습니다』	남상욱	상상의집
『헌법을 발칵 뒤집은 어린이 로스쿨』	유재원 외	아울북

❸ 법의 의미와 역할

생활 속의 다양한 법을 조사하고, 법의 의미와 성격을 배웁니다. 법의 역할을 권리 보호와 질서 유지 측면에서 이해하고, 법을 준수해야 하는 이유를 알게 됩니다.

도서명	저자	출판사
『아빠 법이 뭐예요?』	우리누리	창비
『재미있는 법 이야기』	한국법교육센터	가나출판사
『우리가 꼭 알아야 할 판결』	홍경의	나무야
『나몰라 아저씨, 여기서 이러시면 안 돼요!』	게라르도 콜롬보 외	책속물고기
『어린이를 위한 법이란 무엇인가?』	예영	주니어김영사
『간디의 법 교실』	이향안	시공주니어
『리틀 변호사가 꼭 알아야 할 법 이야기』	노지영	함께자람

5~6학년 사회의 '한국사' 교과 연계는 〈3부〉를 참고하세요.

우리나라의 정치 발전

❶ 자유민주주의의 발전과 시민 참여

4 · 19 혁명, 5 · 18 민주화 운동, 6월 민주 항쟁 등을 통해 자유민주주의가 발전해 온 과정을 배웁니다. 광복 이후 시민의 정치 참여 활동이 확대되는 과정을 중심으로 오늘날 우리 사회의 발전 과정을 살펴봅니다.

도서명	저자	출판사
『어린이를 위한 한국 근현대사』	이광희	풀빛
『사월의 노래』	신현수	스푼북
『오월의 달리기』	김해원	푸른숲주니어
『6월 민주 항쟁과 김수환』	이정범	주니어김영사
『민주주의의 등불 장준하』	김민수	사계절
『민주화 현장』	손민호	주니어김영사

❷ 일상생활과 민주주의

　　일상생활에서 경험하는 민주주의의 실천 사례를 통해 민주주의의 의미와 중요성을 파악하고, 생활 속에서 민주주의를 실천하는 방법을 배웁니다. 다수결, 대화와 타협, 소수의견 존중 등과 같은 민주적 의사결정의 중요성을 배웁니다.

도서명	저자	출판사
『초등 사회 개념 사전』	김금주 외	아울북
『초등학생이 알아야 할 참 쉬운 정치』	알렉스 프리스 외	어스본코리아
『민주주의가 뭐예요?』	박윤경	비룡소
『민주주의를 어떻게 이룰까요?』	플란텔 팀	풀빛
『어린이를 위한 정치란 무엇인가』	이은재	주니어김영사

❸ 민주 정치의 원리와 국가 기관의 역할

　　민주 정치의 기본 원리인 국민 주권, 권력 분립과 그것이 적용된 사례를 배웁니다. 국회, 행정부, 법원의 기능에 대해 공부합니다.

도서명	저자	출판사
『재미있는 선거와 정치 이야기』	조항록	가나출판사
『여기는 함께섬, 정치를 배웁니다』	최승필	천개의바람
『국가야, 왜 얼굴이 두 개야?』	김준형	양철북
『그래서 이런 정치가 생겼대요』	우리누리	길벗스쿨
『국회의사당』	임현정	주니어김영사
『대법원』	이창환	주니어김영사
『청와대』	백승렬	주니어김영사
『피자 선거』	임지형	개암나무
『비밀 투표와 수상한 후보들』	서해경	키큰도토리

우리나라의 경제 발전

❶ 경제 주체의 역할과 우리나라 경제 체제의 특징

다양한 경제 활동 사례를 살펴보고, 가계와 기업의 경제적 역할을 이해합니다. 여러 경제 활동의 사례를 통하여 자유 경쟁과 경제 정의의 조화를 추구하는 우리나라 경제 체제의 특징을 배웁니다.

도서명	저자	출판사
『1+1이 공짜가 아니라고?』	이정주	개암나무
『경제의 핏줄 화폐』	김성호	미래아이
『초등학생이 알아야 할 참 쉬운 비즈니스』	라라 브라이언 외	어스본코리아
『레몬으로 돈 버는 법 1』	루이스 암스트롱	비룡소
『와글와글 어린이 경제 수업』	김세연	다림
『아기 돼지 삼 형제가 경제를 알았다면』	박원배	열다
『어린이와 청소년을 위한 머니 아이큐』	에릭 브라운	초록개구리
『10원으로 배우는 경제 이야기』	나탈리 토르지만	풀과바람
『더불어 사는 행복한 경제』	배성호	청어람주니어
『돌고 도는 경제』	서지원 외	상상의집

❷ 경제생활의 변화와 우리나라 경제의 성장

농업 중심에서 공업과 서비스업 중심의 경제로 변화한 우리나라 경제 성장 과정을 배웁니다. 경제 성장 과정에서 우리 사회가 겪은 사회 변동의 특징과 다양한 문제를 살펴보고, 해결책을 고민합니다.

도서명	저자	출판사
『어린이를 위한 생산과 이동의 원리』	리비 도이치	풀과바람
『세종대왕님 세금이 뭐예요?』	오기수	미래문화사

『부자 나라의 부자 아이, 가난한 나라의 가난한 아이』	장수하늘소	미래엔아이세움
『세계의 빈곤』	김현주	사계절
『좋은 돈, 나쁜 돈, 이상한 돈』	권재원	창비
『경제 속에 숨은 광고 이야기』	플랑크 코쉠바	초록개구리
『우리 동네 경제 한 바퀴』	이고르 마르티나슈	책속물고기
『수상한 돈돈 농장과 삼겹살 가격의 비밀』	서해경 외	키큰도토리

❸ 세계 속의 우리나라 경제

세계 여러 나라와의 경제 교류 활동으로 나타난 우리 경제생활의 변화 모습을 알아봅니다. 다양한 경제 교류 사례를 통해 다른 나라와 우리나라의 상호 의존 및 경쟁 관계를 이해합니다.

도서명	저자	출판사
『돌고 도는 경제』	서지원 외	상상의집
『지구를 구하는 경제책』	강수돌	봄나무
『돌고 도는 돈』	발레리 기두	시공주니어
『와글와글 어린이 경제 수업』	김세연	다림
『거꾸로 경제학자들의 바로 경제학』	요술피리	빈빈책방
『재미있는 경제 이야기』	이연주	가나출판사
『이솝 우화로 읽는 경제 이야기』	서명수	이케이북

세계의 여러 나라의 자연과 문화

❶ 지구, 대륙 그리고 국가들

세계 지도, 지구본과 같은 자료를 활용하고 실제 생활에 적용하는 방법을 배웁니다. 세계 주요 대륙과 대양의 위치 및 범위, 대륙별 주요 나라의 위치와 영토의 특징을 공부합니다.

도서명	저자	출판사
『한눈에 펼쳐 보는 세계 지도 그림책』	최선웅	진선아이
『어린이를 위한 세계 지도책』	신지혜	미래엔아이세움
『지도 펴고 세계 여행』	이응곤 외	책읽는곰
『DK 나의 첫 지도책』	빌 보일	크래들
『초등학생이 꼭 읽어야 할 세계 지리』	헤더 알렉산더	사계절
『손으로 그려 봐야 세계 지리를 잘 알지』	구혜경 외	토토북
『세계 지도 그림책』	테즈카 아케미	길벗스쿨

❷ 세계의 다양한 삶의 모습

세계 주요 기후의 분포와 특성을 파악하고, 기후 환경과 인간 생활 간의 관계를 공부합니다. 환경이 의식주 생활에 큰 영향을 준 나라를 조사하고, 인간 생활에 영향을 미치는 자연적 · 인문적 요인을 배웁니다.

도서명	저자	출판사
『초등학생이 알아야 할 세계사 100가지』	알렉스 프리스 외	어스본코리아
『한입에 꿀꺽! 맛있는 세계 지리 』	류현아	토토북
『재미있는 세계 지리 이야기』	김영	가나출판사
『거인의 나라로 간 좌충우돌 탐정단』	정경원	하루놀
『선생님, 기후 위기가 뭐예요?』	최원형	철수와영희
『한 권으로 보는 그림 세계사 백과』	정연 외	진선아이
『세계의 국기는 어떻게 만들었을까?』	로버트 프레송	바이킹
『세계 나라 사전』	테즈카 아케미	사계절

❸ 우리나라와 가까운 나라들

우리나라 주변 나라들의 지리적 · 정치적 · 경제적 · 문화적 상호 의존 관계를 배웁니다. 이웃인 중국, 일본, 러시아의 자연적 · 인문적 특성과 교류 현황을 설명합니다.

도서명	저자	출판사
『세계와 만난 우리 역사』	정수일	창비
『아시아는 재밌다!』	조지욱	사계절
『넓은 세계로 떠난 역사 속 특별한 여행』	이기범 외	그린북
『나의 첫 세계사 여행: 중국·일본』	전국역사교사모임	휴먼어린이
『중국, 세계 1위를 꿈꾸다!』	강창훈	사계절
『광활한 땅과 예술의 나라 러시아 이야기』	이병훈	미래엔아이세움
『처음 읽는 중국 이야기』	강창훈	주니어김영사
『나의 첫 세계사 여행: 인도·동남아시아』	K&C	글로북스

통일 한국의 미래와 지구촌의 평화

❶ 한반도의 미래와 통일

독도를 지키려는 조상들의 노력을 역사적 자료를 통하여 살펴보고, 독도의 위치 등 지리적 특성을 이해하고 영토 주권 의식을 기릅니다. 남북통일을 위한 노력을 살펴보고, 지구촌 평화에 기여하는 통일 한국의 미래상을 그려 봅니다.

도서명	저자	출판사
『독도를 지키는 사람들: 김병렬 역사 이야기』	김병렬	사계절
『일곱 빛깔 독도 이야기』	황선미	이마주
『통일: 통일을 꼭 해야 할까?』	이종석 외	풀빛
『힘차게 달려라 통일 열차』	김현희 외	철수와영희
『통일이 분단보다 좋을 수밖에 없는 12가지 이유』	홍민정	단비어린이
『리무산의 서울 입성기』	박경희	뜨인돌어린이
『나는 통일이 좋아요』	정혁	대교출판

❷ 지구촌의 평화와 발전

지구촌의 평화와 발전을 위해서 노력하는 다양한 행위 주체인 '개인, 국가, 국제 기구, 비정부 기구' 등의 활동에 대해 배웁니다.

도서명	저자	출판사
『무기 팔지 마세요!』	위기철	청년사
『고릴라에게서 평화를 배우다』	김황	논장
『지구촌 곳곳에 너의 손길이 필요해』	예영	뜨인돌어린이
『지구가 100명의 마을이라면』	데이비드 J. 스미스	푸른숲주니어
『세계를 움직이는 국제기구』	박동석	봄볕
『평화』	정주진	풀빛
『귀에 쏙쏙 들어오는 국제 분쟁이야기』	이창숙	사계절

❸ 지속 가능한 지구촌

지구촌의 주요 환경 문제를 조사하여 해결 방안을 탐색합니다. 점점 심각해지는 지구촌 문제에 대해 고민하고, 해결 방법을 찾습니다. 친환경적 생산과 소비 방식의 확산, 빈곤과 기아 퇴치, 문화적 편견과 차별 해소 방법들을 조사합니다.

도서명	저자	출판사
『세계의 빈곤: 게을러서 가난한 게 아니야』	김현주	사계절
『최열 아저씨의 지구촌 환경 이야기 1, 2』	최열	청년사
『세계를 바꾸는 착한 음악 이야기』	신지영 글	북멘토
『어린이 세계 시민 학교』	박지선	파란자전거
『난민』	박진숙	풀빛
『사회 선생님이 들려주는 공정무역 이야기』	전국사회교사모임	살림출판사
『아프리카 수단 소년의 꿈』	앨리스 미드	내인생의책
『바람 잘 날 없는 지구촌 국제 분쟁』	묘리	뭉치

5

과학 과목 공부법과
교과 연계 독서법

과학 교과 과정은 '운동과 에너지', '물질', '생명', '지구와 우주' 이렇게 네 영역으로 구성되어 있습니다. 영역별 핵심 개념과 과학 탐구가 학년별로 서로 연계되어 있습니다. 과학은 기본 개념과 원리가 중요한 과목이기 때문에 초등 과정에서 배운 것을 바로 바로 알고 넘어가야 합니다.

📖 과학 공부 잘하는 비법

많은 학생이 초등학교 때 실험과 흥미 위주로 배우는 과학은 좋아합니다. 그러다 상급 학교로 진학해서 학습 내용이 점점 어려워지면 과학을 부담스러워합니다. 미래 사회에 과학은 다른 어떤 과목보다 중요합니다. 그래서 초등 때부터 과학의 기본 지식과 원리를 익혀 기초를 탄탄하게 다져야 합니다. 지금부터 과학 공부를 잘하기 위해 신경 써야 할 부분을 살펴보겠습니다.

과학의 생명은 '호기심'이다

과학을 잘하려면 과학에 대한 흥미와 호기심을 가지는 것이 가장 중요합니다. 일상생활에서 생긴 과학적 궁금증을 토대로 책을 찾아 읽고, 실험하는 등의 경험을 통해 과학 지식과 과학적 창의력이 발달합니다. 처음 과학을 접할 때는 자연관찰 책, 동식물 생태 도감 등으로 시작하여 점점 심화된 책으로 확장합니다.

시청각 자료로 과학 원리 배우기

어려운 과학 원리일수록 그림, 사진, 동영상과 같은 시청각 자료를 통해 공부하는게 좋습니다. 인터넷 검색으로 궁금한 과학 원리를 찾아볼 수 있습니다. 다음은 아이들 눈높이에 맞춰 재미있고 알차게 구성된 EBS 초등에 있는 과학 프로그램입니다.

EBS 초등 – 창의체험 과학	
과학할 고양	나침반의 과학 원리, 휴지 속 과학, 밥에 숨겨진 과학 등 일상생활 속 과학 원리를 실험을 통해 설명합니다.
과학땡Q	과학 원리에 숨겨진 흥미진진한 이야기, 새로운 관찰 영상과 실험 등을 보여주는 고품격 미니 다큐멘터리
사이틴 – 지구인 자격 평가	과학 퀴즈를 통해 답을 맞히고 그 문제와 관련된 과학적 원리를 파헤칩니다.
사이틴 – 백만이 지구 뉴스	지구 곳곳에 숨어 있는 과학 법칙에 대한 뉴스를 통해 과학 법칙을 알려줍니다.
과학 탐정단, 시드	여섯 가지 과학탐구기능인 관찰, 분류, 측정, 예상, 추리, 의사소통 등으로 사건을 해결하는 과학 탐정단!
달그락달그락 교과서 실험실	교과 과정에서 배우는 과학 실험을 자세하게 볼 수 있고 실험 결과를 통해 과학 원리도 익히게 됩니다.
왔다! 사춘기	사춘기 아이들이 궁금해도 누구에게 물어보기 힘든 사춘기 성과 몸에 관한 고민을 다룹니다.

실험으로 과학 원리 깨치기

초등 과학 교과서는 실험에 대한 교재가 따로 있을 정도로 실험과 관찰의 비중이 큽니다. 비록 학교 과학 시간에 실험을 진행하기는 하지만, 일반적으로 모둠별로 여러 명이 실험하고 기회도 단 한 번만 주어지기 때문에 제대로 된 실험을 하기 어렵습니다. 과학 연계 도서를 읽고 관련된 실험을 직접 해 보는 것도 과학 원리를 이해하는 데 큰 도움이 됩니다. 인터넷에서 동영상을 통해 간접으로 과학 실험을 할 수 있고, 학년별로 구성된 과학 동화를 통해 과학적 원리를 깨닫고 과학 실험 키트를 구매해 직접 실험할 수 있습니다.

과학관에서 다양한 체험 하기

각 지역에 있는 과학관에서는 다양한 과학체험과 수업을 제공하고 있습니다.

- **국립중앙과학관** 대전시 유성구
- **국립과천과학관** 경기도 과천시
- **국립어린이과학관** 서울시 종로구
- **국립광주과학관** 광주시 북구
- **국립부산과학관** 부산시 기장군
- **국립대구과학관** 대구시 달성군
- **서울시립과학관** 서울시 노원구
- **서대문자연사박물관** 서울시 서대문구
- **장영실과학관** 충남 아산시
- **영천최무선과학관** 경북 영천시

- **나로우주센터 우주과학관** 전남 고흥군
- **홍대용과학관** 충남 천안시
- **무주반디별천문과학관** 전북 무주군
- **충주고구려천문과학관** 충북 충주시
- **포천아트밸리 천문과학관** 경기도 포천시
- **옥토끼우주센터** 인천시 강화군 불은면
- **거창월성우주창의과학관** 경남 거창군
- **홍성조류탐사과학관** 충남 홍성군
- **에디슨과학박물관** 강원도 강릉시
- **우석헌자연사박물관** 경기도 남양주시

과학관 홈페이지의 '교육 자료실'에서 다양한 과학 관련 자료를 구할 수 있습니다. 오른쪽 과학 실험은 '국립중앙 과학관' 홈페이지(https://www.science.go.kr)의 '교육 자료실'에 있는 실험입니다. [동영상 보기]를 누르면 관련 실험 영상을 볼 수 있습니다. 과학 기관의 자료실에 있는 워크북과 자료를 적극적으로 활용하기를 바랍니다.

📖 한눈에 보는 초등 과학 교과 과정

초등학교 과학 교육 과정의 목표는 자연 현상과 사물에 대하여 호기심을 가지고, 과학의 핵심 개념에 대한 이해와 탐구 능력의 함양을 통해 과학적 소양을 기르는 것입니다. 그리고 기본 개념의 통합적인 이해 및 탐구 경험으로 과학적 사고력, 과학적 탐구 능력, 과학적 문제 해결력, 과학적 의사소통 능력, 과학적 참여와 평생 학습 능력 등의 과학과 핵심역량을 함양하는 것을 목표로 합니다.

	1학기	2학기
3학년	1. 물질의 성질 2. 동물의 한살이 3. 자석의 이용 4. 지구의 모습	1. 동물의 생활 2. 지표의 변화 3. 물질의 상태 4. 소리의 성질
4학년	1. 지층과 화석 2. 식물의 한살이 3. 물체의 무게 4. 혼합물의 분리	1. 식물의 생활 2. 물의 상태 변화 3. 그림자와 거울 4. 화산과 지진 5. 물의 여행
5학년	1. 온도와 열 2. 태양계와 별 3. 용해와 용액 4. 다양한 생물과 우리 생활	1. 생물과 환경 2. 날씨와 우리 생활 3. 물체의 운동 4. 산과 염기
6학년	1. 지구와 달의 운동 2. 여러 가지 기체 3. 식물의 구조와 기능 4. 빛과 렌즈	1. 전기의 이용 2. 계절의 변화 3. 연소와 소화 4. 우리 몸의 구조와 기능

독해력과 공부력을 키우는 **머리읽기 독서법**

📖 과학 교과 과정과 교과 연계 독서

초등 과학 교과서는 기본 개념과 실험, 관찰 위주로 설명되어 있어 다른 교과서와 비교하면 정보가 많이 부족합니다. 그러므로 교과서로 기본 개념을 익힌 다음 교과 연계 독서를 통해 한층 더 깊은 과학 지식으로 확장해야 합니다.

예를 들어 초등 4학년 '지층과 화석' 단원을 살펴보면, 교과서에서는 간단한 개념과 과정만 설명하고 있습니다. 이와 관련된 책을 함께 읽으면 교과 과정을 더 잘 이해하고, 더 깊이 있는 배경지식도 쌓을 수 있습니다.

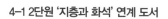

4-1 2단원 '지층과 화석' 연계 도서

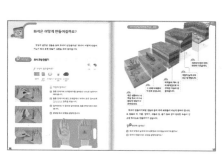

초등 4학년 '식물의 한살이' 단원을 배울 때는 다음과 같이 내용이 연계된 책을 함께 읽으면 교과 과정의 이해력을 높이고, 식물의 생태와 특징에 대한 다양한 지식을 얻을 수 있습니다.

4-1 3단원 '식물의 한살이' 연계 도서

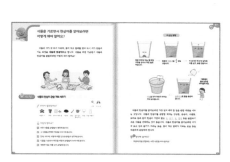

과학 3학년 1학기 교과 과정·연계 도서

3-1 1단원 과학자처럼 탐구해 볼까요?

교과 내용	교과 연계 추천 도서
• 과학자의 관찰, 측정 방법	『과학 잘하는 40가지 비밀』(롭 비티 / 라이카미)
• 과학자의 예상과 추리	『단위와 측정』(로지 호어 / 어스본코리아)
• 과학자의 분류 방법	『신통방통 길이 재기』(서지원 / 좋은책어린이)
• 과학자의 의사소통	『위대한 과학 혁명 100』(리사 제인 길레스피 / 라이카미)

3-1 2단원 물질의 성질

교과 내용	교과 연계 추천 도서
• 물체를 이루는 재료	『물질의 혼합과 산과 염기』(황근기 / 왓스쿨)
• 여러 물질의 성질	『별난 과학 물질 이야기』(로지 맥코믹 / 그린북)
• 물질의 성질 활용 사례	『소금아, 정말 고마워』(나탈리 토르지만 / 풀과바람)
• 물질의 성질 이용하는 방법	『세상을 움직이는 작은 가루 이야기』(최희규 / 마음이음)

3-1 3단원 동물의 한살이

교과 내용	교과 연계 추천 도서
• 동물의 암수 구분하기	『누가 수컷 누가 암컷』(다카오카 마사에 / 시공주니어)
• 여러 가지 곤충의 한살이	『우리 집에 배추흰나비가 살아요』(최덕규 / 살림어린이)
• 알을 낳는 동물의 한살이	『알과 씨앗』(김동광 / 미래엔아이세움)
• 새끼를 낳는 동물의 한살이	『신비한 한살이』(미셸 루체시 / 북스토리아이)

3-1 4단원 자석의 이용

교과 내용	교과 연계 추천 도서
• 자석의 성질	『착착 다 붙여 버리는 자석』(편집부 / 보육사)
• 나침반 만들기	『나침반』(올리비에 소즈로 / 길벗어린이)
• 자석을 이용한 생활 물품	『신비한 자석의 세계』(대한과학진흥회 / 스완미디어)
• 자석을 활용한 사례	『슈퍼 전자석의 비밀』(네이트 볼 / 상수리)

교과 내용	교과 연계 추천 도서
• 지구와 달 • 지구의 모양과 표면 • 육지와 바다의 특징 • 소중한 지구 보존하기	『용선생의 시끌벅적 과학교실 3: 지구와 달』 (김형진 외 / 사회평론) 『지구와 기후 변화』 (케이티 데인즈 / 어스본코리아) 『초등학생이 알아야 할 지구 100가지』 (제롬 마틴 / 어스본코리아) 『지구 사용 설명서 1』 (환경운동연합 / 한솔수북)

📖 과학 3학년 2학기 교과 과정·연계 도서

교과 내용	교과 연계 추천 도서
• 탐구 계획 • 탐구 방법 • 탐구 실행 • 탐구 결과	『교과서 속 기초 탐구』 (이대형 / 한울림어린이) 『웃기지만 진지한 초간단 과학 실험 70』 (롭 비티 / 아울북) 『초등학생을 위한 개념 과학 150』 (정윤선 / 바이킹) 『자연사 박물관: 생명 관찰 실험실』 (DK 편집부 / 비룡소)

교과 내용	교과 연계 추천 도서
• 동물의 특징 • 땅에 사는 동물 • 사막에 사는 동물 • 물에 사는 동물 • 날아다니는 동물	『세계의 동물 그림책』 (마에다 마유미 / 길벗스쿨) 『엄청나게 큰 바닷속 동물 백과』 (미나 레이시 / 어스본코리아) 『우리 강, 우리 냇가에 사는 생물』 (한국생명과학 사진연구회 / DSM주니어) 『동물도감』 (권혁도 외 / 보리)

📖 과학 4학년 1학기 교과 과정·연계 도서

4-1 2단원 지층과 화석

교과 내용	교과 연계 추천 도서
• 지층이 만들어지는 과정 • 지층을 이루는 암석 종류 • 퇴적암이 만들어지는 과정 • 화석이 만들어지는 과정	『화석과 지층』 (황근기 / 왓스쿨) 『떴다! 지식 탐험대 15』 (도엽 / 시공주니어) 『부글부글 땅속의 비밀: 화산과 지진』 (함석진 / 웅진주니어) 『지진은 위험해』 (주디스 허버드 / 매직사이언스)

4-1 3단원 식물의 한살이

교과 내용	교과 연계 추천 도서
• 씨가 싹 트는 과정 • 식물이 자라는 조건 • 잎, 줄기, 꽃, 열매 • 여러 가지 식물의 한살이	『파브르에게 배우는 식물 이야기』 (노정임 / 철수와영희) 『신비한 한살이』 (미셸 루체시 / 북스토리아이) 『맛있는 과학 16: 식물』 (민주영 / 주니어김영사) 『신기한 식물 일기』 (크리스티나 비외르크 /미래사)

4-1 4단원 물체의 무게

교과 내용	교과 연계 추천 도서
• 용수철저울로 무게 측정 • 양팔저울로 무게 측정 • 물체의 무게 비교하기	『곤충의 몸무게를 재 볼까?』 (요시타니 아키노리 / 한림출판사) 『신통방통 플러스 들이와 무게』 (서지원 / 좋은책어린이) 『비교할수록 쉬워지는 단위』 (클라이브 기퍼드 / 부즈펌어린이)

4-1 5단원 혼합물의 분리

교과 내용	교과 연계 추천 도서
• 콩, 팥, 좁쌀 분리하기 • 플라스틱과 철 구슬 분리하기 • 소금과 모래를 분리하기 • 혼합물의 분리를 이용한 사례	『맛있는 과학 14: 혼합물』 (민주영 / 주니어김영사) 『별난 과학 물질 이야기』 (로버트 로랜드 / 그린북) 『물질의 혼합과 산과 염기』 (황근기 / 왓스쿨) 『왜? 하고 물으면 과학이 답해요: 화학』 (정성욱 / 다락원)

과학 4학년 2학기 교과 과정·연계 도서

4-2 1단원 식물의 생활

교과 내용	교과 연계 추천 도서
• 들과 산에 사는 식물 • 강과 연못에 사는 식물 • 사막에 사는 식물 • 식물의 특징을 활용한 물건	『씨앗에서 숲까지 식물의 마법 여행』 (황경택 / 지구의아침) 『반려 식물 키우기』 (강지혜 / 상상의집) 『맛있는 과학 16: 식물』 (민주영 / 주니어김영사) 『생활에서 발견한 재미있는 과학 55』 (에릭 요다 / 뜨인돌어린이)

4-2 2단원 물의 상태 변화

교과 내용	교과 연계 추천 도서
• 물의 세 가지 상태 • 물의 증발 • 물방울이 맺히는 상태 • 물의 상태 변화를 이용한 물건	『물을 생각해요』 (조현권 / 위즈덤하우스) 『놀라운 물!』 (앤터니아 버니어 / 주니어RHK) 『맛있는 과학 18: 물』 (김지윤 / 주니어김영사) 『똑똑한 물의 비밀』 (프티 데브루야르 협회 / 파란자전거)

4-2 3단원 그림자와 거울

교과 내용	교과 연계 추천 도서
• 그림자 생성 조건 • 그림자의 모양과 크기 • 거울과 실제 모습 차이 • 거울의 활용	『그림자는 내 친구』 (박정선 / 길벗어린이) 『거울과 렌즈는 마법이 아니야!』 (아나 알론소 / 알라딘북스) 『빛과 놀아요』 (정성욱 / 위즈덤하우스) 『각도로 밝혀라 빛!』 (강선화 / 자음과모음)

4-2 4단원 화산과 지진

교과 내용	교과 연계 추천 도서
• 화산 활동으로 나오는 물질 • 현무암과 화강암의 특징 • 화산 활동의 영향과 결과물 • 지진의 발생 이유와 대처법	『부글부글 땅속의 비밀 화산과 지진』 (함석진 / 웅진주니어) 『별똥별 아줌마가 들려주는 화산 이야기』 (이지유 / 창비) 『지진은 위험해』 (주디스 허버드 / 매직사이언스) 『해운대에 지진이 일어난다면?』 (최영준 / 살림어린이)

교과 내용	교과 연계 추천 도서
• 물의 순환 • 물의 활용 • 물 부족 현상 • 물 활용 장치	『상하수도는 무슨 일을 할까』 (유영진 / 좋은꿈) 『물에서 생명이 태어났어요』 (게리 베일리 / 매직사이언스) 『내 친구는 왜 목이 마를까? 』 (미셸 멀더 / 초록개구리) 『물속에 빠진 돼지』 (백명식 / 내인생의책)

📖 과학 5학년 1학기 교과 과정 · 연계 도서

교과 내용	교과 연계 추천 도서
• 탐구 문제 정하기 • 실험 계획과 실습 • 실험 결과 해석하기 • 실험 결론 내리기	『초등학생을 위한 과학 실험 380』 (E. 리처드 처칠 / 바이킹) 『교과서가 쉬워지는 초등 필수 과학실험 100』 (C. 채터튼 / 길벗) 『창의폭발 엄마표 실험왕 과학놀이』 (이조옥, 이진선 / 로그인) 『초등학생을 위한 요리 과학실험 365』 (주부와 생활사 / 바이킹)

교과 내용	교과 연계 추천 도서
• 온도의 변화와 측정법 • 온도계의 종류별 사용법 • 열의 이동하는 방법 • 단열과 전도	『오르락내리락 온도를 바꾸는 열』 (임수현 / 웅진주니어) 『열과 온도의 비밀』 (편집부 / 상상의집) 『켈빈이 들려주는 온도 이야기』 (김충섭 / 자음과모음) 『가르쳐주세요! 열에 대해서』 (정완상 / 지브레인)

교과 내용	교과 연계 추천 도서
• 태양의 영향 • 태양계 구성원 • 행성의 크기와 거리 • 별과 별자리	『칼 세이건이 들려주는 태양계 이야기』 (정완상 / 자음과모음) 『태양계 너머 거대한 우주 속으로』 (자일스 스패로우 / 다섯수레) 『별똥별 아줌마가 들려주는 우주 이야기』 (이지유 / 창비) 『공부가 되는 별자리 이야기』 (글공작소 / 아름다운사람들)

교과 내용	교과 연계 추천 도서
• 다양한 물질의 용해 • 용해된 물질의 변화 • 용질과 용해 • 용액의 진하기	『냉장고 속 화학』 (이경윤 / 꿈결) 『왜? 하고 물으면 과학이 답해요: 화학』 (정성욱 / 다락원) 『상위 5%로 가는 화학 교실 1』 (이복영·신학수 외 / 스콜라) 『화학이 정말 우리 세상을 바꿨다고?』 (실바나 푸시토·일레아나 로테르스타인 / 찰리북)

교과 내용	교과 연계 추천 도서
• 곰팡이와 버섯의 특징 • 짚신벌레와 해캄의 특징 • 세균의 특징 • 다양한 생물과 우리 생활	『곰팡이 수지』 (레오노라 라이틀 / 위즈덤하우스) 『작은 생물 이야기』 (지태선 / 미래아이) 『지구를 들었다 놨다! 세균과 바이러스』 (유다정 / 다산어린이) 『과학 천재의 비법 노트: 생물』 (브레인 퀘스트 / 우리학교)

📖 과학 5학년 2학기 교과 과정·연계 도서

5학년 2학기 1단원 '재미있는 나의 탐구'는 5학년 1학기 1단원과 동일합니다.

교과 내용	교과 연계 추천 도서
• 생태계 구성과 관계 • 비생물 요소의 영향 • 생물의 환경 적응 • 환경 오염의 영향	『생태 환경 이야기』 (한영식 / 미래아이) 『용선생의 시끌벅적 과학 교실 1: 생태계』 (이현진 외 / 사회평론) 『생물 다양성 이야기 33가지』 (황신영 / 올파소) 『나의 탄소 발자국은 몇 kg일까?』 (폴 메이슨 / 다림)

교과 내용	교과 연계 추천 도서
• 이슬과 안개의 발생	『용선생의 시끌벅적 과학 교실 7: 습도와 구름』 (이현진 외 / 사회평론)

• 구름, 비, 눈 생성 과정	『도대체 날씨가 왜 이래?』 (안동희 / 아롬주니어)
• 고기압, 저기압	『자연의 마지막 경고, 기후 변화』 (김은숙 / 미래아이)
• 계절별 날씨 변화	『빈이 들려주는 기후 이야기』 (송은영 / 자음과모음)

5-2 4단원 물체의 운동

교과 내용	교과 연계 추천 도서
• 물체의 운동 원리 • 다양한 물체의 운동 • 물체의 빠르기 비교 • 물체의 속력 표시하기	『용선생의 시끌벅적 과학교실 10 힘』 (이명화 외 / 사회평론) 『과학 천재의 비법 노트: 물리, 화학』 (브레인 퀘스트 / 우리학교) 『김범준 선생님이 들려주는 빅데이터와 물리학』 (김범준 / 우리학교) 『멋진 물리학 이야기』 (세라 허턴 / 그린북)

5-2 5단원 산과 염기

교과 내용	교과 연계 추천 도서
• 여러 용액 분류하기 • 지시약으로 용액 분류 • 산성과 염기성 용액 • 생활에서의 산과 염기	『용선생의 시끌벅적 과학 교실 8: 산과 염기』 (이현진 외 / 사회평론) 『산과 염기를 찾아요』 (전화영 / 위즈덤하우스) 『시큼시큼 미끌미끌 산과 염기』 (김희정 / 아르볼) 『루이스가 들려주는 산, 염기 이야기』 (전화영 / 자음과모음)

📖 과학 6학년 1학기 교과 과정 · 연계 도서

6-1 1단원 과학자처럼 탐구해 볼까요?

교과 내용	교과 연계 추천 도서
• 탐구 가설 세우기 • 실험 계획 세우기 • 실험 계획하고 실행 • 실험 결론 내리기	『초등학생을 위한 과학 실험 380』 (E. 리처드 처칠 / 바이킹) 『교과서가 쉬워지는 초등 필수 과학 실험 100』 (크리스털 채터튼 / 길벗) 『창의폭발 엄마표 실험왕 과학놀이』 (이조옥, 이진선 / 로그인) 『초등학생을 위한 요리 과학 실험 365』 (주부와 생활사 / 바이킹)

6-1 2단원 지구와 달의 운동

교과 내용	교과 연계 추천 도서
• 지구의 공전과 자전 • 태양과 달의 위치 • 계절에 따른 별자리 • 달의 모양과 위치 변화	『맛있는 과학 30 계절, 낮과 밤』(민주영 / 주니어김영사) 『맛있는 과학 36 지구와 달』(정효진 / 주니어김영사) 『용선생의 시끌벅적 과학 교실 3: 지구와 달』(김형진 외 / 사회평론) 『달 지구의 하나뿐인 위성』(최영준 / 열린어린이)

6-1 3단원 여러 가지 기체

교과 내용	교과 연계 추천 도서
• 산소와 이산화탄소 • 압력에 따른 기체의 변화 • 온도에 따른 기체의 변화 • 공기에 있는 기체들	『프리스틀리가 들려주는 산소와 이산화탄소 이야기』(양일호 / 자음과모음) 『보일이 들려주는 기체 이야기』(정완상 / 자음과모음) 『공기야 놀자』(이선경 / 아이세움) 『변화무쌍 공기의 비밀』(프티 데브루아르 협회 / 파란자전거)

6-1 4단원 식물의 구조와 기능

교과 내용	교과 연계 추천 도서
• 식물을 이루는 세포 • 뿌리와 줄기의 역할 • 잎의 종류와 역할 • 꽃과 열매의 역할	『현미경 속 작은 세상의 비밀』(김종문 / 예림당) 『식물로 세상에서 살아남기』(신정민 / 풀과바람) 『엥겔만이 들려주는 광합성 이야기』(이흥우 / 자음과모음) 『신통방통 플러스 식물 이야기』(최수복 / 좋은책어린이)

6-1 5단원 빛과 렌즈

교과 내용	교과 연계 추천 도서
• 공기와 물에서 빛의 굴절 • 볼록 렌즈와 빛 • 사진기의 원리 • 생활에서 찾은 볼록 렌즈	『빛과 놀아요』(정성욱 / 위즈덤하우스) 『거울과 렌즈는 마법이 아니야!』(아나 알론소 / 알라딘북스) 『Why? 카메라』(전윤경 / 예림당) 『이것만 알자! 초등과학 6학년』(편집부 / 비상교육)

📖 과학 6학년 2학기 교과 과정 · 연계 도서

6-2 1단원 전기의 이용

교과 내용	교과 연계 추천 도서
• 전지에 따른 전구의 밝기 • 전구에 따른 전구의 밝기 • 전자석의 성질 • 전기 안전 사용과 절약	『실험으로 배우는 어린이 전자공학』 (외위빈 뉘달 / 뭉치) 『맥스웰이 들려주는 전기 자기 이야기』 (정완상 / 자음과모음) 『용선생의 시끌벅적 과학 교실 2: 전기』 (이명화 외 / 사회평론) 『이것만 알자! 초등과학 6학년』 (편집부 / 비상교육)

6-2 2단원 계절의 변화

교과 내용	교과 연계 추천 도서
• 태양 고도, 그림자 길이, 기온 상관 관계 • 계절에 따른 태양 고도와 낮의 길이 • 계절에 따른 기온의 변화 • 계절 변화의 까닭	『말뜻을 알면 개념이 쏙쏙 잡히는 과학』 (김은희 / 참돌어린이) 『초등과학 개념사전』 (황신영 외 / 아울북) 『별아저씨의 별★난 우주 이야기 1 : 달과 지구』 (이광식 / 들메나무) 『밑줄 쫙! 교과서 과학 실험 노트』 (서울과학교사모임 / 국민 출판사)

6-2 3단원 연소와 소화

교과 내용	교과 연계 추천 도서
• 연소의 조건과 과정 • 연소 시 발생 물질 • 불을 끄는 방법 • 화재 발생과 대처	『용선생의 시끌벅적 과학 교실 4: 산화와 환원』 (설정민 외 / 사회평론) 『이것만 알자! 초등과학 6학년』 (편집부 / 비상교육) 『꿀잼 교과서 과학 6학년』 (아울북 초등교육연구소 / 아울북)

6-2 4단원 우리 몸의 구조와 기능

교과 내용	교과 연계 추천 도서
• 음식물 소화 과정 • 숨 쉬는 과정 • 혈액 순환 과정 • 노폐물 처리 과정 • 자극에 대한 우리 몸의 반응	『용선생의 시끌벅적 과학교실 13 소화와 배설』 (이현진 외 / 사회평론) 『숨은 어떻게 쉴까요?』 (프랑수와즈 로랑 / 노란돼지) 『하비가 들려주는 혈액 순환 이야기』 (손선영 / 자음과모음) 『인체 탐구』 (리처드 워커 / 비룡소) 『놀라운 인체의 원리』 (데이비드 맥컬레이 / 크래들)

교과 내용	교과 연계 추천 도서
• 에너지의 필요성	『행복한 에너지』 (최영민 / 분홍고래)
• 에너지의 종류와 형태	『지구와 생명을 지키는 미래 에너지 이야기』 (정유리 / 팜파스)
• 에너지 전환 방법	『두 얼굴의 에너지, 원자력』 (김성호 / 길벗스쿨)
• 효율적인 에너지 활용	『미래가 온다, 미래 에너지』 (김성화 외 / 와이즈만북스)

한눈에 보는 중등 과학 교과 과정

중1 과학 교과 과정	I. 지권의 변화 　01. 지구계와 지권의 구조 　02. 지각의 구성 – 암석 　03. 지각의 구성 – 광물과 토양 　04. 지권의 운동 II. 여러 가지 힘 　01. 중력과 탄성력 　02. 마찰력과 부력 III. 생물의 다양성 　01. 생물 다양성과 분류 　02. 생물 다양성 보전	IV. 기체의 성질 　01. 입자의 운동 　02. 압력과 온도에 따른 　　　기체의 부피 변화 V. 물질의 상태 변화 　01. 물질의 상태 변화 　02. 상태 변화와 열에너지 VI. 빛과 파동 　01. 빛과 색 　02. 거울과 렌즈 　03. 파동과 소리 VII. 과학과 나의 미래
중2 과학 교과 과정	I. 물질의 구성 　01. 원소 　02. 원자와 분자 　03. 이온 II. 전기와 자기 　01. 전기의 발생 　02. 전류, 저항, 전압 　03. 전류의 자기 작용 III. 태양계 　01. 지구 　02. 달 　03. 태양계의 구성	IV. 식물과 에너지 　01. 광합성 　02. 식물의 호흡 V. 동물과 에너지 　01. 소화 　02. 순환 　03. 호흡 　04. 배설 VI. 물질의 특성 　01. 물질의 특성 　02. 혼합물의 분리 VII. 수권과 해수의 순환 VIII. 열과 우리 생활 IX. 재해 · 재난과 안전

중3 과학 교과 과정	I. 화학 반응의 규칙과 에너지 변화	V. 생식과 유전
	II. 기권과 날씨	01. 세포 분열
	01. 기권과 지구 기온	02. 사람의 발생
	02. 구름과 강수	03. 멘델의 유전 원리
	03. 기압과 바람	04. 사람의 유전
	04. 날씨의 변화	VI. 에너지 전환과 보존
	III. 운동과 에너지	01. 역학적 에너지 전환과 보존
	01. 운동	02. 전기 에너지의 발생과 전환
	02. 일과 에너지	VII. 별과 우주
	IV. 자극과 반응	VIII. 과학 기술과 인류 문명
	01. 감각 기관	
	02. 신경계와 호르몬	

과학 상식이 풍부해지는 과학 잡지 추천

과학 잡지는 나이에 상관없이 관심 분야나 알고 있는 지식수준에 맞게 골라 읽습니다. 주변의 공공 도서관에서 국내외의 거의 모든 과학 잡지를 읽어 볼 수 있습니다.

잡지명	발행 주기	발행처	대상
어린이 과학동아	격주	동아사이언스	초등 이상
과학동아	월간	동아사이언스	초등 고학년 이상
과학소년	월간	교원	초등 이상
뉴턴 Newton	월간	아이뉴턴	초등 고학년 이상
욜라 OYLA	격월	매직사이언스	초등 고학년 이상
SKEPTIC Korea 한국 스켑틱	계간	바다출판사	중등 이상
과학 잡지 에피	계간	이음	중등 이상

6

수학 과목 공부법과
교과 연계 독서법

수학은 컴퓨터, 휴대 전화, 게임, 건축물까지 우리 생활 전반에 녹아 있습니다. 앞으로 우리 아이들이 살아갈 미래에는 수학적 상상력과 응용력이 더욱 중요해집니다. 그러므로 수학적 관점에서 다양하게 생각하고 이를 실생활에 응용하는 수학이 필요합니다.

📖 점점 떨어지는 수학 학업 성취도

교육부에서 조사한 '국가수준 학업성취도 평가 결과'에서 최근 몇 년간의 교과별 기초학력 미달을 살펴보면, 수학 과목의 기초학력 미달이 점점 심해지고 있습니다.

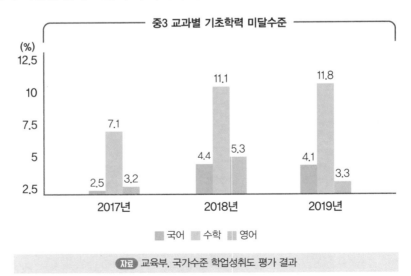

중3 교과별 기초학력 미달수준

자료 교육부, 국가수준 학업성취도 평가 결과

수학을 잘하게 하려고 어릴 때부터 쏟아붓는 많은 관심과 노력에도 불구하고, 학년이 올라갈수록 수학을 포기하는 이른바 '수포자'가 늘어나는 것이 현실입니다. 수학은 나선형 구조로 다음 그림과 같이 초등, 중등, 고등 과정이 서로 연결되어 있습니다. 상급 학년이 될수록 더욱 심화된 내용을 배우게 됩니다.

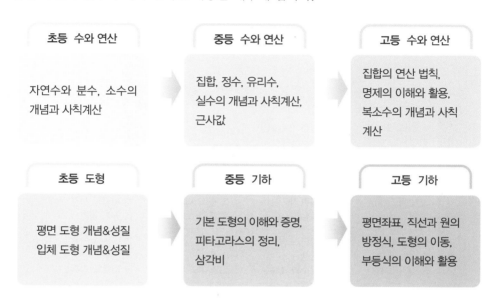

초등 수와 연산	중등 수와 연산	고등 수와 연산
자연수와 분수, 소수의 개념과 사칙계산	집합, 정수, 유리수, 실수의 개념과 사칙계산, 근사값	집합의 연산 법칙, 명제의 이해와 활용, 복소수의 개념과 사칙계산

초등 도형	중등 기하	고등 기하
평면 도형 개념&성질 입체 도형 개념&성질	기본 도형의 이해와 증명, 피타고라스의 정리, 삼각비	평면좌표, 직선과 원의 방정식, 도형의 이동, 부등식의 이해와 활용

이처럼 초등 수학의 개별 단원들은 중학교, 고등학교 단원들과 유기적으로 연결되어 있으므로, 특정 영역에 학습 결손이 생기면 상급 학년의 수업을 따라갈 수 없습니다. 반드시 현재 배우는 수학 영역을 완벽하게 이해하고 상급 학년으로 올라가야 합니다.

특히 수학의 기초 실력을 키우는 초등 과정에서는 영역별 개념과 원리를 철저하게 공부해야 합니다. 지나친 선행과 문제 풀이 위주의 공부는 오히려 수학을 싫어하게 만듭니다. 쉽고 재미있는 수학 동화를 읽으면 기본 개념과 수학적 원리를 이해하는 데 큰 도움이 됩니다. 동시에 학교에서 배우는 수학 진도에 맞춰 문제집을 풀며 아이의 학습 수준을 점검하고 부족한 부분은 보충해야 합니다. 꾸준한 공부는 아이에게 수학적 자신감과 함께 실력도 쌓이게 합니다.

📖 한눈에 보는 초등 수학 교과 과정

초등 수학의 전체 교과 과정을 확인하고, 현재 배우는 부분이 어디쯤인지 알아야 효율적으로 학습 계획을 세우고 학습 결손도 막을 수 있습니다. 초등 수학 교과 과정은 '수와 연산', '도형', '측정', '규칙성', '자료와 가능성' 이렇게 다섯 영역으로 나뉩니다.

	1학기		2학기	
1학년	1. 9까지의 수 3. 덧셈과 뺄셈 5. 50까지의 수	2. 여러 가지 모양 4. 비교하기	1. 100까지의 수 3. 여러 가지 모양 5. 시계 보기와 규칙 찾기 6. 덧셈과 뺄셈 (3)	2. 덧셈과 뺄셈 (1) 4. 덧셈과 뺄셈 (2)
2학년	1. 세 자리 수 3. 덧셈과 뺄셈 5. 분류하기	2. 여러 가지 도형 4. 길이 재기 6. 곱셈	1. 네 자리 수 3. 길이 재기 5. 표와 그래프	2. 곱셈 구구 4. 시각과 시간 6. 규칙 찾기
3학년	1. 덧셈과 뺄셈 3. 나눗셈 5. 길이와 시간	2. 평면 도형 4. 곱셈 6. 분수와 소수	1. 곱셈 3. 원 5. 들이와 무게	2. 나눗셈 4. 분수 6. 자료의 정리
4학년	1. 큰 수 3. 곱셈과 나눗셈 5. 막대그래프	2. 각도 4. 평면 도형의 이동 6. 규칙 찾기	1. 분수의 덧셈과 뺄셈 3. 소수의 덧셈과 뺄셈 5. 꺾은선그래프	2. 삼각형 4. 사각형 6. 다각형
5학년	1. 자연수의 혼합 계산 3. 규칙과 대응 5. 분수의 덧셈과 뺄셈 6. 다각형의 둘레와 넓이	2. 약수와 배수 4. 약분과 통분	1. 수의 범위와 어림 3. 합동과 대칭 5. 직육면체	2. 분수의 곱셈 4. 소수의 곱셈 6. 평균과 가능성
6학년	1. 분수의 나눗셈 3. 소수의 나눗셈 5. 여러 가지 그래프 6. 직육면체의 부피와 겉넓이	2. 각기둥과 각뿔 4. 비와 비율	1. 분수의 나눗셈 3. 공간과 입체 5. 원의 넓이	2. 소수의 나눗셈 4. 비례식과 비례 배분 6. 원기둥, 원뿔, 구

📖 초등 수학 '수와 연산' 영역

초등 수학에서는 빠르고 정확한 계산 능력을 갖추는 것이 중요하므로 '수와 연산' 영역이 가장 큰 비중을 차지합니다. 고학년으로 갈수록 연산이 복잡해져 한 번의 계산 실수가 오답으로 이어지곤 합니다. 계산 실수를 줄이기 위해서는 저학년 때부터 꾸준한 연산 훈련이 필요합니다. 그리고 수에 대한 감각을 키우고 계산 원리를 깨우치기 위해 독서를 병행해야 합니다.

다음은 초등 수학 교과 과정과 연계해서 읽으면 좋은 책들을 소개합니다. 학년보다는 개인적 수준을 고려하여 아이가 부족한 과정을 찾아 결손을 메우도록 합니다.

초등 1~2학년 · 수와 연산 교과 과정

❶ 네 자리 이하의 수
- 0과 100까지의 수 개념을 알고 사용하기
- 네 자리 이하의 수를 읽고 쓰고 비교하기
- 하나의 수를 두 수로 분해하고 두 수를 하나의 수로 합성하기

❷ 두 자리 수 범위의 덧셈과 뺄셈
- 실생활에서 덧셈과 뺄셈의 의미를 이해하기
- 두 자리 수 덧셈과 뺄셈의 계산 원리를 이해하기
- 덧셈과 뺄셈의 관계 이해하기
- 덧셈식과 뺄셈식 만들기

❸ 곱셈
- 실생활에서 곱셈의 의미를 이해하기
- 곱셈구구를 이해하고, 한 자리 수의 곱셈 하기

교과 연계 추천 도서

도서명	저자	출판사
『숫자도깨비』	리차드 이반 슈바르츠	지양어린이
『수학 도깨비』	서지원	와이즈만북스
『덧셈과 뺄셈』	로지 호어	어스본코리아
『양치기 소년은 연산을 못한대』	박영란	뭉치

『바다 100층짜리 집』	이와이 도시오	북뱅크
『구구단과 곱셈 퀴즈』	로지 디킨스	어스본코리아
『핀란드 초등학생이 배우는 재미있는 덧셈과 뺄셈』	리카 파카라	담푸스
『곱셈 놀이』	로렌 리디	미래아이
『곱셈 마법에 걸린 나라 자연수와 곱셈』	팜 캘버트	주니어김영사
『떡장수 할머니와 호랑이는 구구단을 몰라』	이안	뭉치
『곱셈과 나눗셈』	라라 브라이언	어스본코리아
『외우지 않고 구구단이 술술술』	이경희	마음이음
『신통방통 곱셈구구』	서지원	좋은책어린이

초등 3~4학년 · 수와 연산 교과 과정

❶ 다섯 자리 이상의 수
- 10000 이상의 큰 수에 대한 자릿값과 위치적 기수법을 이해하기
- 다섯 자리 이상의 수에서 수의 계열을 이해하고 크기를 비교하기

❷ 세 자리 수의 덧셈과 뺄셈
- 세 자리 수의 덧셈과 뺄셈의 계산 원리
- 세 자리 수의 덧셈과 뺄셈에서 계산 결과 어림하기

❸ 곱셈
- 곱하는 수가 한 자리 수(두 자리 수)인 곱셈의 계산 원리
- 곱하는 수가 한 자리 수(두 자리 수)인 곱셈의 계산 어림하기

❹ 나눗셈
- 실생활에서 나눗셈의 의미를 알고, 곱셈과 나눗셈의 관계 이해하기
- 나누는 수가 한 자리 수인 나눗셈의 계산 원리와 몫과 나머지 이해하기
- 나누는 수가 두 자리 수인 나눗셈의 계산 원리

❺ 분수와 소수
- 분수를 이해하고 읽고 쓰기
- 단위분수, 진분수, 가분수, 대분수 이해하기
- 분모가 같은 분수끼리, 단위분수끼리 크기를 비교하기
- 분모가 10인 진분수로 소수 한 자리 수를 이해하기

- 자릿값의 원리로 소수 두 자리 수와 소수 세 자리 수를 이해하기
- 소수의 크기를 비교하기
- 분모가 같은 분수의 덧셈과 뺄셈의 계산 원리 이해하기
- 소수 두 자리 수의 범위에서 소수의 덧셈과 뺄셈의 계산 원리 이해하기

교과 연계 추천 도서

도서명	저자	출판사
『선생님도 몰래보는 어린이 인도 베다수학』	손호성	봄봄스쿨
『곱셈과 나눗셈』	라라 브라이언	어스본코리아
『양말을 꿀꺽 삼켜버린 수학 1』	김선희	생각을담는어린이
『신통방통 나눗셈』	서지원	좋은책어린이
『분수와 소수』	로지 디킨스	어스본코리아
『견우와 직녀가 분수 때문에 싸웠대』	이안	뭉치
『분수가 뭐야?』	김성화 외	만만한책방
『분수비법: 개념편』	강미선	하우매쓰앤컴퍼니
『가우스는 소수 대결로 마녀들을 물리쳤어』	김정	뭉치
『소원이 이루어지는 분수』	도나 조 나폴리	주니어김영사
『마지막 수학전사 4』	서지원	와이즈만북스
『누나는 수다쟁이 수학자 2 분수』	박현정	뜨인돌어린이
『앨런, 분수와 소수로 악당 히틀러를 쫓아내라』	정영훈	뭉치
『분수와 소수가 우리 집으로 들어왔다!』	황혜진	생각하는아이지

초등 5~6학년 · 수와 연산 교과 과정

❶ 자연수의 혼합계산
- 덧셈, 뺄셈, 곱셈, 나눗셈의 혼합계산

❷ 약수와 배수
- 약수, 공약수, 최대공약수 이해하기
- 배수, 공배수, 최소공배수 이해하기
- 약수와 배수의 관계 이해하기

❸ 분수와 소수

- 분수의 성질 이해하고 같은 크기의 분수 만들기
- 분수를 약분, 통분하기
- 분모가 다른 분수의 크기 비교하기
- 분모가 다른 분수의 덧셈과 뺄셈의 계산 원리를 이해하기
- 분수의 곱셈 계산 원리를 이해하기
- '(자연수)÷(자연수)'에서 나눗셈의 몫을 분수로 나타내기
- 분수의 나눗셈 계산 원리를 이해하기
- 분수와 소수의 관계를 이해하고 크기 비교하기
- 소수의 곱셈 계산 원리를 이해하기
- '(자연수)÷(자연수)', '(소수)÷(자연수)'에서 나눗셈의 몫을 소수로 나타내기
- 나누는 수가 소수인 나눗셈의 계산 원리 이해하기
- 소수의 곱셈과 나눗셈의 계산 결과를 어림하기

교과 연계 추천 도서

도서명	저자	출판사
『페르마가 들려주는 약수와 배수 1 이야기』	김화영	자음과모음
『약수와 배수로 유령 선장을 이긴 15소년』	정영훈	뭉치
『열차와 배에서 배수와 약수를 찾아라』	김승태	뭉치
『개념연결 초등수학사전 5·6학년』	전국수학교사모임	비아에듀
『분수비법: 연산편』	강미선	하우매쓰앤컴퍼니
『수학 귀신의 집』	김선희	살림어린이
『스테빈이 들려주는 분수와 소수 이야기』	홍선호	자음과모음
『가우스는 소수 대결로 마녀들을 물리쳤어』	김정	뭉치
『분수와 소수가 우리 집으로 들어왔다!』	황혜진	생각하는아이
『수학에 푹 빠지다 2: 분수와 소수』	김정순	경문사
『초등 수학 개념 사전』	심진경 외	아울북
『수학 천재의 비법 노트: 수와 연산, 비와 비율』	브레인 퀘스트	우리학교

📖 초등 수학 '도형' 영역

초등 수학에서 도형 부분은 크게 평면 도형과 입체 도형으로 나누어 배웁니다. 일상생활에서 볼 수 있는 다양한 물건을 관찰하며 도형을 배우고, 쌓기나무, 블록, 퍼즐, 종이접기 등을 활용한 놀이를 통해 공간 감각을 기르는 것이 효과적입니다.

초등 1~2학년　도형 교과 과정

❶ **입체 도형의 모양**
- 직육면체, 원기둥, 구의 모양 이해하고 여러 모양 만들기
- 쌓기나무로 다양한 입체 도형 만들고 위치나 방향 이해하기

❷ **평면 도형과 그 구성 요소**
- 삼각형, 사각형, 원의 모양 이해하고 여러 모양 만들기
- 삼각형, 사각형, 원의 특징 이해하고 그리기
- 삼각형, 사각형의 공통점 알고, 오각형, 육각형 이해하기

교과 연계 추천 도서

도서명	저자	출판사
『원은 괴물이야!』	권수진	만만한책방
『점이 뭐야?』	김성화	만만한책방
『세상 밖으로 나온 모양』	이재윤	아이세움
『헨젤과 그레텔은 도형이 너무 어려워』	고자현	뭉치
『이상한 나라의 도형 공주』	서지원	나무생각
『도형이 이렇게 쉬웠다니!』	정유리	파란정원
『신통방통 도형 첫걸음』	서지원	좋은책어린이
『성형외과에 간 삼각형』	마릴린 번스	보물창고
『도형이 이렇게 쉬웠다니!』	정유리	파란정원
『개념연결 초등수학사전 1·2학년』	전국수학교사모임	비아에듀
『첫 번째 도형 이야기』	고와다 마사시 외	지브레인
『평범한 아이 수학 영재 만드는 수학 놀이』	어린이클럽	이너북
『초등학생이 딱 알아야 할 수학 상식 이야기』	김성삼	파란정원

『수학적 원리를 이용한 다면체 종이접기』	종이나라	종이나라
『평면 도형이 운동장으로 나왔다!』	김지연	생각하는아이지
『퀴즈! 과학상식: 황당 도형 수학』	도기성	글송이

초등 3~4학년 · 도형 교과 과정

❶ 도형의 기초
- 직선, 선분, 반직선 이해하기
- 각과 직각을 이해하고 예각과 둔각 구별하기
- 직선의 수직 관계와 평행 관계를 이해하기

❷ 평면 도형의 이동
- 평면 도형의 밀기, 뒤집기, 돌리기 등을 통해 변화 이해하기
- 평면 도형으로 규칙적인 무늬 만들기

❸ 원의 구성 요소
- 원의 중심, 반지름, 지름 이해하기
- 컴퍼스로 여러 가지 크기의 원 그려 꾸미기

❹ 삼각형, 사각형, 다각형
- 이등변삼각형, 정삼각형 구분하고 이해하기
- 직각삼각형, 예각삼각형, 둔각삼각형 이해하기
- 직사각형, 정사각형, 사다리꼴, 평행사변형, 마름모 이해하기
- 다각형과 정다각형 구분하고 이해하기
- 주어진 도형으로 다양한 모양 만들기

교과 연계 추천 도서

도서명	저자	출판사
『개뼈다귀에서 시작하는 야무진 도형 교실』	안나 체라솔리	길벗어린이
『도형과 각도』	에디 레이놀즈	어스본코리아
『오일러와 피노키오는 도형 춤 대회 1등을 했어』	이안	뭉치
『쌓기나무 널 쓰러뜨리마』	강미선	북멘토
『평면 도형이 운동장으로 나왔다!』	김지연	생각하는아이지
『반원의 도형 나라 모험』	안소정	창비
『파라오의 정사각형』	안나 체라솔리	봄나무

『탈레스가 들려주는 평면 도형 이야기』	홍선호	자음과모음
『신통방통 도형 마무리』	서지원	좋은책어린이
『각도로 밝혀라 빛!』	강선화	자음과모음
『초등학생이 딱 알아야 할 수학 상식 이야기』	김성삼	파란정원
『양말을 꿀꺽 삼켜 버린 수학 2: 도형과 퍼즐』	김선희	생각을담는어린이
『마지막 수학 전사 2, 5』	서지원	와이즈만북스
『가르쳐 주세요! 도형에 대해서』	신미정	지브레인
『수학 없는 수학』	애나 웰트만	사파리
『초등학생을 위한 수학 실험 365』	수학교육학회 연구부	바이킹
『초등 수학 개념 사전』	심진경 외	아울북

초등 5~6학년 도형 교과 과정

❶ 합동과 대칭
- 합동의 의미 이해하고 합동인 도형 찾기
- 합동인 도형의 대응점, 대응변, 대응각 이해하기
- 선대칭 도형과 점대칭 도형 이해하고 그리기

❷ 직육면체와 정육면체
- 직육면체와 정육면체의 특징 이해하기
- 직육면체와 정육면체의 겨냥도와 전개도 그리기

❸ 각기둥과 각뿔
- 각기둥과 각뿔의 특징 이해하기
- 각기둥의 전개도 그리기

❹ 원기둥과 원뿔
- 원기둥의 구성 요소, 성질, 전개도 이해하기
- 원뿔과 구의 특징 이해하기

❺ 입체 도형의 공간 감각
- 쌓기나무로 만든 입체 도형에서 개수 구하기
- 쌓기나무로 만든 입체 도형의 모양 표현하고 추측하기

교과 연계 추천 도서

도서명	저자	출판사
『플라톤 삼각형의 비밀』	김성수	주니어김영사

『입체 도형으로 수학왕이 된 앨리스』	계영희	뭉치
『101가지 초등 수학 질문 사전』	김남준	북멘토
『동화로 읽는 마법의 수학 공식』	김수경	살림어린이
『도형이 쉬워지는 인도 베다 수학』	마키노 다케후미	보누스
『수학 천재의 비법 노트: 문자와 식, 기하』	브레인 퀘스트	우리학교
『쌓기나무, 널 쓰러뜨리마!』	강미선	북멘토
『개념연결 초등수학사전 5·6학년』	전국수학교사모임	비아에듀
『도형 마법사의 놀이공원』	한태희	한림출판사
『만들고 생각하며 깨우치는 수학 없는 수학』	애나 웰트만	사파리
『평면도형이 운동장으로 나왔다!』	김지연	생각하는아이지
『유클리드가 들려주는 기본 도형과 다각형 이야기』	김남준	자음과모음
『유클리드가 들려주는 공간 도형 이야기』	이지현	자음과모음
『와이즈만 수학 사전』	박진희 외	와이즈만북스

📖 초등 수학 '측정' 영역

측정은 시간, 길이, 들이, 무게, 각도, 넓이, 부피 등 다양한 단위로 양을 수치화하는 것입니다. 측정 영역은 학년이 올라갈수록 내용이 점점 추상적이고 단위도 실제로 재기 어려운 단위로 점점 커집니다. 책을 통해 작은 단위부터 완벽하게 이해하면 단위가 커져도 쉽게 추측하고 실생활에도 응용할 수 있습니다. 책을 통해 단위에 대해 깊이 이해하고 실생활에서 응용하는 연습을 해 봅니다.

❶ **양의 비교**
- 구체물의 길이, 들이, 무게, 넓이를 비교하고 표현 익히기

❷ **시각과 시간**
- 시계를 보고 몇 시 몇 분 읽기
- 시간을 몇 분으로 표현하기
- 1분, 1시간, 1일, 1주일, 1개월, 1년 사이의 관계 이해하기

❸ **길이**
- 길이의 단위 이해하고 적절하게 사용하기
- 1m와 100cm의 관계 이해하기
- 여러 가지 물건의 길이 어림하기
- 구체물의 길이를 재고 '약'으로 표현하기
- 길이의 덧셈과 뺄셈 이해하기

교과 연계 추천 도서

도서명	저자	출판사
『비교쟁이 콧수염 임금님』	서지원	나무생각
『알쏭달쏭 알라딘은 단위가 헷갈려』	황근기	뭉치
『퀴즈 대회에서 우승한 돼지: 측정과 단위』	백명식	내인생의책
『신통방통 시계 보기』	서지원	좋은책어린이
『시계와 시간』	로지 호어	어스본코리아
『쉿! 신데렐라는 시계를 못 본대』	고자현	과학동아북스
『콩닥콩닥 시계 보기』	황근기	살림어린이
『신통방통 시각과 시간』	서지원	좋은책어린이
『시간이 보이니?』	페르닐라 스탈펠트	시금치
『째깍째깍 시간 박물관』	권재원	창비
『단위와 측정』	로지 호어	어스본코리아
『개념연결 초등수학사전 1 · 2학년』	전국수학교사모임	비아에듀
『신통방통 길이 재기』	서지원	좋은책어린이
『수학 식당 1』	김희남	명왕성은자유다

❶ 시각과 시간

- 1분은 60초임을 알고, 초 단위까지 시각을 읽기
- 초 단위 시간의 덧셈과 뺄셈

❷ 길이

- 길이 단위 1mm와 1km 이해하고 측정하기
- 1cm와 1mm, 1km와 1m의 관계 이해하기

❸ 들이

- 들이의 단위 1L와 1mL 이해하고 측정하기
- 1L와 1mL의 관계 이해하기
- 들이의 덧셈과 뺄셈 이해하기

❹ 무게

- 무게 단위 1g과 1kg 이해하고 측정하기
- 1kg과 1g의 관계 이해하기
- 무게의 새로운 단위 필요성과 1t 이해하기
- 무게의 덧셈과 뺄셈 이해하기

❺ 각도

- 각의 단위 1도(°) 이해하고 각도기로 각의 크기 측정하기
- 주어진 각도와 크기가 같은 각 그리기
- 삼각형과 사각형의 내각의 크기의 합 추론하기

교과 연계 추천 도서

도서명	저자	출판사
『시간이 보이니?』	페르닐라 스탈펠트	시금치
『큰달 작은달 달력의 비밀』	이케가미 준이치	한솔수북
『비교할수록 쉬워지는 단위』	클라이브 기퍼드	부즈펌어린이
『쌍둥이 건물 속 대칭축을 찾아라』	여승현	뭉치
『이리 보고 저리 재는 단위 이야기』	김은의	풀과바람
『단위와 측정』	로지 호어	어스본코리아
『수학식당 2』	김희남	명왕성은자유다
『미로 저택의 비밀』	데이비드 글러버	주니어RHK

『도형과 각도』	에디 레이놀즈	어스본코리아
『각도로 밝혀라 빛!』	강선화	자음과모음
『스포츠 속 황금 각도를 찾아라』	황근기	뭉치

초등 5~6학년 측정 교과 과정

❶ **어림하기**
- 이상, 이하, 초과, 미만의 의미와 쓰임을 알고 표현하기
- 올림, 버림, 반올림의 의미와 필요성 알기

❷ **평면도형의 둘레와 넓이**
- 평면도형의 둘레를 이해하고 둘레의 길이 구하기
- 넓이 단위인 $1cm^2$, $1m^2$, $1km^2$의 관계 이해하기
- 직사각형과 정사각형의 넓이 구하기
- 평행사변형, 삼각형, 사다리꼴, 마름모의 넓이 구하기

❸ **원주율과 원의 넓이**
- 원주와 지름을 측정하고 원주율 이해하기
- 원주와 원의 넓이를 구하는 방법 이해하기

❹ **입체도형의 겉넓이와 부피**
- 직육면체와 정육면체의 겉넓이 구하기
- 부피의 단위 $1cm^3$, $1m^3$의 관계 이해하기
- 직육면체와 정육면체의 부피 구하기

교과 연계 추천 도서

도서명	저자	출판사
『무기를 되찾으러 간 돼지 원과 원주율』	백명식	내인생의책
『원주율로 떠나는 오디세우스의 수학 모험』	노영란	뭉치
『비교할수록 쉬워지는 단위』	홍선호	자음과모음
『피타고라스 구출작전』	김성수	주니어김영사
『플라톤 삼각형의 비밀』	김성수	주니어김영사
『마지막 수학전사 3』	서지원	와이즈만북스

📖 초등 수학 '규칙성' 영역

규칙성은 생활 주변의 여러 현상을 탐구하는 데 중요하며, 함수 개념의 기초가 되는 영역입니다. 규칙성과 문제 해결은 여러 가지 방법으로 문제를 풀어 보는 것이 중요합니다. 반드시 식을 세워야 한다는 고정관념보다는 그림 그리기, 거꾸로 풀기, 표 만들기, 규칙 찾기, 예상과 확인 등 문제에 따라 적절한 해결 전략을 폭넓게 활용할 수 있도록 연습하는 것이 좋습니다. 규칙성은 사고력과 논리력을 요구하는 영역이므로 수학 동화를 통해 재미있고 쉽게 다가갈 수 있습니다.

초등 1~2학년 　규칙성 교과 과정

- 물체, 무늬, 수 등의 배열에서 규칙 찾아 표현하기
- 규칙에 따라 물체, 무늬, 수 등을 배열하기

교과 연계 추천 도서

도서명	저자	출판사
『피터, 그래서 규칙이 뭐냐고』	서지원	나무생각
『아기 염소는 경우의 수로 늑대를 이겼어』	고자현	뭉치
『신통방통 규칙 찾기』	서지원	좋은책어린이
『똑똑해지는 수학퍼즐 1단계 1·2학년』	하이라이츠	아라미

초등 3~4학년 　규칙성 교과 과정

- 규칙을 찾아 설명하고, 그 규칙을 수나 식으로 나타내기
- 계산식의 배열에서 규칙을 찾고, 계산 결과를 추측하기

교과 연계 추천 도서

도서명	저자	출판사
『페르마, 수리수리 규칙을 찾아라』	황근기	뭉치
『수학식당 2』	김희남	명왕성은자유다
『수학하는 어린이 4: 규칙과 비례』	전연진	스콜라

『미스터리 박물관 사건』	데이비드 글러버	주니어RHK
『멘사 수학 놀이 1』	해럴드 게일 외	바이킹
『수학친구 3학년, 4학년』	서울교대 초등수학연구회	녹색지팡이

초등 5~6학년 규칙성 교과 과정

❶ 규칙과 대응
- 표에서 규칙을 찾고 식으로 나타내기

❷ 비와 비율
- 비의 개념을 이해하고, 그 관계를 비로 나타내기
- 비율을 이해하고, 비율을 분수, 소수, 백분율로 나타내기

❸ 비례식과 비례배분
- 비례식 이해하고 간단한 비례식 풀어보기
- 비례배분 이해하고 주어진 양을 비례배분하기

교과 연계 추천 도서

도서명	저자	출판사
『그림으로 원리를 알 수 있는 단위와 비 이야기』	세리자와 쇼조	지브레인
『가르쳐주세요! 백분율에 대해서』	김준호	지브레인
『비례 배분으로 보물섬을 발견한 해적 실버』	박신식	뭉치
『오밀조밀 세상을 만든 수학』	김용준	도서출판 봄볕
『과학 공화국 수학 법정 4: 비와 비율』	정완상	자음과모음
『수학 콜로세움 도전기: 비례식과 확률』	강호	살림어린이
『수학친구 5학년』	서울교대 초등수학연구회	녹색지팡이
『수학친구 6학년』	서울교대 초등수학연구회	녹색지팡이
『수학하는 어린이 4: 규칙과 비례』	전연진	스콜라
『수학 천재의 비법 노트: 수와 연산, 비와 비율』	브레인 퀘스트	우리학교

📖 초등 수학 '자료와 가능성' 영역

'자료와 가능성' 영역에서는 수집한 자료를 분류하고 표, 그래프로 나타내는 방법을 배웁니다. 자료의 수집, 분류, 정리, 해석은 통계의 기초가 됩니다. 수집한 자료를 분류하고 정리하는 과정에서 도식화하는 능력을 길러야 합니다. 이 영역에 대한 이해는 사회나 과학 등 다른 과목의 학습은 물론, 신문, 뉴스, 잡지 등의 자료 분석에도 큰 도움이 됩니다.

초등 1~2학년 　자료와 가능성 교과 과정

- 사물들을 정해진 기준으로 분류하기
- 분류한 자료를 표로 나타내기
- 분류한 자료를 그래프로 나타내기

교과 연계 추천 도서

도서명	저자	출판사
『그래프 놀이』	로렌 리디	미래아이
『아기 염소는 경우의 수로 늑대를 이겼어』	고자현	뭉치
『신통방통 표와 그래프』	서지원	좋은책어린이
『마왕의 군사 비밀을 알아낸 돼지: 통계와 그래프』	백명식	내인생의책

초등 3~4학년 　자료와 가능성 교과 과정

- 자료를 그림그래프나 막대그래프로 나타내기
- 자료를 꺾은선그래프로 나타내기
- 여러 가지 자료를 그래프로 표현하고 해석하기

교과 연계 추천 도서

도서명	저자	출판사
『그래프를 만든 괴짜』	헬레인 베커	담푸스
『파스칼은 통계 정리로 나쁜 왕을 혼내 줬어』	서지원	뭉치
『신통방통 플러스 표와 그래프』	서지원	좋은책어린이

초등 5~6학년 | 자료와 가능성 교과 과정

- 평균으로 나타내고 활용하기
- 자료를 그림그래프로 나타내고 활용하기
- 자료를 띠그래프와 원그래프로 나타내기
- 자료를 적절한 그래프로 나타내고 해석하기
- 실생활에서 가능성과 관련된 상황을 표현하기
- 가능성을 수나 말로 나타낸 예를 찾아보고 비교하기
- 사건이 일어날 가능성을 수로 표현하기

교과 연계 추천 도서

도서명	저자	출판사
『로미오와 줄리엣이 첫눈에 반할 확률은?』	김원섭	뭉치
『수학 천재의 비법 노트: 확률과 통계, 함수』	브레인 퀘스트	우리학교
『그래프를 만든 괴짜』	헬레인 베커	담푸스
『Why? 와이 수학 14: 확률과 통계 2』	그림나무	예림당
『파스칼이 들려주는 경우의 수 이야기』	정연숙	자음과모음
『탤리캣과 마법의 수학 나라 6』	배소미	참돌어린이
『DK 수학의 핵심』	이현주 역	비룡소
『수학이 자꾸 수군수군 3: 확률』	샤르탄 포스키트	주니어김영사
『과학 공화국 수학 법정 5: 확률과 통계』	정완상	자음과모음
『새로 쓰는 초등 수학 교과서: 확률과 통계』	박영훈	동녘

7

국어 과목 공부법과
교과 연계 독서법

모든 학습은 국어 실력의 영향을 받으므로 어릴 때부터 국어 실력을 키워야 합니다. 교과 과정에 맞게 국어 공부를 하면서 독서를 통해 생활과 학습에 필요한 실질적인 국어 실력을 기르는 것이 관건입니다.

국어는 원활한 의사소통을 목적으로 하는 과목입니다. 국어 교과 과정은 크게 듣기, 말하기, 읽기, 쓰기, 문법, 문학 영역으로 구성되어 있습니다. 초등학교 때 형성된 국어 실력은 대학 입시뿐만 아니라 성인이 되어서도 큰 영향을 줍니다. 전체 국어 교육 과정을 이해하고 아이가 배워야 할 각 영역의 내용을 익힐 수 있도록 이끌어야 합니다.

📖 모든 과목의 토대가 되는 국어 실력

국어가 우리말로 되어 있다고 해서 시간이 지나면 저절로 습득되는 것은 아닙니다. 오랜 시간 지속적인 노력을 해야 실력이 향상됩니다. 상당수 부모는 영어와 수학은 어릴 때부터 체계적으로 공부시키려 하지만 국어는 소홀하게 여깁니다.

국어는 모든 학습의 기본 토대를 이루고 있습니다. 그렇기 때문에 국어 실력이 부족하면 다른 모든 과목의 성적도 떨어지게 됩니다. 국어와 가장 연관성이 없어 보이는 수학에서도 수학의 원리를 이해하고 문장으로 길게 설명하는 서술형 문제를 풀기 위해서는 독해력이 필요합니다. 예를 들어 수학의 모든 공식과 풀이 방법을 완벽하게 알고 있어도 다음과 같이 긴 서술형 문제일 경우 내용을 이해하지 못하면 문제를 풀 수 없습니다.

18. 그림과 같이 한 변의 길이가 5인 정사각형 ABCD에 중심이 A이고 중심각의 크기가 90°인 부채꼴 ABD를 그린다. 선분 AD를 3:2로 내분하는 점을 A_1, 점 A_1을 지나고 선분 AB에 평행한 직선이 호 BD와 만나는 점을 B_1이라 하자. 선분 A_1B_1을 한 변으로 하고 선분 DC와 만나도록 정사각형 $A_1B_1C_1D_1$을 그린 후, 중심이 D_1이고 중심각의 크기가 90°인 부채꼴 $D_1A_1C_1$을 그린다. 선분 DC가 호 A_1C_1, 선분 B_1C_1과 만나는 점을 각각 E_1, F_1이라 하고, 두 선분 DA_1, DE_1과 호 A_1E_1로 둘러싸인 부분과 두 선분 E_1F_1, F_1C_1과 호 E_1C_1로 둘러싸인 부분인 ⌐⌐모양의 도형에 색칠하여 얻은 그림을 R_1이라 하자.

그림 R_1에서 정사각형 $A_1B_1C_1D_1$에 중심이 A_1이고 중심각의 크기가 90°인 부채꼴 $A_1B_1D_1$을 그린다. 선분 A_1D_1을 3:2로 내분하는 점을 A_2, 점 A_2를 지나고 선분 A_1B_1에 평행한 직선이 호 B_1D_1과 만나는 점을 B_2라 하자. 선분 A_2B_2를 한 변으로 하고 선분 D_1C_1과 만나도록 정사각형 $A_2B_2C_2D_2$를 그린 후, 그림 R_1을 얻은 것과 같은 방법으로 정사각형 $A_2B_2C_2D_2$에 ⌐⌐모양의 도형을 그리고 색칠하여 얻은 그림을 R_2라 하자.

이와 같은 과정을 계속하여 n번째 얻은 그림 R_n에 색칠되어 있는 부분의 넓이를 S_n이라 할 때, $\lim_{n\to\infty} S_n$의 값은? [4점]

① $\dfrac{100}{9}\left(2-\sqrt{3}+\dfrac{\pi}{3}\right)$ ② $\dfrac{100}{9}\left(3-\sqrt{3}+\dfrac{\pi}{6}\right)$

③ $\dfrac{50}{3}\left(2-\sqrt{3}+\dfrac{\pi}{3}\right)$ ④ $\dfrac{100}{9}\left(3-\sqrt{3}+\dfrac{\pi}{3}\right)$

⑤ $\dfrac{50}{3}\left(3-\sqrt{3}+\dfrac{\pi}{6}\right)$

출처: 2020학년도 수능 수학 '나'형 18번 문제

국어 교과서 수록 도서 읽기

국어는 꾸준히 공부해야 하는 과목이므로 매일 정해진 시간 동안 그날 배운 교과서와 수록 도서를 읽습니다. 특히 산문 작품의 경우, 국어 교과서에는 대부분 원문의 일부만 실려 있으므로 교과서 수록 작품들은 전문을 찾아 읽도록 합니다. 저학년의 경우 부모와 함께 소리 내어 읽는 시간을 가져야 합니다. 무작정 읽는 것이 아니라 띄어쓰기, 인물의 상황이나 감정에 맞게 읽으면 인물의 마음과 성격을 파악하는 능력도 기를 수 있습니다. 마치 배우처럼 인물의 대사를 서로 주고받으며 실감 나게 읽습니다.

참고서 활용하여 국어 실력 키우기

최근 시험을 치지 않아서 참고서나 문제집을 사지 않는 경우가 많습니다. 수학이나 영어처럼 국어도 오랜 시간 공들여야 실력이 쌓이므로 초등 과정을 제대로 공부해야 중·고등학교 때 국어 공부의 부담을 덜 수 있습니다. 국어 교과서는 설명보다 서로 이야기 나누며 이해하는 토의 형식이 많아, 수업 시간에 배운 내용을 참고서를 통해 정리할 필요가 있습니다.

국어 교과서에서는 자세한 설명 없이 만화를 통해 토의에서 의견을 조정하는 방법을 배우게 됩니다. 참고서에서 부족한 내용을 배우고 문제를 풀면서 해당 단원을 제대로 이해했는지 확인합니다.

참고서에는 정보가 지나치게 많으므로 교과서를 중심으로 읽고 어렵고 부족한 부분만 참고서로 공부합니다. 제대로 이해했는지는 확인하기 위해 참고서 문제를 풀게 합니다. 상급 학년이 될수록 국어 시험을 어려워하는 학생들이 많습니다. 초등학생 때부터 어려운 문제를 접하면서 국어 실력을 차근차근 쌓아야 합니다.

글쓰기와 말하기로 생각 표현하기

글을 읽고, 모든 내용을 육하원칙, '누가, 언제, 어디서, 무엇을, 어떻게, 왜'에 맞춰 대답할 수 있도록 합니다. 종이에 여섯 개의 질문을 쓴 글자를 출력해서 아예 책상이나 냉장고 등에 붙여 놓고, 글을 읽은 후에는 그것을 보며 간단히 대답하도록 합니다. 6개월 이상 그 훈련을 하면 놀랄 정도로 조리 있게 말하는 실력을 얻게 될 것입니다. 또한 어떤 글을 읽더라도 바로 중요한 내용을 파악하고 주제를 찾을 수 있게 됩니다. 초등학교 국어 시험에서 절대 빠지지 않는 것이 '주제 찾기' 문제입니다. 그러기 위해서는 읽은 내용을 육하원칙으로 요약하는 활동을 지금부터 바로 생활화해야 합니다.

글에서 주제를 찾고 요약하는 방법은 〈1부〉에 설명되어 있습니다.

국어 1학년 1학기 교과 과정·연계 도서

1-1 1단원 바른 자세로 읽고 쓰기

교과 내용	교과서 수록 & 연계 추천 도서
• 바르게 듣기 • 바르게 읽기 • 바르게 쓰기 • 낱말 따라 쓰기	『삐뚜로 앉으면』 (이윤희 / 다림) 『곰곰아, 괜찮아?』 (김정민 / 북극곰) 『글씨 쓰기 삼총사』 (게드 소비지크 / 머스트비) 『나 혼자 해 볼래 글씨 쓰기』 (권진경 / 리틀씨앤톡)

1-1 2단원 재미있게 ㄱㄴㄷ

교과 내용	교과서 수록 & 연계 추천 도서
• 자음자의 모양 알기 • 자음자의 이름 알기 • 자음자의 소리 알기 • 자음자 바르게 쓰기 • 놀이로 자음자 익히기	수록 『라면 맛있게 먹는 법』 (권오삼 / 문학동네) 수록 『숨바꼭질 ㄱㄴㄷ』 (김재영 / 현북스) 수록 『표정으로 배우는 ㄱㄴㄷ』 (솔트앤페퍼 / 소금과 후추) 수록 『소리치자 가나다』 (박정선 / 비룡소) 수록 『동물 친구 ㄱㄴㄷ』 (김경미 / 웅진주니어) 수록 『한글의 꿈 포스터』 (성유진 / 리틀애나) 수록 『생각하는 ㄱㄴㄷ』 (이보나 / 논장) 수록 『손으로 몸으로 ㄱㄴㄷ』 (전금하 / 문학동네)

1-1 3단원 다 함께 아야어여

교과 내용	교과서 수록 & 연계 추천 도서
• 모음자의 모양 알기 • 모음자의 이름 알기 • 모음자 찾기 • 모음자 읽고 쓰기	수록 『말놀이 동요집 1, 2』 (최승호 · 방시혁 / 비룡소) 『세종대왕의 생각 실험실』 (송은영 / 해나무) 『자음 모음 놀이』 (서향숙 / 푸른사상) 『한 권으로 끝내는 한글 떼기』 (김수현 / 카시오페아)

1-1 4단원 글자를 만들어요

교과 내용	교과서 수록 & 연계 추천 도서
• 글자의 짜임 알기 • 글자를 읽고 쓰기 • 여러 가지 모음자 알기 • 이야기를 듣고 낱말 읽기	수록 『깊은 산속 옹달샘 누가 와서 먹나』 (윤석중 / 예림당) 수록 『어머니 무명 치마』 (김종상 / 창비) 수록 『이가 아파서 치과에 가요』 (한규호 / 받침없는동화) 『매일 스스로 공부하는 맞춤법 어휘력 1단계』 (꿈씨앗연구소 / 성안당)

1-1 5단원 다정하게 인사해요

교과 내용	교과서 수록 & 연계 추천 도서
• 인사할 때의 마음가짐 • 알맞은 인사말 알기 • 상황에 맞는 인사말 • 바르게 인사하기	『왜 인사해야 돼?』 (엘리센다 로카 / 노란상상) 『또박또박 반갑게 인사해요』 (안미연 / 상상스쿨) 『멍멍 강아지로 변했어요』 (유시나 / 쉼어린이) 『이럴 땐 "미안해요!" 하는 거야』 (황윤선 / 노란돼지) 『칭찬으로 재미나게 욕하기』 (정진 / 키위북스)

1-1 6단원 받침이 있는 글자

교과 내용	교과서 수록 & 연계 추천 도서
• 받침이 있는 글자의 짜임 • 받침이 있는 글자 읽기 • 받침이 있는 글자 쓰기	『글자 동물원』 (이안 / 문학동네) 『동동 아기 오리』 (권태응 / 다섯수레) 『울렁울렁 맞춤법』 (이송현 / 살림어린이)

1-1 7단원 생각을 나타내요

교과 내용	교과서 수록 & 연계 추천 도서
• 문장에 어울리는 낱말 넣기 • 문장으로 말하기 • 문장을 쓰고 읽기	수록 『아가 입은 앵두』 (서정숙 / 보물창고) 『낱말 공장 나라』 (아네스 드 레스트라드 / 세용) 『초록 고양이』 (위기철 / 사계절출판사)

교과 내용	교과서 수록 & 연계 추천 도서
• 띄어 읽으면 좋은 점 • 문장 부호의 쓰임 알기 • 문장 부호에 맞게 띄어 읽기	수록 『강아지 복실이』 (한미호 / 국민서관) 『문장 부호』 (난주 / 고래뱃속) 『바람이 좋아요』 (최내경 / 마루벌)

교과 내용	교과서 수록 & 연계 추천 도서
• 하루 동안에 일어난 일 말하기 • 그림일기 쓰는 방법 알기 • 겪은 일을 그림일기로 쓰기	『그림일기는 어떻게 써요?』 (김지성 외 / 자유토론) 『그림일기 표현 사전』 (김민경 / 더디퍼런스) 『학교 가는 날: 오늘의 일기』 (송언 / 보림)

📖 국어 1학년 2학기 교과 과정 · 연계 도서

교과 내용	교과서 수록 & 연계 추천 도서
• 글을 읽고 재미있는 부분 찾기 • 낱말의 받침에 주의하며 글쓰기 • 여러 가지 모양의 책 읽기 • 재미있게 읽은 책 소개하기	수록 『까르르 깔깔』 (이상교 / 미세기) 수록 『난 책이 좋아요』 (앤서니 브라운 / 웅진주니어) 수록 『그림자 극장 2』 (송경옥 / 북스토리아이) 수록 『책이 꿈지락꿈지락』 (김성범 / 미래아이) 수록 『나무늘보가 사는 숲에서』 (아누크 부아로베르 / 보림) 수록 『자전거 타고 로켓 타고』 (카트린 르블랑 / 키즈엠)

1-2 2단원 소리와 모양을 흉내 내요

교과 내용	교과서 수록 & 연계 추천 도서
• 흉내 내는 말의 재미 느끼기 • 흉내 내는 말을 넣어 문장 만들기 • 소리나 모양을 떠올리며 시 읽기 • 소리나 모양을 떠올리며 글 읽기 • 여러 가지 받침이 있는 낱말 알기 • 끝말잇기 하기	수록 『초코파이 자전거』 (신현림 / 비룡소) 『구슬비』 (권오순 / 문학동네) 『난 방귀벌레, 난 좀벌레』 (유희윤 / 문학과지성사) 『맛있는 동시 요리법』 (이은규 / 장수하늘소) 『실눈을 살짝 뜨고』 (김용희 / 리젬) 『물뿌리개 하늘』 (윤동주 외 / 루덴스)

1-2 3단원 문장으로 표현해요

교과 내용	교과서 수록 & 연계 추천 도서
• 알맞은 말을 넣어 문장 만들기 • 문장 부호의 쓰임 & 문장 쓰기 • 생각을 문장으로 나타내기 • 여러 개의 문장으로 표현하기 • 받침에 주의해 문장 쓰기 • 글을 읽고 생각이나 느낌 쓰기	『가을 운동회』 (임광희 / 사계절) 『멋진 사냥꾼 잠자리』 (안은영 / 길벗어린이) 『이솝 이야기』 (이솝 / 미래엔아이세움) 『탈무드 이야기』 (박수현 / 미래엔아이세움) 『한 문장부터 열 문장까지 초등 글쓰기』 (강승임 / 소울키즈)

1-2 4단원 바른 자세로 말해요

교과 내용	교과서 수록 & 연계 추천 도서
• 여럿이 함께 들을 때의 예절 • 바른 자세로 이야기를 듣기 • 자신 있게 말하기 • 느낌을 살려 이야기 읽기	수록 『딴생각하지 말고 귀 기울여 들어요』 (서보현 / 상상스쿨) 수록 『콩 한 알과 송아지』 (한해숙 / 애플트리테일) 수록 『아빠가 아플 때』 (한라경 / 리틀씨앤톡) 『그랬구나』 (김금향 / 키즈엠) 『잘 들어 볼래요』 (알레익스 카브레라 / 개암나무)

1-2 5단원 알맞은 목소리로 읽어요

교과 내용	교과서 수록 & 연계 추천 도서
• 노래를 듣고 재미 느끼기 • 알맞은 목소리로 글 읽는 이유 • 소리 내어 시 읽기 • 알맞은 목소리로 이야기 읽기 • 좋아하는 글 친구들에게 읽어 주기	수록 『1학년 동시 교실』 (김종상 외 / 주니어김영사) 수록 『몰라쟁이 엄마』 (이태준 / 우리교육) 수록 『내 마음의 동시 1학년』 (신현득 외 / 계림북스) 『내게 그 책을 읽어 줄래요?』 (디디에 레비 / 책빛)

1-2 6단원 고운 말을 해요

교과 내용	교과서 수록 & 연계 추천 도서
• 말을 듣고 기분이 좋았던 경험 • 고운 말을 쓰면 좋은 점 알기 • 자신의 기분을 말하는 방법 알기 • 듣는 사람을 생각하며 기분 말하기 • 고운 말로 인사하기	수록 『몽몽 숲의 박쥐 두 마리』 (이혜옥 / 한국차일드아카데미) 『내가 먼저 사과할게요』 (홍종의 / 키위북스) 『따뜻한 말 한마디』 (신혜순 / 형설아이) 『하늘을 나는 사자』 (사노 요코 / 천개의바람) 『강아지로 변한 날』 (서지원 / 소담주니어) 『흥부 놀부』 (홍영우 / 보리)

1-2 7단원 무엇이 중요할까요

교과 내용	교과서 수록 & 연계 추천 도서
• 설명하는 대상 알기 • 누가 무엇을 했는지 생각하며 읽기 • 일어난 일을 생각하며 글 읽기 • 내용에 알맞게 제목 붙이기 • 내용을 확인하며 글 읽기	수록 『소금을 만드는 맷돌』 (홍윤희 / 예림아이) 『오소리네 집 꽃밭』 (권정생 / 길벗어린이) 『도서관 할아버지』 (최지혜 / 고래가숨쉬는도서관) 『도토리 삼 형제의 안녕하세요』 (이송현주 / 길벗어린이) 『범인은 고양이야』 (다비드 칼리 / 다림)

1-2 8단원 띄어 읽어요

교과 내용	교과서 수록 & 연계 추천 도서
• 글을 바르게 띄어 읽어야 하는 까닭 • 글을 바르게 띄어 읽는 방법 알기 • 글을 바르게 띄어 읽기 • 글을 읽고 무엇을 설명하는지 알기 • 무엇을 설명하는지 생각하며 읽기 • 글을 실감 나게 읽기	수록 『나는 자라요』 (김희경 / 창비) 수록 『표지판이 말을 해요』 (장석봉 / 웅진씽크빅) 수록 『역사를 바꾼 위대한 알갱이, 씨앗』 (서경석 / 미래아이) 『내가 좋아하는 곡식』 (이성실 / 호박꽃) 『달이네 추석맞이』 (선자은 / 푸른숲주니어) 『왜 띄어 써야 돼?』 (박규빈 / 길벗어린이)

1-2 9단원 겪은 일을 글로 써요

교과 내용	교과서 수록 & 연계 추천 도서
• 글쓴이가 겪은 일 알기 • 겪은 일이 잘 드러나게 말하기 • 겪은 일에 대한 생각, 느낌 말하기 • 겪은 일이 잘 드러나게 글 쓰기 • 가장 쓰고 싶은 일을 일기로 쓰기	『나 오늘 일기 뭐 써』 (정설아 / 파란정원) 『일기 쓰기 재미 사전: 날씨 · 감정 편』 (송현지 / 고래책빵) 『학교 가는 날: 오늘의 일기』 (송언 / 보림) 『일기 뭘 써, 어떻게 써?』 (오효진 / 책읽는달) 『일기 쓰기 딱 좋은 날』 (정신 / 시공주니어)

1-2 10단원 인물의 말과 행동을 상상해요

교과 내용	교과서 수록 & 연계 추천 도서
• 인물의 모습과 행동 상상하며 듣기 • 인물의 말과 행동 따라 하기 • 인물에 어울리는 말과 행동 하기	수록 『엄마 까투리(만화 영화)』 (주니어플럭스) 수록 『별을 삼킨 괴물』 (민트래빗 플래닝 / 민트래빗) 수록 『숲속 재봉사』 (최향랑 / 창비) 수록 『붉은 여우 아저씨』 (송정화 / 시공주니어)

📖 국어 2학년 1학기 교과 과정·연계 도서

2-1 1단원 시를 즐겨요

교과 내용	교과서 수록 & 연계 추천 도서
• 시를 여러 가지 방법으로 읽기 • 장면을 떠올리며 시 읽기 • 시 속 인물의 마음 상상하기 • 좋아하는 시 낭송하기	수록 「윤동주 시집」 (윤동주 / 범우사) 수록 「우산 쓴 지렁이」 (오은영 / 현암사) 수록 「내 별 잘 있나요」 (이화주 / 상상의 힘) 수록 「아니, 방귀 뽕나무」 (김은영 / 사계절) 수록 「아빠 얼굴이 더 빨갛다」 (김시민 / 리젬) 수록 「딱지 따먹기: 아이들 시로 백창우가 만든 노래」 (백창우 / 보리)

2-1 2단원 자신 있게 말해요

교과 내용	교과서 수록 & 연계 추천 도서
• 바른 자세로 자신 있게 말하기 • 여러 상황에서 자신 있게 말하기 • 글을 읽고 떠오르는 생각 말하기 • 좋아하는 책을 친구에게 소개하기	수록 「아주 무서운 날」 (탕무니우 / 찰리북) 수록 「으악, 도깨비다!」 (손정원 / 느림보) 「기분을 말해 봐요」 (디비에 레비 / 다림) 「42가지 마음의 색깔」 (크리스티안 누녜스 페레이라 / 레드스톤)

2-1 3단원 마음을 나누어요

교과 내용	교과서 수록 & 연계 추천 도서
• 마음을 나타내는 말 • 인물의 마음 생각하며 글 읽기 • 인물의 마음 생각하며 만화 보기 • 마음을 나타내는 말로 역할놀이	수록 「기분을 말해 봐요」 (디비에 레비 / 다림) 수록 「오늘 내 기분은…」 (메리앤 코카-레플러 / 키즈엠) 수록 「내 꿈은 방울토마토 엄마」 (허윤·윤희동 / 키위북스) 수록 「우당탕탕 아이쿠(영상)」 (마로스튜디오 / 한국교육방송공사) 「아홉 살 마음 사전」 (박성우 / 창비)

2-1 4단원 말놀이를 해요

교과 내용	교과서 수록 & 연계 추천 도서
• 여러 가지 낱말로 말놀이하기 • 말 덧붙이기 놀이 하기 • 우리 주변의 낱말에 관심 가지기	[수록] 『께롱께롱 놀이 노래』 (편혜문 / 보리) [수록] 『어린이가 정말 알아야 할 우리 전래 동요』 (신현득 / 현암사) 『똑똑해지는 약』 (마크 서머셋 / 북극곰) 『칭찬 한 봉지』 (정진 / 좋은책어린이)

2-1 5단원 낱말을 바르고 정확하게 써요

교과 내용	교과서 수록 & 연계 추천 도서
• 소리가 비슷한 낱말의 뜻 구분하기 • 알맞은 낱말로 마음을 전하는 글 쓰기 • 마음을 전하는 편지 쓰기	『열려라, 어휘력! 교과서 가로세로 낱말퍼즐: 초급』 (정희경 / 달리는곰셋) 『우리 독도에서 온 편지』 (윤문영 / 계수나무) 『매일 스스로 공부하는 맞춤법 어휘력 2단계』 (꿈씨앗연구소 / 성안당)

2-1 6단원 차례대로 말해요

교과 내용	교과서 수록 & 연계 추천 도서
• 일이 일어난 차례 살피기 • 일이 일어난 차례대로 말하기 • 겪은 일을 차례대로 글로 쓰기 • 미래 일기 쓰기	[수록] 『작은 집 이야기』 (버지니아 리버튼 / 시공주니어) [수록] 『까만 아기 양』 (엘리자베스 쇼 / 푸른그림책) 『말하는 일기장』 (신채연 / 해와나무) 『일기 도서관』 (박효미 / 사계절)

2-1 7단원 친구들에게 알려요

교과 내용	교과서 수록 & 연계 추천 도서
• 글을 읽고 주요 내용 확인하기 • 주변의 물건에 대해 설명하기 • 받침이 뒷말 첫소리가 되는 낱말 • 발명하고 싶은 물건 설명하기	『김치가 최고야』 (임수정 / 장영) 『오늘도 축구하기 힘든 날』 (김성준 / 아주좋은날) 『지구인 사용 설명서』 (뮈리엘 쥐르셰 / 산하) 『매일 스스로 공부하는 맞춤법 어휘력 2단계』 (꿈씨앗연구소 / 성안당)

2-1 8단원 마음을 짐작해요

교과 내용	교과서 수록 & 연계 추천 도서
• 글쓴이의 마음을 짐작하기 • 일이 일어난 차례를 생각하며 듣기 • 이야기를 만들어 발표하기	(수록) 『내가 조금 불편하면 세상은 초록이 돼요』 (김소희 / 토토북) 『공감씨는 힘이 세』 (김성은 / 책읽는 곰) 『행복한 늑대』 (엘 에마크리티코 / 봄볕)

2-1 9단원 생각을 생생하게 나타내요

교과 내용	교과서 수록 & 연계 추천 도서
• 꾸며 주는 말로 짧은 글 쓰기 • 주요 내용을 확인하며 글 읽기 • 자기 생각을 나타내는 짧은 글 쓰기 • 문장 만들기 놀이 하기	(수록) 『큰턱 사슴벌레 vs 큰뿔 장수풍뎅이』 (장영철 / 위즈덤하우스) (수록) 『선생님, 바보 의사 선생님』 (이상희 / 웅진주니어) 『오! 놀라운 하루 3줄 초등 글쓰기』 (달별 / 다다북스)

2-1 10단원 다른 사람을 생각해요

교과 내용	교과서 수록 & 연계 추천 도서
• 듣는 사람을 배려하며 대화하기 • 고운 말로 바꿔 말하기 • 경험을 떠올려 일기 쓰기 • 고운 말 쓰기 다짐하기	(수록) 『내가 도와줄게』 (테드 오닐 외 / 비룡소) 『내 친구 마틴은 말이 좀 서툴러요』 (알레인 아지레 / 라임) 『말로만 사과쟁이』 (박혜숙 / 머스트비) 『화가 날 땐 어떡하지?』 (코넬리아 스펠만 / 보물창고)

2-1 11단원 상상의 날개를 펴요

교과 내용	교과서 수록 & 연계 추천 도서
• 인물의 모습 떠올리며 이야기 듣기 • 이야기 읽고 인물의 마음 짐작하기 • 인물의 마음에 어울리는 목소리로 읽기 • 이야기에 대한 생각과 느낌을 글로 쓰기 • 인물의 마음을 생각하며 역할놀이 하기	(수록) 『신기한 독』 (홍영우 / 보리) (수록) 『욕심쟁이 딸기 아저씨』 (김유경 / 노란돼지) (수록) 『7년 동안의 잠』 (박완서 / 어린이작가정신) 『몰라쟁이 엄마』 (이태준 / 보물창고) 『한밤의 정원사』 (테리 펜 / 북극곰)

📖 국어 2학년 2학기 교과 과정 · 연계 도서

2-2 1단원 장면을 떠올리며

교과 내용	교과서 수록 & 연계 추천 도서
• 기억에 남는 시나 이야기 소개하기 • 시를 읽고 생각이나 느낌 말하기 • 이야기를 읽고 장면 말하기 • 이야기를 읽고 생각이나 느낌 말하기 • 시나 이야기를 다양한 방법으로 전하기	수록 『수박씨』 (최명란 / 창비) 수록 『참 좋은 짝』 (손동연 / 푸른책들) 수록 『나무는 즐거워』 (이기철 / 비룡소) 수록 『훨훨 간다』 (권정생 / 국민서관) 수록 『김용택 선생님이 챙겨 주신 1학년 책가방 동화』 (이규희 · 김용택 / 파랑새) 수록 『교과서 전래 동화 12편』 (조동호 / 거인) 수록 『원숭이 오누이』 (채인선 / 한림출판사)

2-2 2단원 인상 깊었던 일을 써요

교과 내용	교과서 수록 & 연계 추천 도서
• 인상 깊었던 일에서 글감 찾기 • 겪은 일을 차례대로 정리하기 • 생각, 느낌 드러나게 글 쓰기 • 인상 깊었던 일로 책 만들기	『고요한 나라를 찾아서』 (문지나 / 북극곰) 『뛰어라, 점프!』 (하신하 / 논장) 『수염 전쟁』 (신정민 / 파란자전거) 『어느 날 학교에서 왕기철이』 (백하나 / 논장)

2-2 3단원 말의 재미를 찾아서

교과 내용	교과서 수록 & 연계 추천 도서
• 재미있는 말 찾기 • 흉내 내는 말을 넣어 짧은 글 쓰기 • 말 관련 수수께끼 놀이 하기 • 말 관련 다섯 고개 놀이 하기 • 여러 가지 말놀이 하기	수록 『신발 속에 사는 악어』 (위기철 / 사계절) 『꿀떡을 꿀떡』 (윤여림 / 천개의바람) 『너무 재미있어서 웃음 빵 터지는 저학년 수수께끼』 (알음 / 키움) 『반짝반짝 토박이말』 (안미란 / 개암나무)

2-2 4단원 인물의 마음을 짐작해요

교과 내용	교과서 수록 & 연계 추천 도서
• 글을 읽고 인물의 마음 짐작하기 • 인물에게 하고 싶은 말 쓰기 • 인물의 마음을 생각하며 글 쓰기	수록 『아홉 살 마음 사전』 (박성우 / 창비) 수록 『신발 신은 강아지』 (고상미 / 위즈덤하우스) 수록 『크록텔레 가족』 (파트리샤 베르비 / 교학사) 수록 『개구리와 두꺼비는 친구』 (아놀드 로벨 / 비룡소)

2-2 5단원 간직하고 싶은 노래

교과 내용	교과서 수록 & 연계 추천 도서
• 겪은 일을 나타낸 시나 노래 알기 • 겪은 일을 시나 노래로 표현하기 • 시나 노래의 일부분을 바꾸어 쓰기 • 시나 노래 발표하기	수록 『산새알 물새알』 (박목월 / 푸른 책들) 수록 『저 풀도 춥겠다』 (부산 알로이시오초등학교 어린이 / 보리) 수록 『유치원 인기 동요 BEST 50』 (박수지 외 / 웅진주니어) 수록 『호주머니 속 알사탕』 (이송현 / 문학과지성사)

2-2 6단원 자세하게 소개해요

교과 내용	교과서 수록 & 연계 추천 도서
• 소개해 본 경험 나누기 • 사람을 소개하는 글쓰기 • 낱말에 주의하며 소개하는 글쓰기 • 인물을 소개하는 신문 만들기	수록 『엄마를 잠깐 잃어버렸어요』 (크리스 호튼 / 보림qb) 『별 헤는 아이, 윤동주』 (우현옥 / 봄볕) 『나만의 특별한 옷』 (줄리 크라우리스 / 봄의정원)

2-2 7단원 일이 일어난 차례를 살펴요

교과 내용	교과서 수록 & 연계 추천 도서
• 이야기를 듣고 인물 상상하기 • 이야기의 내용 차례대로 말하기 • 차례대로 이야기 꾸미기	수록 『콩이네 옆집이 수상하다!』 (천효정 / 문학동네) 수록 『불가사리를 기억해』 (유영소 / 사계절) 수록 『종이 봉지 공주』 (로버트 문치 / 비룡소)

2-2 8단원 바르게 말해요

교과 내용	교과서 수록 & 연계 추천 도서
• 바른말로 대화하기 • 바른말 사용에 대한 글쓰기 • 바른말 사용에 대한 알리기	『내가 하는 말이 왜 나빠?』 (이현주 / 리틀씨앤톡) 『언어 예절, 이것만은 알아 둬!』 (박현숙 / 팜파스) 『왜 고맙다고 말해야 해요』 (엠마 웨딩턴 / 이종주니어) 『좋은 말로 할 수 있잖아』 (김은중 / 개암나무)

2-2 9단원 주요 내용을 찾아요

교과 내용	교과서 수록 & 연계 추천 도서
• 글을 읽고 주요 내용 찾기 • 확인한 주요 내용 말로 표현하기 • 까닭을 넣어 자기 생각 글로 쓰기	수록 『나무들이 재잘거리는 숲 이야기』 (김남길 / 풀과바람) 『짜증방』 (소중애 / 거북이북스) 『바보 삼이』 (김용삼 / 아주좋은날)

2-2 10단원 칭찬하는 말을 주고받아요

교과 내용	교과서 수록 & 연계 추천 도서
• 칭찬하는 말을 주고받으면 좋은 점 • 칭찬하는 말을 하거나 들었던 경험 • 칭찬하는 말하기와 대답하기 • 칭찬 쪽지 쓰기	수록 『언제나 칭찬』 (류호선 / 사계절) 『수상한 칭찬 통장』 (신채연 / 해와나무) 『엄마도 나만큼 속상해요?』 (최형미 / 아주좋은날) 『칭찬으로 재미나게 욕하기』 (정진 / 키위북스)

2-2 11단원 실감 나게 표현해요

교과 내용	교과서 수록 & 연계 추천 도서
• 인물의 말과 행동 표현하기 • 인물의 말을 실감 나게 표현하기 • 인물의 행동을 실감 나게 표현하기 • 인물의 말과 행동으로 역할극 하기	수록 『팥죽 할멈과 호랑이』 (백희나 · 박윤규 / 시공주니어) 『소리 산책』 (폴 쇼워스 / 불광출판사) 『초등학교 2학년 한국전래동화』 (이재희 / 어린왕자) 『그림자 극장 2』 (송경옥 / 북스토리아)

국어 3학년 1학기 교과 과정·연계 도서

책을 읽고 생각을 나누어요

도서명	저자	출판사
『그 소문 들었어?』	하야시 기린	천개의바람
『금동향로 속으로 사라진 고양이』	이하은	파란자전거
『내 로봇 천 원에 팔아요』	김영미	키위북스
『돈벼락 똥벼락』	원유순	이마주
『수상한 아이가 전학 왔다!』	제니 롭슨	뜨인돌어린이
『옹고집과 또 옹고집과 옹진이』	유영소	마음이음
『이상한 인터넷 상점』	플로랑스 제네르 메츠	미래아이
『잃어버린 자전거』	최인혜	고래가숨쉬는도서관
『전화 왔시유, 전화』	신현수	밝은미래
『거짓말쟁이 마법사 안젤라』	김우정	파란자전거
『대통령, 어디까지 아니?』	박병호	고래가숨쉬는도서관
『마지막 세상』	플로랑스 제네르 메츠	미래아이
『별나라 마트 습격 사건』	김경민	밝은미래
『솔직하게 말할걸』	가수북	키위북스
『왕방귀 아저씨네 동물들』	이상권	이마주
『평화가 평화롭기 위해』	채인선	뜨인돌어린이
『풋사랑』	곽미영	천개의바람
『학교잖아요?』	김혜온	마음이음
『로로로 초등과학 3학년』	윤병무	국수
『한눈팔기 대장, 지우』	백승연	바람의아이들

교과 내용	교과서 수록 & 연계 추천 도서
• 느낌을 살려 사물 표현하기 • 시에 나타난 감각적 표현 알기 • 이야기에 나타난 감각적 표현 알기 • 이야기를 읽고 생각, 느낌 나누기 • 느낌을 살려 시 낭송하기	수록 『너라면 가만있겠니?』 (우남희 / 청개구리) 수록 『꽃 발걸음 소리』 (오순택 / 아침마중) 수록 『아! 깜짝 놀라는 소리』 (신형건 / 푸른책들) 수록 『바삭바삭 갈매기』 (전민걸 / 한림출판사) 수록 『책이 사라진 날』 (고정욱 / 한솔수북) 수록 『바람의 보물찾기』 (강현호 / 청개구리) 수록 『삐뽀삐뽀 눈물이 달려온다』 (김륭 / 문학동네) 수록 『감자꽃』 (권태응 / 창비) 수록 『귀신보다 더 무서워』 (허은순 / 보리)

교과 내용	교과서 수록 & 연계 추천 도서
• 설명하는 글을 쓴 경험 나누기 • 중심 문장과 뒷받침 문장 알기 • 문단 만드는 놀이하기	『한 문장부터 열 문장까지 초등 글쓰기』 (강승임 / 소울키즈) 『어린이를 위한 글쓰기 수업』 (서예나 / 푸른날개) 『휘리릭 초등 4문장 글쓰기 탈무드 편』 (손상민 / 동양북스) 『나의 생각 글쓰기 3-1』 (성정일 / 시서례)

교과 내용	교과서 수록 & 연계 추천 도서
• 높임 표현을 사용하는 상황 • 높임 표현을 사용하는 방법 • 언어 예절 지키며 대화하기	수록 『아드님 진지 드세요』 (강민경 / 좋은책어린이) 『존댓말 사용 설명서』 (채화영 / 파란정원) 『서로서로 통하는 말』 (박은정 / 개암나무)

교과 내용	교과서 수록 & 연계 추천 도서
• 편지에서 마음을 나타내는 말 • 글쓴이의 마음 짐작하기 • 마음을 담아 편지 쓰기	수록 『리디아의 정원』 (사라 스튜어트 / 시공주니어) 『글쓰기 하하하』 (이오덕 / 양철북) 『행복한 버스』 (우리아 / 머스트비)

3-1 5단원 중요한 내용을 적어요

교과 내용	교과서 수록 & 연계 추천 도서
• 메모했던 경험 나누기 • 내용을 간추리며 듣기 • 글을 읽고 내용 간추리기 • 책 소개하기	(수록) 『한눈에 반한 우리 미술관』(장세현 / 사계절) (수록) 『플랑크톤의 비밀』(김종문 / 예림당) 『내 메모습관이 어때서』(김은정 / 파란정원) 『깜박쟁이 도도, 메모왕 되다』(송윤섭 / 주니어김영사)

3-1 6단원 일이 일어난 까닭

교과 내용	교과서 수록 & 연계 추천 도서
• 원인과 결과 알기 • 원인과 결과로 이야기하기 • 원인과 결과로 이야기 꾸미기	(수록) 『꿈나무 영등포』(영등포구청) (수록) 『개똥이네 놀이터』(허정숙 / 보리) 『악동에게는 친구가 필요해』(소피 라구나 / 책속물고기)

3-1 7단원 반갑다, 국어사전

교과 내용	교과서 수록 & 연계 추천 도서
• 국어사전에서 낱말 찾기 • 형태가 바뀌는 낱말 찾기 • 국어사전을 활용하며 글 읽기 • 나만의 국어사전 만들기	(수록) 『명절 속에 숨은 우리 과학』(오주영 / 시공주니어) (수록) 『종이접기 백선 5』(종이나라편집부 / 종이나라) 『신통방통 국어사전 찾기』(박현숙 / 좋은책어린이) 『보리 국어사전』(윤구병 / 보리)

3-1 8단원 의견이 있어요

교과 내용	교과서 수록 & 연계 추천 도서
• 인물의 의견과 까닭 알기 • 글쓴이의 의견을 파악하는 방법 • 의견을 파악하며 글 읽기 • 학교를 가꾸기 위한 알림 활동	(수록) 『아씨방 일곱 동무』(이영경 / 비룡소) (수록) 『도토리 신랑』(서정오 / 보리) 『신통방통 의견이 담긴 글 읽기』(박현숙 / 좋은책어린이) 『글쓰기 더하기』(이오덕 / 양철북)

교과 내용	교과서 수록 & 연계 추천 도서
• 낱말의 뜻 짐작하기 • 낱말의 뜻 짐작하며 글 읽기 • 생략된 내용을 짐작하기 • 안내문 읽기	수록 『개구쟁이 수달은 무얼 하며 놀까요?』 (왕입분 / 재능교육) 수록 『프린들 주세요』 (앤드루 클레먼츠 / 사계절) 수록 『알고 보면 더 재미있는 곤충 이야기』 (함윤미 / 뜨인돌 어린이) 수록 『식물이 좋아지는 식물책』 (김진옥 / 궁리출판) 수록 『하루와 미요』 (임정자 / 문학동네) 『매일 스스로 공부하는 맞춤법 어휘력 3단계』 (꿈씨앗연구소 / 성안당)

교과 내용	교과서 수록 & 연계 추천 도서
• 재미있거나 감동받은 책 소개하기 • 재미나 감동을 느끼며 시 읽기 • 이야기에서 재미나 감동 찾기 • 만화 영화 보고 재미, 감동 표현하기 • 우리 반 독서 잔치 열기	수록 『짝 바꾸는 날』 (이일숙 / 도토리숲) 수록 『축구부에 들고 싶다』 (성명진 / 창비) 수록 『쥐눈이콩은 기죽지 않아』 (이준관 / 문학동네) 수록 『만복이네 떡집』 (김리리 / 비룡소) 수록 『타임캡슐 속의 필통』 (남호섭 / 창비) 수록 『바위나리와 아기별』 (마해송 / 길벗)

국어 3학년 2학기 교과 과정·연계 도서

독서 단원 책을 읽고 생각을 나누어요

도서명	저자	출판사
『나쁜 어린이표』	황선미	이마주
『내가 먼저 사과할게요』	홍종의	키위북스
『똥 싸기 힘든 날』	이송현	마음이음
『막난 할미와 로봇곰 덜덜』	안오일	뜨인돌어린이
『비밀 귀신』	장수민	파란자전거
『산 아래 작은 마을』	안 에르보	미래아이
『옥상 위 우주 왕복선』	최혜진	밝은미래
『원래 안 그래』	오은영	바람의아이들
『콩가면 선생님이 웃었다』	윤여림	천개의바람
『회의, 토론, 어디까지 아니』	김윤정	고래가숨쉬는도서관
수록 『곱구나! 우리 장신구』	박세경	한솔수북
수록 『소똥 밟은 호랑이』	전병준	영림카디널

3-2 1단원 작품을 보고 느낌을 나누어요

교과 내용	교과서 수록 & 연계 추천 도서
• 표정, 몸짓, 말투에 주의하면서 말하기 • 만화 영화에서 표정, 몸짓, 말투의 특징 알기 • 인물의 말과 행동을 살피기 • 작품 속 인물의 특징에 대해 대화하기 • 이야기 극장 만들기	수록 『너라면 가만있겠니?』 (우남희 / 청개구리) 수록 『꽃 발걸음 소리』 (오순택 / 아침마중) 수록 『아! 깜짝 놀라는 소리』 (신형건 / 푸른책들) 수록 『바삭바삭 갈매기』 (전민걸 / 한림출판사) 수록 『책이 사라진 날』 (고정욱 / 한솔수북) 수록 『바람의 보물찾기』 (강현호 / 청개구리) 수록 『삐뽀삐뽀 눈물이 달려온다』 (김륭 / 문학동네) 수록 『귀신 선생님과 진짜 아이들』 (남도윤 / 사계절)

3-2 2단원 중심 생각을 찾아요

교과 내용	교과서 수록 & 연계 추천 도서
• 아는 내용과 관련지어 글 이해하기 • 겪은 일과 관련지어 글 읽기 • 글을 읽고 중심 생각을 찾는 방법 • 글을 읽고 중심 생각 찾기 • 글을 읽고 간추려 발표하기	(수록) 『가자, 달팽이 과학관』 (윤구병 / 보리) (수록) 『꽃과 새, 선비의 마음』 (고연희 / 보림) 『도깨비가 슬금슬금』 (이가을 / 북극곰) 『로봇이 왔다』 (한혜영 / 함께자람) 『들썩들썩 우리 놀이 한마당』 (서해경 / 현암사)

3-2 3단원 자신의 경험을 글로 써요

교과 내용	교과서 수록 & 연계 추천 도서
• 기억에 남는 일을 이야기하기 • 인상 깊은 일을 글로 쓰는 방법 • 인상 깊은 일로 글 쓰기 • 자신이 쓴 글을 고쳐 쓰기 • 우리 반 소식지 만들기	『하루에 한 장 상상력 글쓰기 노트』 (케이티 데이니스 외 / 어스 본코리아) 『미리 보고 개념 잡는 초등 독서 감상문 쓰기』 (이재승 외 / 미래 엔아이세움) 『나의 생각 글쓰기 3-1』 (성정일 / 시서례)

3-2 4단원 감동을 나타내요

교과 내용	교과서 수록 & 연계 추천 도서
• 감각적 표현으로 느낌 나타내기 • 시에 있는 감각적 표현 말하기 • 시를 읽고 재미나 감동 나누기 • 이야기를 읽고 생각, 느낌 표현하기 • 느낌을 살려 시 쓰기	『리디아의 정원』 (사라 스튜어트 / 시공주니어) 『별난 양반 이 선달 표류기 1』 (김기정 / 웅진주니어) 『진짜 투명인간』 (레미 쿠르종 / 씨드북) 『눈 코 귀 입 손』 (김종상 외 / 위즈덤북) 『까불고 싶은 날』 (정유경 / 창비)

3-2 5단원 바르게 대화해요

교과 내용	교과서 수록 & 연계 추천 도서
• 대상에 알맞은 높임 표현 사용하기 • 전화할 때의 바른 대화 예절 • 상황에 맞는 표정, 몸짓, 말투로 말하기 • 언어 예절에 맞게 역할 놀이 하기	(수록) 『한눈에 반한 우리 미술관』 (장세현 / 사계절) (수록) 『플랑크톤의 비밀』 (김종문 / 예림당) 『교과서 속 비슷한 말, 높임말』 (서지원 / 한솔수북) 『칭찬으로 재미나게 욕하기』 (정진 / 키위북스)

3-2 6단원 마음을 담아 글을 써요

교과 내용	교과서 수록 & 연계 추천 도서
• 마음을 전해 본 경험 떠올리기 • 이야기 속 인물의 마음 변화 정리하기 • 인물의 마음을 헤아리며 글 읽기 • 다른 사람에게 마음을 전하는 글 쓰기	(수록) 『꼴찌라도 괜찮아!』 (유계영 / 휴이넘) (수록) 『감정』 (알리키 브란덴 베르크 / 미래아이) 『네 칸 명작 동화집』 (로익 곰 / 책빛) 『사랑에 대한 작은 책』 (울프 스타르크 / 책빛)

3-2 7단원 글을 읽고 소개해요

교과 내용	교과서 수록 & 연계 추천 도서
• 글을 읽고 다른 사람에게 소개하기 • 여러 가지 방법으로 책 소개하기 • 독서 감상문에 대해 알기 • 독서 감상문으로 우리 반 꾸미기	(수록) 『온 세상 국기가 펄럭펄럭』 (서정훈 / 웅진주니어) (수록) 『아인슈타인 아저씨네 탐정 사무소』 (김대조 / 주니어 김영사) 『신통방통 독서감상문 쓰기』 (유지은 / 좋은책어린이)

3-2 8단원 글의 흐름을 생각해요

교과 내용	교과서 수록 & 연계 추천 도서
• 시간 흐름을 생각하며 이야기 읽기 • 일하는 방법에 따라 내용 파악하기 • 장소 변화에 따라 글을 간추리기 • 글의 흐름에 따라 내용 간추리기 • 우리 지역을 소개하는 글 쓰기	(수록) 『이야기 할아버지의 이상한 밤』 (임혜령 / 한림출판사) (수록) 『숨 쉬는 도시 꾸리찌바』 (안순혜 / 파란자전거) 『희망이 담긴 작은 병』 (제니퍼 로이드 / 도토리숲) 『플로팅 아일랜드』 (김려령 / 비룡소)

3-2 9단원 작품 속 인물이 되어

교과 내용	교과서 수록 & 연계 추천 도서
• 글을 읽고 인물 파악하기 • 인물의 성격에 맞게 극본 읽기 • 알맞은 말투와 표정으로 극본 읽기 • 연극 준비하기 • 우리 반 연극 발표회 하기	(수록) 『무툴라는 못 말려!』 (베벌리 나이두 / 국민서관) (수록) 『어린이 제1권 제10호』 (방정환) (수록) 『눈』 (박웅현 / 베틀북) 『불곰에게 잡혀간 우리 아빠』 (허은미 / 여유당)

국어 4학년 1학기 교과 과정 · 연계 도서

도서명	저자	출판사
『똥개 존 늑대 대장이 되다』	기무라 유이치	뜨인돌어린이
『사투리 회화의 달인』	문부일	마음이음
『슈퍼 히어로 우리 아빠』	임지형	고래가숨쉬는도서관
『로로로 초등과학 4학년』	윤병무	국수
『쓰레기 반장과 지렁이 박사』	신기해	키위북스
『엘 데포』	시시 벨	밝은미래
『열한 살의 가방』	황선미	이마주
『오늘도 당신의 통장에 8만 6400원이 입금되었습니다!』	김은의	파란자전거
『인터넷 사진 조작 사건』	김현태	미래아이
『콩가면 선생님이 또 웃었다?』	윤여림	천개의바람
『해아와 용의 비늘』	윤숙희	바람의아이들
『기적을 선물한 우리 개 모슬리』	마이클 제라드 바우어	뜨인돌어린이
『끝나지 않은 진실 게임』	전은지	밝은미래
『닮고 싶은 사람 한국을 알린 사람들』	하지숙	고래가숨쉬는도서관
『도망자들의 비밀』	김혜연	바람의아이들
『분황사 우물에는 용이 산다』	배유안	파란자전거
『사랑은 인기순이 아니야』	하나가타 미쓰루	천개의바람
『세상에서 가장 맛있는 밥』	우현옥	키위북스
『일기 감추는 날』	황선미	이마주
『잊혀진 신들을 찾아서: 산해경 1』	김미승	마음이음
『전쟁터를 누빈 여장군 홍계월전』	백승남	마음이음
『흡혈귀 패밀리』	권타오	미래아이

4-1 1단원 생각과 느낌을 나누어요

교과 내용	교과서 수록 & 연계 추천 도서
• 생각이나 느낌이 서로 다른 이유 • 시를 읽고 생각, 느낌 나누기 • 이야기를 읽고 생각, 느낌 나누기 • 일어난 일에 대한 의견 말하기 • 이야기를 읽고 의견 나누기	수록 『동시마중 제31호』 (김자연) 수록 『100살 동시 내 친구』 (김완기 / 청개구리) 수록 『사과의 길』 (김철순 / 문학동네) 수록 『최씨 부자 이야기』 (조은정 / 여원미디어) 수록 『나비를 잡는 아버지』 (현덕 / 효리원) 수록 『가끔씩 비 오는 날』 (이가을 / 창비) 수록 『우산 속 둘이서』 (장승련 / 푸른책들) 수록 『내 맘처럼』 (최종득 / 열린어린이) 수록 『고래를 그리는 아이』 (윤수천 / 시공주니어) 수록 『이솝 이야기』 (이솝 / 아이즐북스)

4-1 2단원 내용을 간추려요

교과 내용	교과서 수록 & 연계 추천 도서
• 들은 내용 간추리기 • 글의 내용을 간추리는 방법 알기 • 이야기의 흐름에 따라 간추리기 • 글의 전개에 따라 간추리기	수록 『꽃신』 (윤아해 / 사파리) 수록 『맛있는 과학 6: 소리와 파동』 (문희숙 / 주니어김영사) 수록 『나무 그늘을 산 총각』 (권규헌 / 봄별) 『복실이와 고구마 도둑』 (허윤 / 거북이북스)

4-1 3단원 느낌을 살려 말해요

교과 내용	교과서 수록 & 연계 추천 도서
• 상황에 알맞은 표정, 몸짓, 말투 • 적절한 표정, 몸짓, 말투로 말하기 • 듣는 사람을 고려해 말하기 • 읽는 사람을 고려해 쓰기 • 겪은 일을 실감 나게 말하기	수록 『경제의 핏줄, 화폐』 (김성호 / 미래아이) 수록 『무지개 도시를 만드는 초록 슈퍼맨』 (김영숙 / 위즈덤하우스) 수록 『아는 길도 물어 가는 안전 백과』 (이성률 / 풀과바람) 『수상한 여행 친구』 (소중애 / 거북이북스)

4-1 4단원 일에 대한 의견

교과 내용	교과서 수록 & 연계 추천 도서
• 사실과 의견 구별하기 • 사실에 대한 의견 말하고 쓰기 • 일어난 일에 대해 의견 쓰기	수록 『신사임당 갤러리』 (이광표 / 그린북) 수록 『지붕이 들려주는 건축 이야기』 (남궁담 / 현암주니어) 『나는 슈갈이다』 (한영미 / 나무생각) 『우리 반 스파이』 (김대조 / 주니어김영사)

4-1 5단원 내가 만든 이야기

교과 내용	교과서 수록 & 연계 추천 도서
• 그림 차례 정해 이야기 꾸미기 • 사건의 흐름을 파악하며 읽기 • 이야기의 흐름 이해하기 • 이어질 내용 상상하여 글 쓰기 • 상상한 이야기를 들려주기	수록 『쩌우 까우 이야기(베트남 민화집)』 (김기태 편역 / 창비) 수록 『아름다운 꼴찌』 (이철환 / 주니어RHK) 수록 『초록 고양이』 (위기철 / 사계절) 수록 『신기한 그림 족자』 (이영경 / 비룡소) 『구름 공항』 (데이비드 위즈너 / 시공주니어)

4-1 6단원 회의를 해요

교과 내용	교과서 수록 & 연계 추천 도서
• 회의를 한 경험 떠올리기 • 회의 절차와 참여자의 역할 알기 • 회의 주제 내용 준비하기 • 절차와 규칙으로 회의하기	『회의 · 토론, 어디까지 아니?』 (김윤정 / 고래가숨쉬는도서관) 『대통령은 누가 뽑나요』 (정관성 / 노란돼지) 『자유가 뭐예요?』 (오스카 브르니피에 / 상수리) 『지구촌 곳곳에 너의 손길이 필요해』 (예영 / 뜨인돌어린이)

4-1 7단원 사전은 내 친구

교과 내용	교과서 수록 & 연계 추천 도서
• 낱말의 뜻 짐작하기 • 사전에서 낱말 뜻 찾기 • 여러 가지 사전에서 낱말 찾기 • 사전에서 낱말 찾으며 글 읽기 • 나만의 낱말 사전 만들기	수록 『알고 보니 내 생활이 다 과학!』 (김해보 외 / 예림당) 수록 『콩 한 쪽도 나누어요』 (고수산나 / 열다) 수록 『생명, 알면 사랑하게 되지요』 (최재천 / 더큰아이) 수록 『놀면서 배우는 세계 축제 1』 (유경숙 / 봄볕) 수록 『가을이네 장 담그기』 (이규희 / 책읽는곰)

4-1 8단원 이런 제안 어때요

교과 내용	교과서 수록 & 연계 추천 도서
• 제안하는 글에 대해 알기 • 문장의 짜임에 대해 알기 • 제안하는 글을 쓰고 발표하기	**수록** 「제11회 대한민국 어린이국회 결과 보고서」 (윤예진 학생) 『공원을 헤엄치는 붉은 물고기』 (알리시아 바렐라 / 북극곰) 『어린이를 위한 글쓰기 수업』 (서예나 / 푸른날개) 『한 문장부터 열 문장까지 초등 글쓰기』 (강승임 / 소울키즈)

4-1 9단원 자랑스러운 한글

교과 내용	교과서 수록 & 연계 추천 도서
• 문자가 필요한 까닭 알기 • 한글이 만들어지는 과정 알기 • 한글의 특성 이해하기 • 한글을 바르게 사용하기	**수록** 『세계 속의 한글』 (홍종선 외 / 박이정출판사) **수록** 『주시경』 (이은정 / 비룡소) 『세종대왕, 세계 최고의 문자를 발명하다』 (이은서 / 보물창고) 『역사가 숨어 있는 한글 가온길 한 바퀴』 (김슬옹 / 해와나무)

4-1 10단원 인물의 마음을 알아봐요

교과 내용	교과서 수록 & 연계 추천 도서
• 인물의 마음 짐작하기 • 만화를 읽고 인물의 마음 표현하기 • 마음을 짐작하며 만화 영화 보기 • 재미있었던 일을 만화로 표현하기	**수록** 『나 좀 내버려 둬』 (박현진 / 길벗어린이) **수록** 『두근두근 탐험대』 (김홍모 / 보리) **수록** 『비빔툰 9』 (홍승우 / 문학과지성사) 『귀신 선생님과 고민 해결』 (남동윤 / 사계절) 『표현력 천재가 되다!』 (Mr.sun 어학연구소 / 올드스테어즈)

국어 4학년 2학기 교과 과정·연계 도서

독서 단원 책을 읽고 생각을 나누어요

도서명	저자	출판사
『날아라 삑삑아!』	권오준	파란자전거
『명랑한 씨와 유쾌한 씨』	최형미	뜨인돌어린이
『우리 학교에 시리아 친구가 옵니다』	카트린느 마쎄	천개의바람
『우리 반에 스컹크가 산다』	조성자	이마주
『젓가락 달인』	유타루	바람의아이들
『진짜 거짓말』	임지형	고래가숨쉬는도서관
『최치원전』	임어진	마음이음
『친절한 악마씨』	크리스티네 뇌스틀링거	밝은미래
『해결책을 찾아라!』	가수북	키위북스
『호랑이 식당, 범희네』	임선아	미래아이
수록 『오세암』	정채봉	창비

4-2 1단원 이어질 장면을 생각해요

교과 내용	교과서 수록 & 연계 추천 도서
• 만화 영화 감상하기 • 만화 영화를 보고 이어질 내용 쓰기 • 이어질 내용을 역할극으로 나타내기	『이상한 집』 (이지현 / 이야기꽃) 『내 이름은 플라스틱』 (정명숙 / 아주좋은날) 『마당을 나온 암탉』 (황선미 / 사계절)

4-2 2단원 마음을 전하는 글을 써요

교과 내용	교과서 수록 & 연계 추천 도서
• 마음을 드러내는 표현 찾기 • 글쓴이가 전하려는 마음 알기 • 마음을 전하는 글 쓰기 • 마음을 담아 붙임쪽지 쓰기	수록 『매일매일 힘을 주는 말』 (박은정 / 개암나무) 수록 『세상에서 가장 유명한 위인들의 편지』 (오주영 / 채우리) 수록 『아들아, 너는 미래를 이렇게 준비하렴』 (필립 체스터필드 / 글고은) 『어린이를 위한 도산 안창호 이야기』 (윤지강 / 아이들판) 『생각대장의 창의력 글쓰기』 (이혜영 / 한울림어린이)

4-2 3단원 바르고 공손하게

교과 내용	교과서 수록 & 연계 추천 도서
• 대화 예절을 지키기 • 예절을 지키며 회의하기 • 온라인 대화할 때 예절 알기 • 대화 예절을 표어로 만들기	『예절 바른 아이가 세상을 바꾼다』 (양태석 / 살림어린이) 『언어 예절, 이것만은 알아 둬!』 (박현숙 / 팜파스) 『학교 예절 대장 나가신다』 (박현숙 / 생각하는책상) 『착해져라, 착해져~ 엄마를 웃게 하는 예절 사전』 (김진섭 / 밝은미래)

4-2 4단원 이야기 속 세상

교과 내용	교과서 수록 & 연계 추천 도서
• 인물, 사건, 배경을 생각하며 읽기 • 인물의 성격을 짐작하며 읽기 • 사건의 흐름을 생각하며 읽기 • 이야기를 꾸며 책 만들기	수록 『사라, 버스를 타다』 (윌리엄 밀러 / 사계절) 수록 『콩닥콩닥 짝 바꾸는 날』 (강정연 / 시공주니어) 수록 『젓가락 달인』 (유타루 / 바람의아이들) 수록 『100년 후에도 읽고 싶은 한국 명작 동화II』 (한국명작동화 선정 위원회 편 / 예림당) 수록 『두고두고 읽고 싶은 한국 대표 창작 동화3』 (이원수 외 / 계림)

4-2 5단원 의견이 드러나게 글을 써요

교과 내용	교과서 수록 & 연계 추천 도서
• 문장의 짜임에 맞게 말하기 • 문장의 짜임에 맞게 문장 쓰기 • 자신의 의견을 제시하는 글 쓰기	수록 『함께 사는 다문화 왜 중요할까요?』 (홍명진 / 나무생각) 『일기로 시작하는 술술 글쓰기』 (이향안 / 다락원) 『한 문장부터 열 문장까지 초등 글쓰기』 (강승임 / 소울키즈)

4-2 6단원 본받고 싶은 인물을 찾아봐요

교과 내용	교과서 수록 & 연계 추천 도서
• 본받고 싶은 인물 소개하기 • 전기문의 특성 알기 • 전기문의 특성을 생각하며 읽기 • 본받을 점을 생각하며 전기문 읽기 • 자신의 미래 모습 발표하기	수록 『WOW 5000년 한국 여성 위인전 1』 (신현배 / 형설아이) 수록 『정약용』 (김은미 / 비룡소) 수록 『사흘만 볼 수 있다면 그리고 헬렌 켈러 이야기』 (헬렌 켈러 / 두레아이들) 수록 『우리 조상들은 얼마나 책을 좋아했을까?』 (마술연필 / 보물창고) 수록 『초희의 글방 동무』 (장성자 / 개암나무)

4-2 7단원 독서 감상문을 써요

교과 내용	교과서 수록 & 연계 추천 도서
• 읽은 책의 생각, 느낌 말하기 • 독서 감상문을 쓰는 방법 알기 • 감동받은 부분의 생각, 느낌 쓰기 • 글을 읽고 독서 감상문 쓰기 • 글에 대한 생각(느낌) 표현법 알기	수록 『어머니의 이슬털이』 (이순원 / 북극곰) 수록 『투발루에게 수영을 가르칠 걸 그랬어!』 (유다정 / 미래아이) 수록 『멋진 사냥꾼 잠자리』 (안은영 / 길벗어린이) 『세시풍속 열두 마당』 (김은하 / 웅진주니어) 『우리 속에 울이 있다』 (박방희 / 푸른책들)

4-2 8단원 생각하며 읽어요

교과 내용	교과서 수록 & 연계 추천 도서
• 의견이 적절한지 판단하기 • 글쓴이의 의견을 평가하는 방법 알기 • 글을 읽고 글쓴이의 의견 평가하기 • 자신의 의견이 드러나게 글 쓰기 • 학교에서 일어난 일 의견 발표하기	수록 『자유가 뭐예요?』 (오스카 브르니피에 / 상수리) 『나도 편식할 거야』 (유은실 / 사계절) 『우리 반에 도둑이 있다』 (고수산나 / 잇츠북어린이) 『601호 재판관』 (박현숙 / 아이앤북)

교과 내용	교과서 수록 & 연계 추천 도서
• 시를 읽고 경험 말하기 • 시를 읽고 느낌 표현하기 • 이야기를 보고 생각 나누기 • 생각과 느낌을 시와 그림으로 표현하기	수록 『우리 속에 울이 있다』 (박방희 / 푸른책들) 수록 『쉬는 시간에 똥 싸기 싫어』 (김개미 / 토토북) 수록 『지각 중계석』 (김현욱 / 문학동네) 수록 『멸치 대왕의 꿈』 (이월 / 키즈엠) 수록 『고학년을 위한 동요 · 동시집』 (한국아동문학학회 / 상서각) 수록 『기찬 딸』 (김진완 / 시공주니어)

 ## 국어 5학년 1학기 교과 과정 · 연계 도서

독서 단원 **책을 읽고 생각을 나누어요**

도서명	저자	출판사
『고양이는 알고 있어: 회장 후보가 된 철구』	박현숙	킨더랜드
『나는 북한에서 온 전학생』	허순영	노란돼지
『내가 진짜 홍길동이다!』	허균,허윤	키위북스
『댕기머리 탐정 김영서』	정은숙	뜨인돌어린이
『수상한 할아버지』	팔로마 보르돈스	분홍고래
『우리를 위협하는 자연재해』	정영훈	뭉치
『1895년, 소년 이발사』	이승민	미래아이
『친구는 초록 냄새야』	구도 나오코	천개의바람
『로로로 초등 과학 5학년』	윤병무	국수

5-1 1단원 대화와 공감

교과 내용	교과서 수록 & 연계 추천 도서
• 대화의 특성 이해하기 • 상대의 장점을 찾아 칭찬하기 • 상대를 배려하며 조언하기 • 서로 공감하며 대화하기	수록 『참 좋은 풍경』 (박방희 / 청개구리) 수록 『어린이를 위한 시크릿』 (윤태익 · 김현태 / 살림어린이) 『1등 없는 1등』 (실비아 태케마 / 아름다운사람들) 『어린이를 위한 비폭력 대화』 (김미경 / 우리학교)

5-1 2단원 작품을 감상해요

교과 내용	교과서 수록 & 연계 추천 도서
• 경험을 떠올리며 작품 읽기 • 경험을 떠올리며 시 읽기 • 이어질 이야기 상상하기 • 작품 속 세계와 현실 세계 비교하기	수록 『별을 사랑하는 아이들아』 (윤동주 / 푸른책들) 수록 『난 빨강』 (박성우 / 창비) 수록 『가랑비 가랑가랑 가랑파 가랑가랑』 (정완영 / 사계절) 수록 『수일이와 수일이』 (김우경 / 우리교육) 수록 『마음의 온도는 몇 도일까요?』 (정여민 / 주니어김영사)

5-1 3단원 글을 요약해요

교과 내용	교과서 수록 & 연계 추천 도서
• 여러 가지 설명 방법 알기 • 구조를 생각하며 글 요약하기 • 어떤 대상을 설명하는 글 쓰기 • 자료를 찾아 읽고 요약하기	수록 『브리태니커 만화 백과: 여러 가지 식물』 (봄봄스토리 / 아이세움) 수록 『공룡 대백과』 (한상호 · 이용규 · 박지은 / 웅진주니어)

5-1 4단원 글쓰기의 과정

교과 내용	교과서 수록 & 연계 추천 도서
• 문장을 구성하는 성분 알기 • 떠올린 내용을 글로 나타내기 • 호응 관계가 알맞은 문장 쓰기 • 자신의 생각을 글로 나타내기	『나의 생각 글쓰기 5-1』 (성정일 / 시서례) 『글쓰기 처방전』 (채인선 / 책읽는곰) 『신나는 열두 달 글쓰기 놀이』 (유지화 / 토토북)

교과 내용	교과서 수록 & 연계 추천 도서
• 상황에 따라 달라지는 낱말 • 상황에 맞게 낱말의 뜻 파악하기 • 글쓴이의 주장 파악하기 • 근거의 적절성을 판단하기 • 주장에 대한 찬반 의견 나누기	수록 『초등 독서평설』 (지학사) 『어린이를 위한 헷갈리는 우리말 100』 (배상복 / 이케이북) 『넓게 보고 깊게 생각하는 논술 교과서 주장과 근거』 (최영민 / 분홍고래) 『논리 짱짱 주장 팍팍』 (윤일호 / 현북스) 『난 찬성하지 않아요』 (브리지트 라베 / 소금창고)

교과 내용	교과서 수록 & 연계 추천 도서
• 토의 뜻과 필요성 알기 • 토의 절차와 방법 알기 • 토의 주제를 파악하고 의견 나누기 • 글을 읽고 토의하기 • 알맞은 주제를 정해 의견 나누기	『논리가 술술 톡톡 5학년』 (편집부 / EBS미디어) 『고구마 선거』 (임지형 / 개암나무) 『생각하는 것이 왜 중요할까요?』 (이관호 / 나무생각) 『회의·토론, 어디까지 아니?』 (김윤정 / 고래가숨쉬는도서관)

교과 내용	교과서 수록 & 연계 추천 도서
• 기행문을 읽거나 쓴 경험 나누기 • 기행문의 특성 파악하기 • 여정, 견문, 감상이 담긴 기행문 쓰기 • 여행지 안내장 만들기	수록 『여행자를 위한 나의 문화유산 답사기』 (유홍준 / 창비) 『유쾌발랄 궁궐 여행』 (김경복 / 니케주니어) 『세상을 잘 알게 도와주는 기행문』 (심상우 / 어린른이) 『걸리버 여행기』 (조나단 스위프트 / 비룡소) 『장복이, 창대와 함께하는 열하일기』 (강민경 / 현암주니어)

교과 내용	교과서 수록 & 연계 추천 도서
• 낱말의 짜임 알기 • 낱말을 만드는 방법 알기 • 겪은 일을 떠올리며 글 읽기 • 아는 지식을 활용해 글 읽기	수록 『바람 소리 물소리 자연을 닮은 우리 악기』 (청동말굽 /문학동네) 수록 『지켜라! 멸종 위기의 동식물』 (백은영 / 뭉치) 『매일 스스로 공부하는 맞춤법 어휘력 5단계』 (꿈씨앗연구소 / 성안당) 『어린이 훈민정음 5-1』 (성정일 / 시서례)

5-1 9단원 여러 가지 방법으로 읽어요

교과 내용	교과서 수록 & 연계 추천 도서
• 글의 종류에 따른 읽기 방법 알기 • 필요한 글을 찾아 정리하기 • 자신만의 읽기 방법 찾기	(수록) 「청자의 이해 지도에 관한 연구 (논문)」 (류재만 / 「미술교육 논총」) 「생각 깨우기」 (이어령 / 푸른숲주니어)

5-1 10단원 주인공이 되어

교과 내용	교과서 수록 & 연계 추천 도서
• 기억에 남는 일 이야기하기 • 경험이 잘 드러난 글 읽기 • 겪은 일을 이야기로 만들기	(수록) 「잘못 뽑은 반장」 (이은재 / 주니어김영사) 「일기로 시작하는 술술 글쓰기」 (이향안 / 다락원) 「나는 무슨 씨앗일까? 2」 (신수진 외 / 샘터) 「바람을 가르다」 (김혜온 / 샘터)

📖 5학년 2학기 국어 교과 과정·연계 도서

5-2 1단원 마음을 나누며 대화해요

교과 내용	교과서 수록 & 연계 추천 도서
• 공감하며 대화하기 • 예절을 지키며 대화하기 • 이야기에 공감하며 대화하기	(수록) 「바다가 튕겨 낸 해님」 (박희순 / 청개구리) (수록) 「니 꿈은 뭐이가?」 (박은정 / 웅진주니어)

5-2 2단원 지식이나 경험을 활용해요

교과 내용	교과서 수록 & 연계 추천 도서
• 지식과 경험을 활용해 글 읽기 • 체험한 일을 떠올리며 글 쓰기 • 지식과 경험으로 함께 글 고치기	(수록) 「어린이 문화재 박물관 2」 (문화재청 / 사계절) (수록) 「전통 속에 살아 숨 쉬는 첨단 과학 이야기」 (윤용현 /교학사)

5-2 3단원 의견을 조정하며 토의해요

교과 내용	교과서 수록 & 연계 추천 도서
• 토의 과정에서 의견을 조정하기 • 자신의 의견을 뒷받침할 자료 찾기 • 찾은 자료를 알기 쉽게 정리하기 • 의견을 조정하며 토의하기	『학급 회의 + 더하기』 (이영근 / 현북스) 『그럴 수도 있고, 아닐 수도 있지』 (댄 바커 / 지식공간)

5-2 4단원 겪은 일을 써요

교과 내용	교과서 수록 & 연계 추천 도서
• 호응 관계를 생각하며 글 읽기 • 문장 성분의 호응 관계 알기 • 겪은 일이 드러나게 글쓰기 • 매체를 활용해 겪은 일 글쓰기 • 우리 반 글 모음집 만들기	『나의 생각 글쓰기 5-2』 (성정일 / 시서례) 『어린이를 위한 글쓰기 수업』 (서예나 / 푸른날개) 『글쓰기 처방전』 (채인선 / 책읽는곰)

5-2 5단원 여러 가지 매체 자료

교과 내용	교과서 수록 & 연계 추천 도서
• 다양한 매체의 특징 알기 • 매체 자료를 읽고 정리하기 • 이야기와 현실 세계 비교하기 • 알리고 싶은 인물 소개하기	수록 『악플 전쟁』 (이규희 / 별숲) 『유튜브 전쟁』 (양은진 / M&Kids) 『꼬불꼬불나라의 언론이야기』 (이소영 / 풀빛미디어) 『세상을 바라보는 힘 미디어 이야기』 (우미아 / 미래엔아이세움)

5-2 6단원 타당성을 생각하며 토론해요

교과 내용	교과서 수록 & 연계 추천 도서
• 토론이 필요한 경우 알기 • 근거의 타당성 평가하기 • 토론 절차와 방법 알기 • 주제를 정해 토론하기 • 글을 읽고 독서 토론하기	수록 『뻥튀기는 속상해』 (한상순 / 푸른책들) 『어린이 토론 학교』 (김지은 · 권이은 / 우리학교) 『토론은 싸움이 아니야!』 (한현주 / 팜파스) 『토론이 좋아요』 (김정순 / 에듀니티)

5-2 7단원 중요한 내용을 요약해요

교과 내용	교과서 수록 & 연계 추천 도서
• 낱말의 뜻을 짐작하며 읽기 • 글을 요약하는 방법 알기 • 글의 구조에 따라 요약하기 • 다른 교과서를 읽고 요약하기	수록 『존경합니다, 선생님』 (패트리샤 폴라코 / 아이세움) 수록 『파브르 식물 이야기』 (장 앙리 파브르 / 사계절) 수록 『한지돌이』 (이종철 / 보림)

5-2 8단원 우리말 지킴이

교과 내용	교과서 수록 & 연계 추천 도서
• 우리말이 훼손된 사례 살펴보기 • 발표 주제에 맞는 자료 조사하기 • 조사한 내용 발표하기 • 바른 우리말 사용 만화 그리기	수록 『꿈을 찾아 떠나는 여행』 (기은서 학생 / 미래엔) 『우리말 모으기 대작전 말모이』 (백혜영 / 푸른숲주니어) 『어린이를 위한 헷갈리는 우리말 100』 (배상복 / 이케이북) 『바른 말이 왜 중요해?』 (최은순 / 크레용하우스)

📖 국어 6학년 1학기 교과 과정·연계 도서

📖 독서 단원 책을 읽고 생각을 나누어요

도서명	저자	출판사
『꼼짝 마! 사이버 폭력』	떼오 베네데띠	마음이음
『동물원 친구들이 이상해』	고수산나	내일을여는책
『내가 진짜 기자야』	김해우	바람의아이들
『인어 소녀』	차율이	고래가숨쉬는도서관
『일투성이 제아』	황선미	이마주
『조선 과학 수사관 장 선비』	손주현	파란자전거
『태평양을 건너간 사진 신부』	윤자명	밝은미래
『휴대폰에서 나를 구해 줘!』	다미안 몬테스	도서출판 봄볕

6-1 1단원 비유하는 표현

교과 내용	교과서 수록 & 연계 추천 도서
• 비유하는 표현 살펴보기 • 비유하는 표현을 살려 시 쓰기 • 시 낭송회와 시화전 열기	수록 『뻥튀기』 (고일 / 이서원) 수록 『내 마음의 동시 6학년』 (김양순 엮음 / 계림북스) 수록 『가랑비 가랑가랑 가랑파 가랑가랑』 (정완영 / 사계절)

6-1 2단원 이야기를 간추려요

교과 내용	교과서 수록 & 연계 추천 도서
• 이야기 속 사건의 흐름 살펴보기 • 이야기 구조를 생각하며 요약하기 • 이야기를 읽고 요약하기 • 이야기 구조를 생각하며 읽기	수록 『황금 사과』 (송희진 / 뜨인돌어린이) 수록 『우주 호텔』 (유순희 / 해와나무) 『모기 소녀』 (정수윤 / 샘터)

6-1 3단원 짜임새 있게 구성해요

교과 내용	교과서 수록 & 연계 추천 도서
• 공식적인 말하기 상황 살펴보기 • 다양한 자료의 특성 알기 • 발표할 내용 준비하기 • 발표할 내용 정리하기 • 자료를 활용해 발표하기	『발표! 토론! 남 앞에서 말하는 게 제일 싫어!』 (박현숙 / 팜파스) 『자신만만 어린이 말하기』 (이향안 / 다락원) 『내 꿈을 이뤄 주는 어린이 스피치』 (아나운서(주)/ 움직이는서재) 『어린이를 위한 말하기 7법칙』 (최효찬 / 주니어김영사)

6-1 4단원 주장과 근거를 판단해요

교과 내용	교과서 수록 & 연계 추천 도서
• 다양한 주장 살펴보기 • 논설문의 특성을 생각하며 글 읽기 • 내용의 타당성과 표현의 적절성 알기 • 타당한 근거를 들어 논설문 쓰기	『글짓기는 가나다: 논설문』 (한국소설대학 / 자유지성사) 『김종상 글쓰기 교과서 설명문 · 논설문』 (김종상 / 책먹는아이) 『논설문은 어떻게 써요?』 (어린이 에세이교실 / 자유토론)

6-1 5단원 속담을 활용해요

교과 내용	교과서 수록 & 연계 추천 도서
• 속담을 사용하는 까닭 생각하기 • 다양한 상황에서 쓰이는 속담 • 주제를 생각하며 글 읽기 • 속담 사전 만들기	수록 『속담 하나 이야기 하나』 (임덕연 / 산하) 『초등학생 교과서 속담 200』 (옛이야기연구회 / 주니어김영사) 『생태 돋보기로 다시 읽는 우리 속담』 (국립생태원) 『초등 선생님이 뽑은 남다른 속담』 (박수미 / 다락원)

6-1 6단원 내용을 추론해요

교과 내용	교과서 수록 & 연계 추천 도서
• 이야기를 듣고 추론하는 방법 알기 • 내용을 추론하며 글 읽기 • 알리고 싶은 내용을 영상 광고로 만들기	수록 『조선 왕실의 보물 의궤』 (유지현 / 토토북) 『맹자씨, 정의가 이익이라고요?』 (이양호 / 평사리)

교과 내용	교과서 수록 & 연계 추천 도서
• 자신의 언어생활 점검하기 • 우리말 사용 실태 조사하기 • 올바른 우리말 사용을 주제로 글쓰기 • 올바른 우리말 사례집 만들기	『너 정말 우리말 아니?』 (이어령 / 푸른숲주니어) 『우리말을 알려 드립니다』 (유영진 / 키다리) 『맛있는 우리말 문법 공부』 (정재윤 / 현북스)

교과 내용	교과서 수록 & 연계 추천 도서
• 글쓴이가 말하고자 하는 생각 찾기 • 인물들이 추구하는 가치 비교하기 • 인물의 가치관과 자신의 삶과 관련 짓기 • 문학 작품 속 인물 소개하기	수록 『얘, 내 옆에 앉아!』 (연필시 동인 / 푸른책들) 수록 『불패의 신화가 된 명장 이순신』 (이강엽 / 웅진씽크빅) 수록 『샘마을 몽당깨비』 (황선미 / 창비)

교과 내용	교과서 수록 & 연계 추천 도서
• 글을 쓰는 상황과 목적 파악하기 • 글로 쓸 내용 계획하기 • 마음을 나누는 글쓰기 • 학급 신문 만들기	수록 『아버지의 편지』 (정약용 / 함께읽는책) 『초등학생이 좋아하는 글쓰기 소재 365』 (민상기 / 연지출판사)

📖 국어 6학년 2학기 교과 과정 · 연계 도서

6-2 1단원 작품 속 인물과 나

교과 내용	교과서 수록 & 연계 추천 도서
• 작품 속 인물의 삶 살펴보기 • 인물과 자신의 삶 관련 짓기 • 인물과 자신을 비교하여 글 쓰기 • 자신이 꿈꾸는 삶 표현하기	수록 『의병장 윤희순』 (정종숙 / 한솔수북) 수록 『구멍 난 벼루』 (배유안 / 토토북) 수록 『열두 사람의 아주 특별한 동화』 (송재찬 / 파랑새어린이) 수록 『이모의 꿈꾸는 집』 (정옥 / 문학과지성사) 수록 『노래의 자연』 (정현종 / 시인생각)

6-2 2단원 관용 표현을 활용해요

교과 내용	교과서 수록 & 연계 추천 도서
• 여러 가지 관용 표현 알기 • 이야기 속 인물 의도 파악하기 • 생각이 잘 드러나는 관용 표현 알기	『이해력이 쑥쑥 교과서 관용구 100』 (김종상 / 아주좋은날) 『귀가 번쩍 관용어, 무릎을 탁』 (편집부 / 상상의집) 『초등 선생님이 뽑은 남다른 관용어』 (박수미 / 다락원)

6-2 3단원 타당한 근거로 글을 써요

교과 내용	교과서 수록 & 연계 추천 도서
• 글을 읽고 주장 찾기 • 주장에 대한 근거 타당성 파악하기 • 논설문에 필요한 자료 구하기 • 정리한 자료로 논설문 쓰기 • 좋은 동네를 만들기 위한 논설문 쓰기	수록 『생각 깨우기』 (이어령 / 푸른숲주니어) 수록 『지구촌 아름다운 거래 탐구 생활』 (한수정 / 파란자전거) 수록 『사회 선생님이 들려주는 공정 무역 이야기』 (전국사회교사모임 / 살림출판사)

6-2 4단원 효과적으로 발표해요

교과 내용	교과서 수록 & 연계 추천 도서
• 여러 가지 매체 자료 살펴보기 • 주제에 맞는 매체 자료 찾기 • 발표에 맞는 영상 자료 만들기 • 효과적인 발표 자료 만들기	『내가 하고 싶은 일, 방송』 (이예숙 / 휴먼어린이) 『영상 촬영+편집 무작정 따라하기』 (이상권 외 / 길벗) 『퓰리처 선생님네 방송반』 (전현정 / 주니어김영사)

독해력과 공부력을 키우는 머리읽기 독서법

6-2 5단원 글에 담긴 생각과 비교해요

교과 내용	교과서 수록 & 연계 추천 도서
• 글쓴이의 생각을 파악하며 글 읽는 까닭 알기 • 글을 읽고 글쓴이의 생각 파악하기 • 생각을 비교하며 토론하기	수록 『쉽게 읽는 백범일지』 (김구 / 돌베개) 수록 『장복이, 창대와 함께하는 열하일기』 (강민경 / 한국고전번역원)

6-2 6단원 정보와 표현 판단하기

교과 내용	교과서 수록 & 연계 추천 도서
• 뉴스와 광고 보고 세계에 관심 갖기 • 광고 표현의 적절성 살펴보기 • 뉴스에 나타난 정보의 타당성 알기 • 관심 있는 내용으로 뉴스 원고 쓰기 • 우리 반 뉴스 발표회 하기	『내가 뉴스를 만든다면?』 (손석춘 / 토토북) 『가짜 뉴스와 미디어 리터러시』 (채화영 / 팜파스) 『가짜 뉴스를 시작하겠습니다』 (김경옥 / 내일을여는책) 『경제 속에 숨은 광고 이야기』 (플랑크 코쉠바 / 초록개구리)

6-2 7단원 글 고쳐 쓰기

교과 내용	교과서 수록 & 연계 추천 도서
• 글을 고쳐 쓰면 좋은 점 알기 • 글을 고쳐 쓰는 방법 알기 • 자료를 활용해 글 쓰기 • 자신이 쓴 글을 고쳐 쓰고 공유하기 • 우리 모둠 글 모음집 만들기	수록 『아트 & 맥스』 (데이비드 위즈너 / 시공주니어) 『창의력을 키워주는 하루 한장 초등 글쓰기』 (박재찬 / 테크빌교육) 『아이들이 마음으로 쓴 글 이야기』 (이호철 / 현북스) 『우리 모두 시를 써요』 (이오덕 / 양철북)

6-2 8단원 작품으로 경험하기

교과 내용	교과서 수록 & 연계 추천 도서
• 영상을 보고 경험한 내용 이야기하기 • 영화 감상문 쓰기 • 경험을 떠올리며 작품 감상하기 • 경험한 내용을 영화로 만들기	수록 『나는 비단길로 간다』 (이현 / 푸른숲주니어) 수록 『식구가 늘었어요』 (조영미 / 청개구리) 『영화랑 놀자』 (누리아 로카 / 개암나무)

표지 · 본문 활용 도서

- 『재미있는 선거와 정치 이야기』, 조항록 지음, 박순구, 강경수 그림, 신명순, 서정일 감수, 가나출판사, 2013.
- 『초등학생이 알아야 할 참 쉬운 정치』, 알렉스 프리스, 루이 스토웰, 로지 호어 지음, 켈런 스토버 그림, 신인수 옮김, 2018.
- 『민주주의가 왜 좋을까?』, 최연혁 지음, 박우희 그림, 나무를심는사람들, 2019.
- 『비상! 바이러스의 습격–바이러스의 모든 것』, 박상곤 지음, 이승연 그림, 다림, 2017.
- 『바이러스 빌리–코감기 바이러스의 거의 모든 것』, 하이디 트르팍 지음, 레오노라 라이틀 그림, 이정모 옮김, 위즈덤하우스, 2016.
- 『미래가 온다, 바이러스』, 김성화, 권수진 지음, 이강훈 그림, 와이즈만북스, 2019.
- 『어린 과학자를 위한 몸 이야기–달팽이 박사님과 떠나는 구석구석 인체 탐험』, 권오길 지음, 김호민 그림, 봄나무, 2020.
- 『먹고 난 다음엔 어떻게 될까요?』, 프랑수와즈 로랑 지음, 세바스티앙 슈브레 그림, 박정연 옮김, 정은주 감수, 노란돼지, 2019.
- 『놀라운 뇌』, 알렉스 프리스 지음, 콜린 킹 그림, 신인수 옮김, 어스본코리아, 2018.
- 『살아 있는 뼈』, 허은미 지음, 홍기한 그림, 미래엔아이세움, 2009.
- 『세포가 뭐예요?–보고 또 보는 과학 그림책』, 살바도르 마시프 지음, 에밀리오 우르베루아가 그림, 윤승진 옮김, 아름다운사람들, 2018.
- 『큰 기와집의 오래된 소원–여덟 살에 처음 만나는 6.25 전쟁 이야기』, 이규희 지음, 김종민 그림, 키위북스, 2011.
- 『온양이–흥남철수 작전 마지막 피란선 이야기』, 선안나 지음, 김영만 그림, 샘터, 2010.
- 『조지 할아버지의 6.25』, 김형주 외 지음, 노기동 외 그림, 풀과바람, 2018.
- 『희망의 단지 DMZ』, 황선미 지음, 이마주, 2018.
- 『힘차게 달려라 통일열차』, 김현희 외 지음, 이재임 그림, 철수와영희, 2019.
- 『통일이 분단보다 좋을 수밖에 없는 12가지 이유』, 홍민정 지음, 김명선 그림, 단비어린이, 2019.
- 『가자!! 선사시대–암사동 유적(발도장 쿵쿵 역사시리즈 01)』, 최종순 지음, 박진우 그림, 핵교, 2015.
- 『암사 유적지–신석기 시대 마을로 초대합니다(신나는 교과 체험학습 06)』, 김효중 지음, 강봉승 외 그림, 이이화 감수, 주니어김영사, 2018
- 『고창, 화순, 강화의 고인돌 유적–청동기 시대로 떠나는 여행(신나는 교과 체험학습 41)』, 대동역사기행 지음, 이선민 그림, 우장문 감수, 주니어김영사, 2019.
- 『풍납토성과 몽촌토성–침묵에서 깨어난 한성 시기 백제의 도읍지(신나는 교과 체험학습 16)』, 김기섭 지음, 서은경 그림, 주니어김영사, 2019.
- 『국립 공주 박물관–아름답고 세련된 백제 문화가 살아 있는 곳(신나는 교과 체험학습 45)』, 신창수 지음, 윤혜원 외 그림, 주니어김영사, 2020.
- 『국립 부여 박물관–사비 시대 백제인의 숨결을 느낄 수 있는 곳(신나는 교과 체험학습 48)』, 김종만 지음, 김명곤 그림, 주니어김영사, 2019.
- 『강화도–역사가 살아 있는 야외 박물관(신나는 교과 체험학습 47)』, 이동미 지음, 우연이 그림, 이이화 감수, 주니어김영사, 2020.
- 『직지심체요절–금속 활자로 찍은 가장 오래된 책(신나는 교과 체험학습 36)』, 김홍영 외 지음, 최준규 그림, 주니어김영사, 2019.
- 『해인사 고려대장경과 장경판전–고려 사람들의 과학적 인쇄술과 건축술(신나는 교과 체험학습 37)』, 박상국 지음, 이제호 그림, 주니어김영사, 2019.
- 『남산골 한옥마을–조선 시대 양반집을 구경해요(신나는 교과 체험학습 26)』, 이흥원 지음, 김순남 외 그림, 주니어김영사, 2019.
- 『가자!! 조선 생활문화–서울역사박물관(발도장 쿵쿵 역사시리즈 09)』, 이영민 외 지음, 리앤스토리 그림, 핵교, 2014.
- 『수원화성–정조의 꿈이 담긴 조선 최초의 신도시(신나는 교과 체험학습 24)』, 김준혁 지음, 양은정 외 그림, 주니어김영사, 2019.
- 『조선의 다섯 궁궐–왕과 함께 펼쳐 보는(한 장 한 장 시리즈)』, 황은주 지음, 양은정 그림, 허균 감수, 그린북, 2020.
- 『백범김구 기념관–자주 독립을 외친 겨레의 큰 스승을 만나요(신나는 교과 체험학습 09)』, 김주원 지음, 김규준 그림, 이이화 감수, 주니어김영사, 2018.
- 『서대문 형무소 역사관을 찾아서–대한민국 박물관 상상하기』, 배성호 외 글, 오승민 그림, 에듀니티, 2018.
- 『전쟁기념관–민족의 아픔을 안고 평화 통일의 시대로(신나는 교과 체험학습 10)』, 박재광 지음, 김명곤 그림, 주니어김영사, 2018.

- 『궁금해요, 유관순(저학년 첫 역사 인물 06)』, 안선모 지음, 한용욱 그림, 풀빛, 2019.
- 『모래알이 휴대폰이 될 때까지 글로벌 경제 교실(재미있게 제대로 27)』, 케빈 실베스터, 마이클 힐린카 글, 그림, 신인수 역, 길벗어린이, 2020.
- 『초등학생이 알아야 할 참 쉬운 시장과 경제』, 라라 브라이언 외 글, 페데리코 마리아니 그림, 고정아 역, 어스본코리아, 2020.
- 『카카오 농부는 왜 초콜릿을 사먹지 못할까』, 카리 존스 글, 현혜진 역, 초록개구리, 2018
- 『패션, 세계를 만나다』, 정해영 지음·그림, 창비어린이, 2014.
- 『입맛 당기는 별별 세계 음식-음식으로 세계 문화를 한눈에』, 윤은주 지음, 이지후 그림, 해와나무, 2015.
- 『세계의 모든 집 이야기』, 올리비에 미뇽 지음, 오렐리 르누아르 그림, 이효숙 옮김, 상수리, 2008.
- 『다양하다는 것-우리 엄마의 고향은 필리핀』, 홍승희 지음, 오인아 그림, 장수하늘소, 2012.
- 『돈가스 안 먹는 아이-다문화, 우정, 난민』, 유혜진 지음, 김은주 그림, 책읽는달, 2018.
- 『차별은 세상을 병들게 해요-엄마가 들려주는 평등과 인권 이야기』, 오승현 지음, 백두리 그림, 개암나무, 2018.

- 『식물이 좋아지는 식물책-씨앗부터 나무까지, 식물과 친해지고 싶을 때 필요한 72가지 질문』, 김진옥 지음, 궁리출판, 2020.
- 『신비한 한살이-한 권으로 펼쳐 보는 자연 과학 백과』, 미셸 루체시 지음, 마리오 가르시아 아레발로 그림, 북스토리아이, 2018.
- 『초등학생을 위한 과학실험 380-공부가 쉬워지는 탐구 활동 교과서』, E. 리처드 처칠 외 지음, 강수희 역, 바이킹, 2015.
- 『교과서가 쉬워지는 초등 필수 과학 실험 100』, 크리스털 채터튼 지음, 김혜진 옮김, 전영찬 감수, 길벗, 2019.
- 『밀줄 쫙! 교과서 과학 실험 노트-선생님이 알려 주는 초중등 핵심 과학』, 서울과학교사모임 지음, 국민출판사, 2016.
- 『화석과 지층』, 황근기 지음, 조이랭 그림, 왓스쿨, 2013.
- 『부글 부글 땅속의 비밀 화산과 지진』, 함석진 외 지음, 이경국 그림, 윤성효 감수, 웅진주니어, 2010.
- 『파브르에게 배우는 식물 이야기』, 노정임 지음, 안경자 그림, 이정모 감수, 철수와영희, 2014.
- 『신기한 식물일기』, 크리스티나 비외르크 지음, 레나 안데르손 그림, 김석희 옮김, 미래사, 2000.

참고 도서

- 『(정민 선생님이 들려주는) 고전 독서법』, 정민 지음, 보림.
- 『(청소년을 위한) 인문학 레시피』, 김경윤 지음, 삶창.
- 『(질문으로 시작하는) 초등 인문학』, 오늘 지음, 북멘토.
- 『미래를 여는 힘』 독서 토론, 김현경 지음, 정인.
- 『독서의 기술』, 모티머 J. 애들러 지음, 너머학교.
- 『초등 출력 독서』, 이정균 지음, 글라이더.
- 『말하기 독서법』, 김소영 지음, 다산에듀.
- 『토론이 좋아요』, 김정순 지음, 에듀니티.
- 『토니 부잔 마인드맵 마스터』, 토니 부잔 지음, 미래의창.
- 『생각 정리 공부법』, 김민영 지음, 학교도서관저널.
- 『독서가 공부를 이긴다』, 정하나 지음, 대성.
- 『유·초등 독서지도』, 그레첸, 오오키 지음, 박이정.
- 『(청소년) 독서학습법』, 류싸이진 지음, 북포스.
- 『독서 자료론 독서 지도 방법론』, 한우리독서문화운동본부 지음, 위즈덤북.
- 『교과서 읽기의 힘』, 고갑주 지음, 살림.
- 『초등 과목별 교과서 읽기 능력』, 김명미 지음, 경향에듀.
- 『핵심읽기 최소원칙』, 정경수 지음, 큰그림.
- 『독서 전략 지도』, 천경록 지음, 교육과학사.
- 『생각을 넓혀주는 독서법』, 모티머 J. 애들러 지음, 멘토.
- 『(초등) 인문독서의 기적』, 임성미 지음, 북하우스 퍼블리셔스.
- 『(청소년을 위한) 인문학 레시피』, 김경윤 지음, 삶창.
- 『인문학 공부법 실천편』, 안상헌 지음, 북포스.
- 『(행복한) 인성 독서: 초등』, 오여진 지음, 정인.
- 『생각이 크는 인문학 1: 공부』, 김윤경 지음, 을파소.
- 『중학생 공부법의 모든 것』, 박소정 지음, 꿈결.
- 『다시, 초등 고전읽기 혁명: 실전편』, 송재환 지음, 글담.
- 『어떻게 공부할 것인가』, 헨리 뢰디거 지음, 미래엔.
- 『초등과목별 스토리 공부법』, 김경미 지음, 경향에듀.
- 『초등 과목별 교과서 읽기 능력』, 김명미 지음, 경향에듀.
- 『(송가네 공부법) 자기주도적 읽기 방법』, 송하성 지음, 시그마프레스.

Foreign Copyright:
Joonwon Lee
Address: 3F, 127, Yanghwa-ro, Mapo-gu, Seoul, Republic of Korea
          3rd Floor
Telephone: 82-2-3142-4151
E-mail: jwlee@cyber.co.kr

독해력과 공부력을 키우는
머리읽기 독서법

2021. 1. 26. 1판 1쇄 인쇄
2021. 2. 2. 1판 1쇄 발행

저자와의
협의하에
검인생략

지은이 | 전수경
펴낸이 | 이종춘
펴낸곳 | BM (주)도서출판 성안당

주소 | 04032 서울시 마포구 양화로 127 첨단빌딩 3층(출판기획 R&D 센터)
       10881 경기도 파주시 문발로 112 파주 출판 문화도시(제작 및 물류)
전화 | 02) 3142-0036
       031) 950-6300
팩스 | 031) 955-0510
등록 | 1973. 2. 1. 제406-2005-000046호
출판사 홈페이지 | www.cyber.co.kr
ISBN | 978-89-315-8224-6 (13370)
정가 | 18,000원

이 책을 만든 사람들
책임 | 최옥현
기획·진행 | 정지현
교정·교열 | 신현정
본문·표지 디자인 | 이플디자인
홍보 | 김계향, 유미나
국제부 | 이선민, 조혜란, 김혜숙
마케팅 | 구본철, 차정욱, 나진호, 이동후, 강호묵
마케팅 지원 | 장상범, 박지연
제작 | 김유석

■ 도서 A/S 안내

성안당에서 발행하는 모든 도서는 저자와 출판사, 그리고 독자가 함께 만들어 나갑니다.
좋은 책을 펴내기 위해 많은 노력을 기울이고 있습니다. 혹시라도 내용상의 오류나 오탈자 등이
발견되면 **좋은 책은 나라의 보배**로서 우리 모두가 함께 만들어 간다는 마음으로 연락주시기
바랍니다. 수정 보완하여 더 나은 책이 되도록 최선을 다하겠습니다.
성안당은 늘 독자 여러분들의 소중한 의견을 기다리고 있습니다. 좋은 의견을 보내주시는 분께는
성안당 쇼핑몰의 포인트(3,000포인트)를 적립해 드립니다.
잘못 만들어진 책이나 부록 등이 파손된 경우에는 교환해 드립니다.